"스캇 맥나이트는 전통적 주석이나 교과서와는 비교할 수 없는 방식으로 로마서를 생생하게 살려낸다. 로마서의 첫 청중에게 초점을 맞추고 후대의 해석자들을 주변 시야에 둔 채로, 맥나이트는 바울이 로마 신자들에게 대답하려 했던 질문들을 통하여 오늘의 독자들이 던지는 다양한 질문에 응답한다. 훌륭한 기획과 글쓰기가 돋보이는 맥나이트의 로마서 해석은 독자들에게 새로운 연결고리들과 신선한 울림을 선사해 준다."

—마크 리즈너Mark Reasoners, 메리언대학교 신학 조교수

"진흙탕에 푹 빠졌을 때, 후진이 유일한 전진법이다. 맥나이트는 당신을 번쩍 들어 빙글 돌려 새로운 방향으로 힘껏 몰아간다. 단단히 붙잡으라. 교회와 학계가 함께 손잡고 모험 가득한 새로운 길로 내닫고 있다."

—매튜 베이츠Matthew W. Bates, 퀸시대학교 신학 부교수

"그리스도인들은 로마서를 첫 장부터 차례대로 읽지만 8장이나 11장에서 멈추기 일쑤다. 바라던 목적, 곧 우리의 전통적 논쟁들에 대해 알려 주는 이론신학을 익혔다고 생각하기 때문이다.《거꾸로 읽는 로마서》에서 맥나이트는 바울 서신의 마지막 장들이 나중에 생각나서 덧붙인 부록이 아니라 서신에서 절정이라는 사실을 우리에게 일깨워 준다. 맥나이트는 로마서를 삶의 신학lived theology으로, 하나님의 평화로 하나된 공동체를 세워 나가기 위한 목회적 조언으로 대하라고 요청한다.

—티모시 곰비스Timothy Gombis, 그랜드래피즈신학교 신약학 교수

"스캇 맥나이트와 함께 로마서를 거꾸로 읽는다는 것은 이 편지를 중압감에 짓눌린 믿음의 공동체들을 향한 목회적 지침으로서 경험한다는 말이다. 로마서를 거꾸로 읽으면, 칭의와 은혜와 신실함에 관한 바울의 놀라운 통찰이 하늘에서 내려온 교리가 아니라 선교 신학자 바울의 활발한 사역으로 생생히 다가온다. 학생들과 목회자들이 어렵지 않게 읽을 수 있을 뿐 아니라, 학자들에게도 로마서에 관한 전제들을 점검하도록 자극하는 책이다."

—그렉 캐리Greg Carey, 랭캐스터신학교 신약학 교수

《거꾸로 읽는 로마서》는 바울의 이 유명한 서신에 황홀한 빛을 비춘다. 로마서를 12-16장부터 읽는다는 말은 로마서 전체를 로마의 유대인 그리스도인들과 이방인 그리스도인들에게 쓴 목회적 편지로 볼 수 있음을 뜻한다. 특권과 권력의 문제를 다루며, 제국의 심장에서 특권과 권력을 그리스도의 평화로 바꾸어 놓는 편지로 볼 수 있다는 것이다. 거꾸로 읽어 나가는 작업은 전적으로 새로운 연결고리들을 만들어 내며, 하나님의 은혜를 보여 주는 삶의 신학으로 로마서를 풀어낸다."

—폴 트레빌코Paul Trebilco, 오타고대학교 신약학 교수

"대부분의 학자들은 로마서를 바울 신학의 진주라고 생각한다. 그러나 맥나이트는 로마서를 로마에 있는 분열된 그리스도인 공동체에게 삶의 신학을 전하는 목회적인 편지로 회복시켰다. 특히 로마서의 마지막 몇 장에 나오는 사회사적 맥락과 관련된 실마리들에 초점을 맞춤으로써, 로마서를 통으로 읽는 설득력 있는 방법을 제시한다. 맥나이트는 오늘날의 독자들이 로마서가 처음 낭독되었던 현장을 상상할 수 있도록 로마서 본문을 생생하게 살려 낸다."

—니제이 굽타Nijay K. Gupta, 포틀랜드신학교 신약학 부교수

거꾸로 읽는 로마서

Reading
Romans
Backwards

거꾸로 읽는 로마서

제국의 심장에 울린 평화의 복음

스캇 맥나이트 지음 | 정동현 옮김

비아
토르
viator

차례

III. 평화를 가로막는 토라
- 로마서 1-4장

IV. 평화를 창조하는 영
- 로마서 5-8장

일러두기 ─────

- 저자가 인용한 성경구절과 개역개정의 해당 구절이 의미상 차이가 크지 않은 경우에는 개역개정을 그대로 사용하였으며, 의미상 차이가 큰 경우에는 원문을 직역하거나 다른 번역(예를 들어 새번역)을 사용하고 개역개정을 대괄호 안에 넣었다(저자는 NRSV를 기본으로 사용하고, 필요에 따라서 사역私譯하거나 다른 영역본을 사용하였음).

- 저자가 인용한 외경(천주교의 제2정경) 구절과 공동번역성서의 해당 구절이 의미상 차이가 크지 않을 경우, 공동번역을 그대로 사용하였으며, 의미상 차이가 있는 경우에는 원문을 직역하거나 다른 번역본(예를 들어 천주교회 공용 번역본[2005])을 사용하였다.

- 그리스어 한글 음역은 민경식, "성서 그리스어의 우리말 음역 원칙 제안", 『신약논단』 17(2010), 177-200에서 제안한 원칙을 따랐다.

- 장절만 표시한 경우, 로마서의 해당 장절을 가리킨다.

지미와 톰에게

로마서의 맥락적 읽기

로마서를 1장 1절에서 시작해 16장 27절에서 끝맺는 정방향 읽기reading forwards는 로마서 읽기에 가장 좋은 방법이면서 동시에 가장 큰 문제이기도 하다. 로마서를 정방향으로 읽다보면, 보통은 9장 1절에 이를 무렵 피곤해지고 12장 1절에 이르면 훨씬 더 피곤해진다. 이러한 피곤함은 1-8장 또는 1-11장을 읽는 방식 때문에 생기며, 12-16장에서 상술하는 로마 신앙 공동체의 구체적 요소를 간과해 버리는 결과를 낳는다. 그렇다고 해서 내가 로마서 12장부터 시작해야 올바르게 읽을 수 있다고 주장하는 것은 아니다. 다만 내가 진정으로 제안하는 것은 읽기 방식의 수정이 필요하다는 것, 먼저 12-16장을 깊이 들여다보면 1-11장을 새롭게 이해할 수 있다는 것이다. 나는 이것을 로마서 거꾸로 읽기reading Romans backwards라고 부른다. 제일 먼저 로마서 12-16장을 읽고, 그 다음에 9-11장을 읽고, 그 다음에 1-8장을 읽는다 (9-11장과 1-8장이 특별한 방식으로 협력하기 때문에 이런 식으로 읽는다). 이 방식은 영어 교사이셨던 아버지가 가르쳐 주신 내용과 모조리 어긋난다. 그러나 이 책에서 밝히겠지만, 로마서를 그렇게 읽는 데는 내 나름의 이유가 있다.

이 책이 어떤 종류인지 간단히 소개하겠다. 피터 오크스^{Peter}
^{Oakes}는 폼페이의 어느 가정에서 로마서를 어떠한 식으로 들었을
지 상상해 보았는데, 그 방식이 이 책에서 제시하는 맥락적 읽기
와 유사하다. 나는 강한 자들과 약한 자들이 이 편지를 어떻게 들
었을지 상상해 보았다. 나는 학문적으로 지미 던^{Jimmy Dunn}(제임스
던)의 '아들'이며, 톰 라이트^{Tom Wright}에게서 많은 것을 배웠고, 내
가 바울에 관한 새 관점^{new perspective on Paul}에 깊게 발을 들여 놓
았다고 생각한다. 그러나 우리가 다 똑같은 것은 아니다. 《거꾸로
읽는 로마서》는 그 밖의 학자들, 특히 폴 미니어^{Paul Minear}, 웨더번
^{A. J. M. Wedderburn}, 필립 에슬러^{Philip Esler}, 프랜시스 왓슨^{Francis Watson}
의 연구 활동과 비슷하다.[1] 아울러 연구사의 조류도 두 가지 언
급할 수 있는데, 하나는 스탠리 스타워스^{Stanley Stowers}의 수사학적
접근으로 시작되어, 매튜 티센^{Matthew Thiessen}의 경우에서처럼 로
마서에서 이방인으로만 구성된 청중을 발견해 내는 방향으로 흘
러갔다. 또 다른 하나는 묵시학파^{apocalyptic school}와, 또 더글라스
캠벨^{Douglas Campbell}의 로마서 1-4장의 복잡한 재해석과 더불어
등장한 조류이다. 이러한 흐름들은 내가 로마서 전체를 거듭하
여 다시 읽도록 압박하였다. 유감스럽게도 이러한 학자들을 비
롯하여 다른 많은 학자와 의견을 직접 주고받으며 논의를 전개
하지 못했지만, 이 책은 그러한 연구서가 아니다. 이 책에서는 나

---

1 직접 인용이 아닌 경우에는, 학자의 저작에 대한 참조사항은 이름으로, 또는 이름과 제목만 표
시한다. 해당 자료는 참고문헌 목록에 있다.

자신이 어떻게 로마서를 읽는지를 다룰 뿐, 내가 어떻게 로마서를 둘러싼 엄청난 양의 학문적 논의에 참여하면서 로마서를 읽는지는 다루지 않는다. 그러한 까닭에 가능성possibilities과 개연성probabilities을 따지기보다는 오히려 내 생각에는 최선인 견해를 상세히 설명했다. 다른 설명 방식들도 있음을 때로 인지하고 있지만, 다 다루지는 않았다. 이것은 학문적 논의에 참여하는 책이 아니기 때문이다. 그보다는 로마서를 읽는 한 가지의 방식을 집중 탐구하면서, 제대로 입증하려면 심층 연구가 필요할 만한 대담한 제안을 몇 가지 내놓으려 한다. 아무튼, 다시 말하지만 이 책에서 주로 시도하는 것은 약한 자들과 강한 자들의 (상상 속의) 귀를 통해 로마서를 들어 보는 일이다.

아우구스티누스, 루터, 칼뱅, 웨슬리, 에드워즈, 핫지, 바르트의 사례에서 볼 수 있듯이, 성경의 다른 어떤 책보다도 바로 로마서가 서구 기독교를 빚어 왔다. 이들 각자는 로마서가 일으키는 변화의 물결을 따라 자신들의 사상을 확립했다. 이러한 영향력 있는 사상가 목록에 크랜필드C. E. B. Cranfield, 던J. D. G. Dunn, 라이트N. T. Wright, 주엣R. Jewett, 롱에네커R. N. Longenecker를 포함하여 지난 50년 사이에 영어로 나온 두꺼운 로마서 주석을 더해 보라(물론 이 목록에는 소수의 목소리가 두드러지게 부재한다). 로마서는 바울신학의 주요 연구서에도 빠짐없이 들어간다. 데이비스W. D. Davies, 리더보스H. Ridderbos, 샌더스E. P. Sanders, 베커J. C. Beker, 던, 라이트, 캠벨이 떠오른다. 유럽 개신교에서도 바울을 중요하게 여기는 까닭에 학계의 논의의 밀도는 더욱 높아졌다. 라이트는 바울신학 연구서

거꾸로 읽는 로마서

를 두 권 분량으로 방대하게 쓰면서, 최근의 바울 해석자를 다루는 다른 책을 하나 더 써야 했다. 이러한 사실을 언급하는 까닭은, 내 책의 본문이나 각주에 이들과 의견을 주고받은 내용이 나오지 않으리라는 것을 밝히기 위해서이다.

수십 년 간 나는 로마서 1-8장에 대한 학자의 연구를 읽고 들었고, 또 설교를 들어 왔다. 로마서 1-8장을 읽거나 들은 후에, 어떤 이들은 이 알찬 장들(1-8장)이 신학 강사 자리를 위해 쓴 글이라고 생각할지도 모르겠다. 네로가 로마 황제로 다스리고 있었으며 바울이 스페인 선교를 계획하고 있던 1세기에 로마에 있던 지역 교회나 일련의 가정 교회들에게 보낸 편지가 아니라, 신학 강의를 하기 위해 쓴 글로 여겨질 수 있다는 것이다. 누군가는 로마서의 청중이 최신 속죄론이나 구원론, 또는 구원사에 정통한 신학 석학이었다고 생각하는지도 모르겠다. 로마서를 개인적으로 읽거나 이따금 바울에 대한 강의를 하면서 나는 전략을 하나 개발했다. 로마서 12-16장을 먼저 읽고 나머지 부분을 읽는 것이다. 때로 나는 사람들이 로마서의 정황을 염두에 두도록 하기 위해서 14-15장에 나오는 강한 자들과 약한 자들의 윤곽을 그리는 것으로 로마서에 대한 이야기를 시작하곤 한다. 그 다음에는 로마서를 거꾸로, 즉 역방향으로 읽으면서 탐구한다. 로마서 읽기에 두 가지 주된 방향성이 있다고 말할 수도 있다. 하나는 구원론적 읽기로, 구속 메시지를 로마서의 핵심으로 본다. 다른 하나는 편지의 핵심을 교회의 상황에 두는 읽기로, 화목과 형제 자매로 교제하는 가운데 살아가는 메시지에 주목한다. 이 두 가지 읽기는 서로 연결되어 있어서, 이분법적으로 나눌 수는 없다. 구원론적 읽기가 로마서를 연구하는 학계의 많은 부분을 주도해 왔다면, 오늘날에는 교회적 읽기로 이동하는 경향이 뚜렷하게 존재한다. 이 책은 로마서의 교회적 읽기와 보조를 맞추는 글이다. 내 나름의 접근방식을 추구하면서 때로는 다른 사람들을 언급하기도 했지만, 그런 종류의 논의 대부분은 다음 기회에 다른 책에서 다루겠다.

이 책을 쓰도록 격려해 주고 그 과정에서 열정을 쏟은 베일러 대학교 출판부의 캐리 뉴먼Carey Newan에게 다시 한번 감사하며, 전문가의 솜씨로 이 책을 편집해 준 댄 칸Dan Kahn에게도 감사한다. 두 사람 덕분에 이 책이 훨씬 좋아졌다. 색인 작업을 꼼꼼하게 해 준 대학원 조교 저스틴 길Justin Gill에게도 감사한다.

내 박사과정을 지도해 준 지미 던과 내 친구 톰 라이트, 우리 시대 바울 연구자들 가운데 손꼽히는 이 두 분에게 이 책을 헌정한다.

거꾸로 읽는 로마서

삶의 신학

1950년 조지아주 아메리커스에 자리한 르호봇침례교회에서 일어난 사건이다. 정확히 하자면 8월 13일이었다. 교회에서 쭉 내려간 길에 있던 클래런스 조단의 코이노니아농장에서 방문자 한 명을 교회에 데려온 것이 문제의 발단이었다. 이 방문자는 샤르마라는 인도인 힌두교도였다. 샤르마가 힌두교도이며 따라서 복음을 들어야 한다는 점이 아니라, 샤르마가 피부색이 검다는 점이 문제였다. 8월 13일, 회중의 2/3는 클래런스와 아내 플로렌스를 코이노니아농장의 다른 모든 구성원과 함께 교회에서 쫓아내기로 가결했다.

이러한 결정의 핵심 논거는 이들이 "다른 인종races 사람들을 르호봇침례교회 예배에 데려왔으며, 이러한 행위가 나머지 교인들의 관행과 맞지 않음을 알면서 그렇게 했다"는 것이었다.

투표가 실시되자 온 교회가 침묵에 빠져들었다. 그리고 "누군가 흐느끼기 시작했고, 곧 흐느끼는 사람들이 하나둘 늘었다.

5분 동안 회중은 조용히 울었다. 그런 후, 하나씩 일어나 문 밖으로 나가기 시작했다."[1]

르호봇침례교회 회중에게 일어난 그 사건의 한복판, 바로 거기가 우리가 로마서를 이해하고자 한다면 있어야 할 자리다. 우리의 신념과 1세기 로마에서 일어난 논쟁을 비교하면서 우리가 그들보다 못하다거나 혹은 그들보다 낫다고 생각한다면 어리석은 일이다. 왜 어리석은가? 우리의 문제가 그들의 문제이기 때문이다. 바로 특권을 가진 자들과 힘 있는 자들이 모든 계층을 포괄하는 복음의 요청을 구현하여, 특권을 갖지 못한 자들과 힘없는 자들을 끌어안을 줄 모른다는 것이 문제이다. 이 문제를 거울에 비추어 보면, 힘없는 자들 역시 자신들이 생각하는 특권과 힘을 주장한다. 이 지점에서 인종차별이라는 망령까지 소환할 이유가 없는 까닭은, 그렇게 하면 이 징후가 더 악화될 뿐이기 때문이다. 특권과 힘이 인종차별을 비롯해 다양한 형태의 불의를 만들어 내고 강화하는 데 사용되는 것이 현실이다.

로마서는 특권Privilege과 힘Power을 다룬다(저자는 의도적으로 privilege와 power, peace와 같은 추상명사를 대문자로 강조하여 쓴다—옮긴이)

바울의 복음은 힘과 특권을 해체한다.

바울의 삶의 신학lived theology은 힘을 뒤엎어 버리고 특권을 거부한다.

바울의 삶의 신학은 제국의 평화Peace에 관한 것이며, 로마의

---

1 Frederick L. Downing, *Clarence Jordan: A Radical Pilgrimage in Scorn of the Consequences* (Macon, Ga.: Mercer University Press, 2017), 156-157.

유명한 팍스 로마나Pax Romana의 급진적 대안이다.

로마서 12-16장은 삶의 신학이며, 로마서 1-11장은 그 삶의 신학을 뒷받침하기 위해 기록되었다. 로마서 12-16장은 바울신학의 적용 부분도 아니고, 로마서는 명령법으로 넘어가는 직설법의 대표 사례도 아니다. 바울의 초점은 실천의 결핍, 삶의 신학의 결핍, 로마에서 평화의 결핍에 있었고, 바울은 로마서를 써서 새로운 종류의 삶의 신학을 강권하고(12-16장) 그러한 실천의 근거를 제시하고자(1-11장) 했다.

신학자의 특권과 힘 때문에 로마서는 본래 조성하려던 평화에서 추출한 신학에 관한 것이 되어 버렸다. 로마서는 신학에 관한 것이긴 하지만, 신학에 불과하지는 않으며, 이론신학이 아니다. 말하자면, 로마서의 신학은 바로 삶의 방식, 삶의 신학이다. 로마서는 로마에 있는 개인과 신앙 공동체 모두를 위한 삶의 길via vitae을 주창한다. 어떤 이들이 으레 하듯이 로마서가 말하는 삶의 길을 거의 강조하지 않고서 로마서를 신학으로만 본다면 로마서의 메시지에 담긴, 해체하는 힘이 제거되고 만다. 곧 다루겠지만, 이 논점의 중요성이 사라질 일은 없을 것임을 먼저 말해 둘 필요가 있다. 처음부터 끝까지, 혹은 끝에서 처음까지, 이 편지는 특권과 힘을 해체하고 그 자리에 평화를 놓는다.

거듭 말하지만, 로마서를 이론적으로 체계화된 담론으로, 신학이나 철학으로 만들려는 유혹을 많은 이들이 떨쳐버리기 힘들다. 말하자면 로마서를 신정론으로, 조직신학으로, 아테네의 주랑stoa 아래서 종일토록 벌이는 토론으로 만드는 것이다. 하나님이 어떻게 계속 온전하시고 거룩하시면서 여전히 은혜와 사랑이 가득하실 수 있는지, (이스라엘과 언약을 유지하시면서) 죄인들을 의롭게, 거룩하게, 영화롭게 하실 수 있는지에 대한 분석으로 만드는 것이다. 그러면 로마서 1-8장 또는 1-11장은 기독교 최초의 이론신학이 된다. 이 장들은 시대를 초월하는 신학이 되어서, 로마 가정교회들과 관계가 끊어지고 만다. 많은 이들이 로마서에 대한 이러한 접근법에 지쳐서, 12장에 이를 즈음에는 나머지 장들을 필수적이지만 중요하지 않은 정보로 여기고 대충 넘어간다. 훌륭한 주석도 이런 유혹을 좀체 피하지 못한다. 그래서 나는 로마서가 제국에서 평화를 찾으면서 특권과 힘을 다루는 목회신학이라는 점을 입증하기 위해 로마서를 거꾸로 읽기로 했다.

앞으로 논증하겠지만, 로마서 12-16장은 로마서의 목회적 맥락을 드러낸다. 그런 다음에 로마서 9-11장으로 넘어가는 이유는, 로마서 전체에 영향을 미치는 하나의 내러티브, 곧 로마서 12-16장의 삶의 신학과 특별히 관련 있는 내러티브가 9-11장에서 드러나기 때문이다. 바울의 목회 목표와 내러티브의 전제를 이해하고 나서야 로마서 1-8장의 신학을 있는 그대로 볼 수 있다. 로마서 1-8장은 목회신학이며, 12-16장에 나오는 평화라는 삶의 신학을 정당화하고자 한다. 로마서를 거꾸로 읽는다고 해서, 로마서를 정방향으로 읽을 때 생기는 빛나는 연결고리를 깎아내리는 것은 아니다. 그러한 연결고리는 여전히 유효하다. 나는 로마서를 거꾸로 읽으면 연결고리가 한 벌 더 만들어진다는 것을 보여 주고자 하며, 그 연결고리가 바로 로마서의 삶의 신학

거꾸로 읽는 로마서

이다.

　로마서의 삶의 신학은 바울이 20년에 걸쳐 이방인 선교를 하는 중에 생겨났으며, 상당부분은 힘들게 싸워서 얻었고, 일부는 갇힌 중에 알게 되었거나 도망치는 가운데 깨달은 것이다. 바울이 쓴 내용은 도서관이 아니라 그러한 선교에서 모두 나오며, 바울이 평생 이방인 선교 경험에서 배운 것이 로마서에서 표면에 나타난다. 때로 바울은 마치 파티에서 한 사람에게서 다른 사람에게 고개를 돌리듯이 화제를 단숨에 바꾸고, 그런 후 발을 조금 옮겨 재담 한두 마디로 또 다른 대화에 끼어들고, 그러고 나서는 아주 자연스럽게 원래 대화로 돌아온다. 따라서 로마서는 선형적 논증이기는 하지만, 때로는 바울적Pauline 조각을 서로 이어 붙인 혼성 작품pastiche처럼 보이기도 한다.

I

평화가 필요한 공동체

로마서 12-16장

1

뵈뵈, 로마서의 얼굴

(16:1-2)

사도 바울은 기독교 세계의 역사에서 손꼽히게 영향을 미친 사상가 중 하나이며, 저작 중에서는 로마인들에게 보낸 편지가 가장 영향력이 크다. 가부장적이라는 소리를 흔히 듣는 이 남성이 부유하고 영향력이 있는 여성 뵈뵈에게 자신의 소중한 편지를 넘겨줄 뿐 아니라 그 편지를 로마에 있는 가정교회 대여섯 곳(또는 그보다 많은 곳) 하나하나에 낭독해 달라고 부탁한다. 바울이 살던 세계에서 편지는 발신자(이번 경우에는 바울)가 그 자리에 있음을 체현하고 각인했다. 바울은 여성 한 명을 선택해서 자신의 편지를 체현하게 했다. 뵈뵈의 얼굴을 통해서 바울의 얼굴을 보게 된다는 뜻이다. 누구든지 이 편지를 듣기 전에, 먼저 자기들 가운데 있는 뵈뵈의 몸을 먼저 만나게 된다.[1]

뵈뵈는 어떻게 로마에 갔을까? 뵈뵈의 고향 겐그레아는 고린도의 주요 항구로 에게해에 접한 사로니코스만灣에 자리했기 때

---

1 뵈뵈가 로마서를 전달하긴 했지만 직접 낭독하지는 않았다고 생각하는 이들도 있음을 나는 안다. 이들은 뵈뵈가 다른 누군가를 지도해서 편지를 낭독하게 했다고 생각한다. 이것을 아무도 확실히 알지 못하지만, 나는 '뵈뵈-낭독자' 가설을 선호하고, 앞서 말한 유보적 단서를 붙인 채로 이 가설을 줄곧 사용할 것이다.

문에, 뵈뵈는 배를 타고 그리스와 남부 이탈리아를 돌아 시칠리아를 거쳐 북으로 올라가 로마의 오스티아항港에 이르렀을 것이며, 거기서 다시 다른 배를 타고 테베레강Tiber을 거슬러 올라가 로마에 도착했을 것이다. 바람과 날씨는 늘 지중해의 변수였다. 이 경로 대신 아드리아해 동부해안을 도보로 따라 올라간 후 라벤나로 내려와 로마에 왔을지도 모른다. 우리는, 아니 적어도 나는 확실히 알지 못한다.

왜 뵈뵈였을까? 뵈뵈는 '자매'이고('자매'는 다른 곳에서 바울이 그리스도 안에 있는 여성들을 가리킬 때 사용하는 용어다), 그것도 회심한 이방인 자매다. 뵈뵈는 '타이탄 여신'이라는 뜻이어서, 뵈뵈가 이교도 출신으로 그리스도인이 되었음을 시사한다. 자긍심 강한 유대인 가정이라면 딸에게 이교의 신이나 여신의 이름을 붙이지는 않았을 터이기 때문이다. 뵈뵈는 압비아와 비슷한데, 압비아도 자매다(몬 2절). '자매된 아내들sister wives'(고전 9:5)로 불리는 순회 선교사와도 비슷하다.[2] 이것은 디모데전서 5장 2절에서 더 분명해지는데, 거기에서는 디모데에게 '젊은 여자를 자매로' 대하라고 권면한다. 바울은 그리스도인을 가리킬 때 '형제자매siblings'라는 은유를 가장 즐겨 사용한다. 가정에서 형제자매는 서로 사랑하고 화목하고 용서한다는 특징이 있지만, 질서와 위계hierarchy도 형제자매의 특징이다.[3] '자매'라는 은유가 무엇인가를 의미한다면, 그

---

2 저자 사역私譯(NRSV에서는 'believing wife'). 달리 언급이 없으면, NRSV를 사용한다.

3 Paul Trebilco, *Self-Designations and Group Identity in the New Testament* (Cambridge: Cambridge University Press, 2012), 16-67.

것은 로마제국 전역에 있는 가정교회들 사이에 새로운 사회 현실이 작동하고 있다는 의미다. 당시 세계에서 한 사람의 정체성은 곧 그 사람의 신분이었으며, 신분을 결정하는 요인은 대체로 가문, 인맥이나 후견인, 재산, 군사원정에서 거둔 승리, 사회 구석구석에 만연한 쿠르수스 호노룸*cursus bonorum*(사회적으로 공적 명예를 추구하는 도정)을 따라 올라가려는 순전한 야망이었기 때문이다. 영광에 이르는 이 도정, 쿠르수스 호노룸은 사회에서 영향력이 막강했지만 그만큼 잘 보이지는 않았다. 그러나 바울에게는, 특별하고 공적인 명예를 향한 추구를 그리스도 안에 있는 구속이 완전히 없앤다. 바울은 그 추구 대신 형제자매됨siblingship에 집중한다. 바울은 '자매'라는 용어를 사용하여 형제자매로 구성된 새로운 사회를 만들며, 그 사회는 고대인들이 알고 있던 특권과 힘을 없애고자 하는 사회다.

뵈뵈는 '집사deacon'이기도 하다. 헬라어 '디아코노스*diakonos*'는 더 일반적으로는 '종servant'을 가리키는 데 쓰일 수 있다. 로마 관리는 종[사역자]이다(롬 13:4). 그리스도는 종[추종자]이다(15:8). 바울과 그의 동역자는 종[사역자, 일꾼]이며(골 1:7; 고전 3:5; 딤전 4:6), 거짓 사역자 역시 종[일꾼]이다(고후 11:15). 그러나 이 용어가 (로마서 16장 1절처럼) 특별히 어느 한 교회와 연결되면, '집사'라는 좀 더 공식적인 사역이나 직무가 떠오른다. 그리하여 바울은 빌립보 그리스도인들에게 편지를 보내면서 '감독들과 집사들'을 언급한다(빌 1:1). 목회서신에는 '집사'라는 용어가 눈에 띄게 나타나며, 집사의 자격 목록이 있다(딤전 3:8-13). 그렇다면 바

거꾸로 읽는 로마서

울이 뵈뵈의 집사직^{diaconate}을 겐그레아 교회와 연결한 것은 뵈뵈가 그 교회에서 집사 역할을 더 공식적으로 수행했다는 의미로 보이며, 그 말은 뵈뵈가 그리스도인다운 성품과 지도력의 은사를 지녔다는 뜻이다. 뵈뵈가 '집사'라는 말은, 바울의 동역자들이자 바울과 함께 종된 자들^{coservants}과 더 비슷하다는 뜻이다. 따라서 뵈뵈는 아볼로, 두기고, 디모데, 에바브로 같은 '새 언약의 일꾼'(고후 3:6; 6:4; 엡 3:7)과 어깨를 나란히 한다. 눔바의 경우처럼(골 4:15), 겐그레아 교회는 뵈뵈의 집에서 모였고 뵈뵈는 교회의 후견인^{patron}이자 지도자인 듯하다.

뵈뵈는 **부유한** 여성이었다. 바울은 '후원자^{benefactor}[보호자]'라는 아주 대중적인 용어를 사용한다. 바울 당시 세계에서 다른 어떤 말보다도 후원자라는 말은 한 개인에게 로마의 쿠르수스 호노룸 상의 공적 명예를 가장 많이 안겨 주었다. 시 관리들은 재산이 있고 공동체를 부양할 의무가 있기 때문에 지위를 얻었을 뿐이다. 어떤 식으로 부양하는가? 필요할 때 양식과 각종 물품을 대거나, 공공 축제를 열고 운동경기에 필요한 자금도 댔다. 그러나 뵈뵈는 기부금을 전부는 아니어도 어느 정도나마 교회들과 바울, 그리고 바울이 계획한 스페인 선교(롬 15:23-24)로 돌렸다. 바울이 사도로서 사역하려면 기도할 시간과 성경 연구할 시간이 필요했고, 목양하고 만나며 이야기하고 토론할 시간도 필요했을 뿐 아니라, 여행을 계속하면서 새 교회들을 세우는 데 더 많은 시간이 필요했다. 여기에 바울이 감옥에 있던 시간도 더해 보자. 바울이 간혔을 때 (감옥 제도와 세금이 아니라) 친구들의 부양을 받았다.

이 모든 일을 해내기 위해, 바울에게는 후원자들이 필요했으며, 뵈뵈가 그중 하나이다. 바울은 뵈뵈가 '여러 사람'에게 후원자였다고 덧붙인다.

그러나 로마의 가정교회들은 뵈뵈를 집사나 후원자로 만나지 않았다. 이들은 뵈뵈를 **바울에게 추천을 받았으며 환대와 친교를 당연히 받을 자격이 있는 자매**로 만났다. "내가… 뵈뵈를 너희에게 추천하노니"(롬 16:1). 여기에는 언뜻 눈에 띄는 것 이상의 무언가가 있다. 이 추천은 뵈뵈가 편지 전달자, 배달원임을 드러낸다. 위(僞)데메트리우스Pseudo-Demetrius는 이 구절과 놀라울 정도로 비슷한 표현으로 배달원에 대해 이야기한다, "그는 이 편지를 여러분에게 전달하는 자입니다.… 여러분이 나와 그를 위해서, 그를 환대받을 만한 사람으로 여긴다면 잘하는 것입니다."[4] 배달원 뵈뵈에게는 책무가 더 있었다. 바울의 개인 신상을 로마에 있는 교회들에게, 특히 브리스길라와 아굴라처럼 바울을 아는 이들에게 전해 주어야 했다. 이 배달원이 할 일에는 편지 전달뿐 아니라 아마도 편지 낭독도 들어있을 터여서, 뵈뵈는 이 편지를 읽어 주면서 해석을 해 주고, 질문에도 답해 주어야 했을 것이다(분명 그들에게는 질문거리가 있었을 것이다!).

편지 낭독을 좀 더 살펴볼 필요가 있다. 배달원 뵈뵈는 **편지를 상연했으며**perform, 각 가정교회에서 그렇게 했을 것 같다(그러나 뵈뵈가 편지를 딱 한 번 낭독했을 수도 있다). (앞으로 살펴보겠지만, 16장 3-16절에 나

---

4 Abraham J. Malherbe, ed., *Ancient Epistolary Theorists* (Atlanta: Society of Biblical Literature, 1988), 33.

거꾸로 읽는 로마서

오는 2인칭 인사말들이 이 편지가 단 한 곳의 가정교회에 발송되었음을 암시하는지가 쟁점이다.) 바울 같은 저자는 자기 편지를 멍청한 사람에게 맡겨서, 편지 속에서 길을 잃게 하지 않았다. 바울(과 동역자들)은 낭독할 사람들을 세세하게 가르쳐서, 마치 바울이 그 자리에 있는 듯이, 또 바울의 삶의 신학에 설득력이 있도록 편지를 읽을 수 있게 했다.[5] 이와 같은 편지를 어떻게 낭독했는가? 상연으로서의 낭독에는 표준 요소가 몇 가지 들어 있었다. 첫째, 적절한 때에 적절한 청중 쪽으로 몸짓을 한다(뵈뵈는 '강한 자들'이나 '약한 자들'이란 말을 읽을 때면, 해당되는 사람들 쪽을 응시했다. 또는 필요하다는 생각이 들면, 반대쪽 사람들을 응시했다!). 둘째, 억양에 변화를 준다(여기서는 목회자의 토닥이는 어조, 저기서는 날카로운 책망, 여기서는 부드럽게, 저기서는 강권하는 억양). 셋째, 편지의 구체적인 요소를 연기해 낸다. 넷째, 필요하면 잠시 멈추기도 하고 빨리 읽기도 한다. 다섯째, 중요한 순간에는 눈을 맞춘다. 여섯째, 청중에게 필요하다는 생각이 들면 '애드리브'를 덧붙인다. 바울뿐 아니라 디모데와 더디오와 가이오도(16:21-22) 편지 낭독 방법을 함께 논의했을 것이다. 분명 뵈뵈는 이들 앞에서 낭독을 실습했을 것이다. 어떤 사람들의 생각에 따르면 뵈뵈는 로마서를 통째로 외웠고, 기억한 내용을 토대로 상연했다.

바로 여기서 우리의 로마서 읽기가 시작된다. 가정교회에서 각 사람이 그 자리에 바울이 있다고 느낄 수 있도록 편지를 상연하고 있는 뵈뵈의 얼굴을 바라보면서, 우리도 그 자리에 앉아 본다.

---

5 사도행전 15:31과 골로새서 4:16을 주목하라.

2

인사말과 로마의 가정교회들
(16:3-16)

로마에는 구불구불한 거리와 집이 복잡하게 얽혀 있었다. 거리
마다 이민자가 거처를 찾고, 상인은 고객을 찾고, 부자는 더 높은
지위를 추구하고, 지성인은 대화거리를 발견하고 정치인들은 특
권이 제공하는 권력을 꾀하고 있었다. 테베레강은 물론이고 (다
들 생각하기에) 온 세상이 로마를 통과해서 흘렀다. 이민자 대다수
는 제국 밖에서 군사원정을 통해 포로로 잡혀와 노예가 된 사람
들이었다. 야망을 품고 로마에 오기도 했고, 명성이나 재물, 혹은
더 나은 일자리를 얻을 기대에 부풀어 있기도 했다. 유명한 철학
자들에게 배우고자 로마에 입성하기도 했고, 우정 때문에 로마
행을 선택하기도 했다.[1] 바울의 편지가 도착할 무렵, 속주 출신
지도자가 로마 원로원 의원이 되는 경우가 점점 더 많아졌다. 어
떤 사람들(아테나이오스Athenaeus)은 이것을 좋아했고, 어떤 사람들(유베
날리스Juvenal)은 이것을 탐탁지 않게 여겼으며, 다들 숱한 긴장을 인
지했다.

---

1   Seneca, *Ad Helviam* 6.2-3. 다음에서 재인용했다. David Noy, *Foreigners at Rome: Citizens and Strangers* (London: Classical Press of Wales, 2000), 90.

거꾸로 읽는 로마서

로마에 있던 여러 교회에도 분명히 부자는 일부였고 속주 출신 가난한 사람들이 더 많았을 것이며, 로마에서 부글거리던 긴장이 교회에도 적잖이 나타났을 것이다. 로마에는 적어도 다섯 가정교회들이 있었으며, 바울은 이 교회들에게 로마서를 써서, 뵈뵈가 각 교회 앞에서 로마서 전체를 낭독했을 것이다. 뵈뵈가 이들에게 받은 인상에 따르면, 로마의 각 교회에는 여성들, 노예들이나 과거에 노예였으나 높은 지위를 누리게 된 이들로 잘 대변되는 다양한 부류의 신자들이 있었다. 유대인 신자들도 곧잘 눈에 띄었다. 로마의 복잡한 상태를 가정교회들이 그대로 보여주었다.

로마에서 유대인들과 예수 추종자들의 관계

고고학과 화폐와 문헌 증거를 포함해 모든 증거를 다 살펴보면, 로마 최초의 교회가 어디에 있었는지 밝힐 수 있는가?[2] 상식의 범위 안에서는 그렇다고 대답할 수 있다. 테베레강은 북쪽에서 남쪽으로 로마를 구불구불하게 관통한다. 포룸Forum 서쪽과 오늘날의 바티칸(1세기 용어이기도 하다) 남쪽은 테베레강 항구 지역으로 트라스테베레Trastevere라 불렸다. 1세기 가정교회들이 이곳에 있었다. 포룸의 남남동쪽에, 1세기 로마의 중심을 관통하는 대로인 아피아가도Via Appia를 따라 예수 추종자들 거주지가 하나 더 있었

---

2 Peter Lampe, *From Paul to Valentinus: Christians at Rome in the First Two Centuries*, ed. Marshall D. Johnson, trans. Michael Steinhauser (Minneapolis: Fortress, 2003).

다. 그 두 거주지 사이에 있던 아벤티노Aventine 구역에 원로원 의원들의 집이 점점 더 많아졌는데, 그곳은 그리스도인의 흔적이 있는 셋째 지역이지만 증거가 그렇게 많지는 않다. 포룸의 북북서쪽에 마르스 광장Mars Field(캄푸스 마르티우스)이 있었으며, 광장 동쪽 면을 따라 라타/플라미니아가도Via Lata/Flaminia가 있었는데 거기도 그리스도인 거주 구역이었다.

이들 구역에 관해 아는 바를 토대로 로마 그리스도인들 관련 정보를 좀 더 이끌어 낼 수 있다. 로마 그리스도인들은 **유대인 회당 모임**에서 생겨났다. 더욱이 이러한 곳들은 대체로 가난한 이민자들의 **인구 밀집 구역**이었으므로, 예수 추종자들은 아마도 가난했을 것이다. 특히 트라스테베레는 부두와 교역, 항해 같은 운송 관련 일을 하는 노동자들이 거주했다. 교역 덕분에 가게 주인과 가죽 가공업자도 생겨났다(가죽에서는 악취가 났다). 트라스테베레는 나그네들의 본거지였기에 외래 종교 사당들과 그 신봉자들이 바글바글했다. 아피아가도 인접 구역에 대해 우리가 아는 사실은, 이곳에 운송 수단뿐 아니라 노동자와 짐꾼과 장인匠人이 잔뜩 있었다는 것이다. 그러나 아벤티노 언덕에는 로마 상류층과 이들의 노예와 노동자가 섞여 살았다. 마르스 광장 주민 구성도 아벤티노와 별반 다르지 않았다. 종합해서 말하자면, 로마의 그리스도인들은 가난한 사람들 틈에 살았으며, 일부 고위직 인물들과도 연줄이 있었을 가능성이 있다.

바울이 로마서를 쓸 무렵, 네로 황제가 **감세를 해서** 교역과 일자리가 늘어나리라는 기대를 불러일으켰고, 그래서 로마 현지

거꾸로 읽는 로마서

신자뿐 아니라 로마로 이주한 예수 추종자도 숱하지만 대개는 허사였던 네로의 건설 사업에 고용되었을 것이다.[3] 네로는 아우구스투스 시대의 기념비적 건축을 되살리려 했다. 그리하여 트라스테베레 바로 북쪽이자 지금의 바티칸 아래쪽에, 본래 칼리굴라가 만들기 시작한 경기장을 완공했으며, 네로 자신의 공연(연기, 노래, 전차경주)[4]을 사람들이 보러 오기 쉽도록 테베레강에 다리를 놓았다. 조금 더 과감하게 말해 보자면, 트라스테베레 주민 중에 더러는 이 경기장 건축 현장에서 일했을 수도 있다. 마르스 광장 언저리에 살던 그리스도인들은 네로가 마르스 광장에 목조 원형극장을 지을 때 건축 현장에서 일했을 수도 있고, 아벤티노 언덕이나 아피아가도 더 가까이에 살던 그리스도인들은 네로가 첼리오 언덕Caelian Hill에 마켈룸Macellum이라고 불리는 시장을 재건할 때 현장에서 일할 기회가 있었을 것이다. 이 편지가 로마에 도착한 지 얼마 지나지 않아, 네로의 기괴하고 사치스런 도무스 아우레아Domus Aurea, 황금 궁전 건축을 시작했으니(이 궁전 입구에 약 36미터 높이 기둥이 있었고, 그 위에 태양신이나 아마 아폴로 형상으로 만든 네로상이 있었을 것이다), 일부 그리스도인들은 이 사업에 참여했을 것이다.[5]

---

3   친위대Praetorian Guard에서 유명했던 수브리우스 플라부스Subrius Flavus는 주후 65년에 네로를 반역하는 모의에 가담한 일로 네로에게 심문을 받을 때 조금도 굴하지 않고 강하게 말했다. 그 말에서 네로가 어떤 인물인지 잘 드러난다. "저는 폐하가 증오스러웠기 때문입니다! 폐하가 경애를 받을 만할 때는 저는 다른 병사들처럼 폐하에게 충성스러웠습니다. 폐하가 태후와 황비를 죽이고, 전차를 몰고, 배우가 되고, 방화범이 되면서부터 미워지기 시작했습니다"(Tacitus, *Annals* 15.67, trans. M. Grant, Penguin Classics). 반란을 모의한 자들은 네로가 로마를 불태우기 시작한 (네로가 로마를 불태웠다는 것은 합리적인 의심이다) 키르쿠스 막시무스 Circus Maximus(전차 경기장)에서 거사를 치르려고 했다. 3년 후, 네로는 서기관의 도움으로 자살했다.

4   네로는 출전하는 경주마다 '승리했으며', 1,800번 넘게 1등을 했다.

인사말과 로마의 가정교회들

베스파시아누스황제는 이 건축물 대부분을 해체해 콜로세움 같은 다른 건축물을 짓는 데 재활용했다.

로마 그리스도인들은 때로 아파트(공동주택^{tenement}이었던 인술라^{insula})에 살았지[6] 주택(도무스^{domus})이나 저택에 살지 않았다. 로마에서 그리스도인들이 있던 구역마다 단독주택이 있기는 했다. 초창기 로마 그리스도인 대부분은 유대인이었고, 클라우디우스^{Claudius}황제를 도발한 문제의 중심에 이들이 있었을 것이다. 클라우디우스는 아내 메살리나^{Messalina}의 불륜(또는 중혼, 혹은 무슨 사건이든)[7]과 자신이 조카 소^{小}아그리피나$^{Agrippina\ the\ Younger}$와 결혼한 일이 알려져서 여전히 휘청거리고 있었고, 로마의 종교와 전통에 대한 자신의 진심을 보여 주고자 했기에, 문제를 일으키는 유대인들을 로마에서 추방해서 싹을 잘라 버렸다. 이 사건이 사도행전 18장 2절에 나온다. "글라우디오가 모든 유대인을 명하여 로마에서 떠나라 한 고로." 초기 로마 역사가 한 명은 사도행전 18장 2절에 '크레스투스가 선동하여' 유대인들이 '소요'를 일으켰다고 덧붙인다.[8] '크레스투스^{Chrestus}'와 '크리스투스^{Christus}'는 흡사하기 때문에, 이 역사가가 말하는 '유대인들'은 아마도 우리가 말하는

---

5   Suetonius, *Nero* 31을 보라. 이 건축 프로젝트는 로마의 상당 부분을 폐허로 만든 대화재가 있은 후 시작되었다. 타키투스^{Tacitus}는 네로가 그리스도인들을 희생양으로 삼았다고 썼는데, 이 부분은 적어도 의심해 볼 여지가 있다. 다음을 보라. Anthony A. Barrett, Elaine Fantham, and John C. Yardley, eds., *The Emperor Nero: A Guide to the Ancient Sources* (Princeton: Princeton University Press, 2016), 161-166.

6   몇 층이 적당한지를 놓고서 의견이 분분했다. 6-9층에 이르는 경우도 있었다.

7   Tacitus, *Annals* 11.26-38.

8   Suetonius, *Claudius* 25.4.

거꾸로 읽는 로마서

'유대인 그리스도인들'이었을 것이다.[9] 추방 유대인 중에 브리스 길라와 아굴라가 있었다. 그러나 그 후에 클라우디우스가 죽었다. (즉위할 때) 17세로 아주 어리던 네로황제 치하에서 클라우디우스칙령은 잊힌 신세가 되었기에, 추방당한 이들 중 얼마가 돌아왔다.

유대인 그리스도인들의 귀환은 **긴장**을 야기했다. 추방되었다가 돌아온 사람들은 역할이 거의 확실하게 줄어들고 지위도 낮아졌기 때문이다. 이들의 추방 기간에 이방인 그리스도인들이 새로운 기독교 문화를 형성했으며, 그 문화에서는 토라Torah를 준수하지 않았다. 따라서 로마의 초기 그리스도인들은 유대인이었고 여기에 경건한 이방인들God-fearing gentiles이 얼마간 합류했다고 보는 편이 아주 합리적이다(예를 들어, 행 13:43, 50; 16:14; 17:4, 17; 18:7). 유대인들은 경건한 이방인들Godfearers이 자기들처럼 완전한 유대인이 아님을 알았고, 이 사실 때문에 유대인 신자들은 토라 준수와 관련하여 특권의식이 있었다. 나는 로마서 14-16장에 나오고 다음 장에서 묘사할 약한 자들이 예수를 메시아로 확신하게 되자 그러한 세계관을 받아들이지 않았을까 생각한다. 그러나 이들이 더는 주변에 있지 않게 되고 힘 있는 이방인(강한) 신자들이 토라 없는 문화non-Torah culture를 형성하자, 그러한 세계관은 지나

---

9 아주 확실하지는 않더라도, 이것은 대략 비슷한 시기에 그리스도인들과 관련된 또 다른 문제, 곧 갈릴리에서 일어난 '무덤 약탈' 문제에 클라우디우스가 보인 관심에서 확인된다. 클라우디우스는 무덤을 약탈하는 자들을 사형에 처하라고 명했다. 다음을 보라. A. C. Johnson, P. R. Coleman-Norton, and F. C. Bourne, *Ancient Roman Statutes* (Clarke, N.J.: Lawbook Exchange, 2003), 113(#133). (무덤과 관련된 이 칙령의 원문 자체에 클라우디우스의 이름이 명시적으로는 나오지 않는다.―옮긴이)

간 것이 되었다. 잠시 후 이러한 긴장과 맞닥뜨리겠지만, 현재로서는 특권과 힘이 로마 가정교회들의 중심에 있었고 바울이 양쪽과 정면으로 대치했음을 거듭 말해 두어야 하겠다.

전형적인 한 가정

공간에 따라 많은 것이 달라진다. 만일 교회가 중앙에 제단과 설교단을 갖춘 기다란 바실리카에서, 수백 명이 앉거나 서 있을 수 있는 공간에 모인다면, 특정한 활동(많은 사람을 대상으로 하는 설교)을 하고 청중이 반응하기에 (경청, 적극적인 반응을 하도록 사람들을 흔들어 놓기에) 용이할 것이다. 바실리카라면 위엄 있는 설교자가 나올 수 있다. 요한 크리소스토무스John Chrysostom나 암브로시우스Ambrose, 대大바실리우스Basil the Great를 생각해 보라. 그러나 로마의 신자들은 뵈뵈가 로마서를 읽어 줄 때 바실리카에서 듣지 않았다. 그러한 일은 콘스탄티누스황제 이후에서야 가능했기 때문이다. 오히려, 로마의 예수 추종자들은 집에서 모였는데, 더 작은 집도 있었고 더 큰 집도 있었다. 공간에 따라 많은 것이 달라진다. 가정교회들이었기에 보통은 대화를 했고, 질문하고 대답했으며, 말하는 사람은 연설가라기보다 형제자매에 가까웠다. 이 모든 광경이 대체로 일깨워 주듯이 우리의 주일 오전 예배는 1세기 교회 모임과 사뭇 다르다. 공간에 따라 많은 것이 달라진다면, 로마서 낭독을 들을 때 우리는 집이나 거실에서 모이는 교회, 또는 식탁에 둘러앉은 교회를 더 많이 생각해 보아야 한다.

거꾸로 읽는 로마서

우리가 바울 당시 (로마나 폼페이 같은) 이탈리아 지역의 가정에 누가 살았는지에 관해 아는 내용만으로도, 가정교회들에 누가 있었고 가정교회들에 어떠한 다양성이 생길 수 있었을지 윤곽을 그리기에 충분하다. 다시금 기억하라. 어느 가정교회에 참여하려면 반드시 그 가족의 '구성원'이어야 하는 것은 아니었다. 그 집 안에 있었다면, 모임의 일원이 되었을 것이다. 그리고 이것도 기억하라. 가정은 거주공간이면서 사업장이기도 했다. 거기에 누가 있었는가? 한 가정은 집주인을 중심으로 대략 30명 정도로(그보다 많지는 않았을 것이다), 집주인은 장인craftworker이고, 나머지는 직계 가족과 확대 가족이었을 것이다. 집 안에 있는 나머지 사람들은 장인에게서 방을 세내서 사는 사람들이었을 수 있지만, 회심자였으나 집주인과 직접적으로는 연고가 없는 이들도 있었다. 여기에 노예들과 딸린 식구들, 집 없는 사람들까지 더해 보라.[10] 이 스케치에 유대인 신자들과 함께 유대인 노예나 자유인이나 이민자 신자들을 더 그려 넣으면, 1세기 로마의 가정 모습에 최대한 근접할 수 있다. 모임 장소였을 가능성이 큰 곳들 중 하나는 집 안뜰이었다. 안뜰은 집주인과 거래하는 이들에게는 응접실 역할도 했으므로, 다시 말하면 오늘날 주일 오전의 전형적인 교회 모습이 아니었다. 현대식으로 가장 제대로 이해해서 말하자면, 가정교회는 개인 사업장의 일정한 공간에서 모인 신자들이었다. 그곳은 거룩한 공간이기도 했지만 '공적' 공간이기도 했다.

---

10 Peter Oakes, *Reading Romans in Pompeii: Paul's Letter at Ground Level* (Minneapolis: Fortress, 2009), 96. 같은 책의 87쪽도 참조하라.

로마의 가정교회들

인사말에는 1인칭, 2인칭, 3인칭, 세 가지가 있다. 다시 말해, 내가 당신에게 인사하거나, 내가 당신을 통해 다른 사람들에게 인사하거나, 다른 사람이 나를 통해 당신에게 인사한다. 바울은 로마서 16장 3-16절에 언급되는 사람들에게 2인칭 인사말 형식으로 인사한다(15회나 된다!).[11] 이것은 비록 인사를 받는 사람들이 (대부분의 학자들이 추정하듯이) 간접적이나마 수신자이고 이 편지의 확대 청중이긴 해도, 이 편지의 직접적인 수신자는 아니라는 뜻이다. 어떤 이들은 이 2인칭 인사말은 인사를 받는 사람들이 이 편지의 청중이 절대로 아니라는 점을 암시하기에 이 편지의 청중을 이 인사말들과 별도로 찾아내야 한다고 주장한다. 나는 그 주장에 동의하지 않는다.

덧붙여, 인사를 받는 사람들 목록이 로마 가정교회들을 구성하는 이들을 (따라서 유대인 신자들은 물론이고 이방인 신자들도) 보여 준다고 추론하는 편이 합리적이다. 서로 인사하는 것은 교회의 친교를 상징했으며, 입맞춤(16:16)과 포옹, 심지어 발 씻어 주기 같은 행동이 뒤따랐다. 이러한 인사가 '평화의 인사passing the peace'라는 기독교 전통의 기원이다.

---

11 로마서 16:21-23의 인사말은 3인칭과 1인칭이며, 고린도 신자들이 보냈다.

거꾸로 읽는 로마서

가정

　로마서 16장은 개별 가정교회를 '집house'(5절), '가족family'(10-11
절), '그들과 함께 있는with them'(14-15절)으로 표현한다. 나는 브리
스가와 아굴라의 가정교회를 다른 가정교회와 별도로 구분한다.
이 가정교회만 '집'이라고 불리고(16:5), 내가 볼 때 이 두 사람의
가정이 주도적 위치에 있었으며, 그 '권속'이 대체로 노예나 해방
노예로 구성되었다고 보는 쪽으로 기울기 때문이다. 아리스도불
로의 '권속'은 주거단지 하나이거나 더 큰 가정이었을 수 있으며,
아마도 유대인들과 특별한 관계가 있었을 것이다(헤로디온이 이 가정
의 일원이다). 이처럼 다양한 가정의 지도자들이 서로 긴장 관계에
있었음을 발견하지 않을까 지레 겁먹어서는 안 된다. 각 가정은
고유 문화를 형성하고 (이미 장로와 감독으로 불렸을) 지도자들을 길러
냈으며, 뚜렷이 구분되는 접근방식들을 개발했을 것이다.

- 브리스가/브리스길라와 아굴라 가정(16:3-5a)

- 아리스도불로의 권속

- 여기서 아리스도불로는 헤롯대왕의 손자 아리스도불로일 수
도 있다. 만약 그렇다면 아리스도불로는 40년대에 죽었지만,
그의 가정은 계속 이어진 것이다. 어쩌면 아리스도불로와 함
께 왔던 그리스도인 노예가 로마에 교회를 세우는 것을 도왔
을지도 모른다.

- 나깃수의 권속(16:11)

- 어쩌면 클라우디우스 시절에, 혹은 가능성이 더 낮지만 네로

시절에 로마 행정관을 지낸 고인古人의 집일 것이다.[12]

- 아순그리도를 비롯한 여러 사람들의 권속(16:14)
- 빌롤로고와 율리아를 비롯한 여러 사람들의 권속(16:15)

나머지 이름들을 어느 자리에 놓아야 하는지는 불분명하다. 손쉽게 둘 이상의 다른 가정들을 더해서 로마에 가정교회가 여덟 개(또는 그 이상) 있었다고 주장할 수 있기는 하다. 이 신자들이 모두 한곳에 모여 가르침을 받고 예배할 수는 없었고 그렇게 하지도 않았다. 이들은 가장家長의 이름으로 불리는 집에 모였으며, 그렇다면 가정교회는 가장에게 의존했고 가장이 자연스럽게 지도자가 되었다고 생각하는 것이 합리적이다.

이 가정교회들은 어느 정도 규모였는가? 어느 계산에 따르면 최대 40명이지만, 다른 이들은 이들 가정교회가 (적어도 일부 교회는) 공동주택이었다고 생각하며, 그 말은 수가 훨씬 적었음을 시사한다. 추정하기로는 로마서를 전할 당시, 로마에는 예수 추종자들이 200명 미만, 아마도 100명에 더 가깝게 있었을 것이다. 그러나 바울이 어디에 교회를 세우든지 미묘한 지위 다툼이 반드시 있었다. 때로 힘을 과시하기도 했다. 힘과 특권이 로마의 방식이었고, 세상의 방식이었으며, 그리스도를 닮지 않은 그리스도인의 방식이었다. 바울의 인사말은 어떤 사람들은 으스대고, 나머지 사람들은 혈압이 올라 뒷목을 잡기에 충분했다.

---

12 Suetonius, *Claudius* 28; Dio Cassius, *History of Rome* 64.3을 보라.

거꾸로 읽는 로마서

사람들

때로 어떤 이들은 바울이 로마에 가 본 적이 없기 때문에 로마의 가정교회들을 몰랐다고 한다. 그렇지 않다. 바울은 이름이 나온 26명을 비롯해, 루포의 어머니, 네레오의 자매, '형제자매들' 중 몇 사람을 분명 알고 있었다. 주후 49년 클라우디우스황제가 유대인들과 유대인 그리스도인들을 로마에서 추방하자 그중 일부가 바울 무리에 합류했다. 바울이 알던 사람들 중에 브리스가와 아굴라, (같은 에베소사람이자 아마도 해방노예였을) 에베네도, 복음의 일꾼 마리아, 암블리아, 우르바노, 스다구, 버시, 루포와 그의 어머니가 있다. 바울은 (친척이거나 아니면 그저 같은 유대인일) 안드로니고와 유니아, 아벨레, (마찬가지로 바울의 친척이거나 아니면 그저 같은 유대인일) 헤로디온을 알았을 것이며, 자기가 "주 안에서 일꾼인 사람들"[주 안에서 수고한]이라고 일컫는 드루배나와 드루보사도 아마 알았을 것이다. 내 짐작으로는 여기에 이름이 언급된 사람들은 로마 가정교회들의 지도자였다. 그리고 그 교회들을 브리스가와 아굴라, 마리아, 안드로니고와 유니아, 암블리아, 우르바노, 스다구, 아벨레, 드루배나, 드루보사, 버시, 루포 같은 사람들이 세웠을 것이다.

번역자들이 그리스식 이름이나 유대식 이름을 그에 해당하는 라틴어 기반 이름으로 바꾸는 전통 때문에(예를 들면, 나르키소스 Narkissos는 나르키수스Narcissus[나깃수]가 된다), 로마 가정교회들의 숨은 실상, 즉 그리스식 이름이 있고, 라틴식 이름들이 있으며, 유대식 이름들도 있다는 사실이 불분명해진다. 16장에는 이름이 언급된

(아마도) 유대인이 일곱 있고 여기에 한 사람의 '어머니'가 더해지며(마리아[미리암, 마리암], 안드로니고, 유니아, 아굴라와 아마도 브리스가, 헤로디온, 루포와 그의 어머니[막 15:21에 나오는 그 유명한 루포?]), 라틴식 이름이 몇 개 있다(암블리아, 율리아, 우르바노). 나머지 사람들의 경우, 여러 영어 번역에서는 표준 라틴어 철자로 표기하지만 그리스식 이름이다. 따라서 로마 가정교회들에서 가장 많이 쓰인 공통어는 그리스어였고, 둘째 공통어는 아람어나 히브리어였고, 셋째 공통어는 라틴어였으리라고 추측할 수 있다.

로마 가정교회들에는 분명히 여성 지도자가 있었다. 이를 테면 브리스가, 마리아, 유니아, (아마 자매였을) 드루배나와 드루보사, 버시, 루포의 어머니, 율리아, 네레오의 자매, 아순그리도 집의 자매들이 있다. 누가가 (애칭인) 브리스길라로 알고 있던 브리스가는 남편 아굴라와 함께 순회 선교를 하며 교회를 개척했고, 바울과 함께 천막을 만드는 일을 했으며, 바울의 선교에서 복음 사역을 위해서는 이주도 마다하지 않은 용감한 부부였다. 이들은 본도 Pontus 출신이었으나 로마로 이주했고, 클라우디우스가 로마에서 유대인들을 추방한 후에 선교를 하면서 고린도, 에베소, 로마에 있다가 다시 에베소로 갔다.[13] 바울이 여러 차례 브리스가를 남편보다 먼저 언급한 데서 로마 세계에서 브리스가의 지위가 어떠했는지가 나타나며, 고고학 증거를 따라서 2세기 초로 거슬러 올라가면 브리스가의 이름으로 된 상류층 사유지가 있었다. 브

---

13 사도행전 18:2, 18, 26; 고린도전서 16:19; 디모데전서 4:19.

리스가는 남편과 함께 아볼로를 가르쳤다(행 18:24-26). 실제로 이 부부의 집만 이름을 붙여서 언급한다("그들의 집에 있는 교회", 롬 16:5).

사람들은 유니아Junia 이야기를 하고 또 해 왔지만, 우리 논의에 관련된 사실만 추려 보면 이렇다. 유니아는 여성이었고 남편과 더불어 같은 사도였으며 크게 존경받는 사도였다. 하지만 여성은 사도가 될 수 없다고들 생각했기 때문에 교회 역사가 흐르는 동안 이름이 유니아스Junias로 바뀌었다. 그러나 사실 유니아스라는 남성형 이름은 없었다. 20세기 말이 되어서야 유니아는 비로소 여성으로서의 지위를 교회에서 (완전히) 회복했다! 브리스가와 아굴라, 마리아와 더불어 안드로니고와 유니아도 로마에서 복음의 중요한 일꾼이었다고 생각하는 것이 바람직하다.

만약 여성들이 로마 가정교회들에서 분명 두각을 나타냈고, 이 말이 뵈뵈의 목소리가 유별난 것이 아니었음을 의미한다면, 노예들 역시 복음 사역에서 두각을 나타냈을 것이다. 어떤 이들은 아리스도불로의 권속과 나깃수의 권속에서 '권속'이라는 말(그리스어로는 '-의 사람들those of')이 노예들을 가리킨다고 생각하기도 한다. '-의 사람들'이 노예들을 가리키는지 여부와 상관없이, 로마 가정교회들에는 분명 노예들이 있었다. 몇몇 학자들은 아굴라를 유대인 해방노예로 보는데, 이것이 사실이라면, 신분이 높은 로마 여성이 전직 노예와 결혼한 사례인 셈이다. 갈라디아서 3장 28절에 나오는, "이제는 유대인이나 그리스인이나… 노예나 자유자나… 남자나 여자가 없다"[유대인이나 헬라인이나 종이나 자유인이나 남자나 여자나]는 유명한 구절이 로마 가정교회들의 현실이었다. 율리아, 네레오와 그의 자매뿐 아니라 암블리아와 아순그리도 같은 다른 사람도 (그리고 아순그리도의 거처에 모이는 교회 전체도) 노예 또는 해방노예였을 수 있다.

로마 가정교회들은 모든 면에서 다양했지만, 바울은 이러한 다양성 속에서 일치를 추구했는데, 바로 그것은 그리스도 안에서 누리는 형제자매 관계이다. 그 관계는 민족과 성별과 신분을 초월하는 동시에 인정했다. 바울은 결코 비非유대적이지 않았으며, 자신을 유대인이라고 단언하는 경우가 많았지만(참조: 롬 9:1-5; 11:1; 빌 3:5-6), 유대인임을 초월하는 형제자매 관계를 반기기도 했다(갈 3:28, 롬 1:13). 로마에 있는 가정교회마다 모든 사람은 먼저는 그리스도와 무관하게, 그 다음으로는 그리스도 안에서 자아정체성을 형성했으며, 각 사람의 이름에 있는 '그리스도 안에' 또는 '주 안에'라는 표현에 (보통은 주목하지 않지만) 실은 방점이 찍힌다.[14] 로마 그리스도인들에게 삶은 그리스도 안에 있는 삶이며, 이들은 이러한 삶을 바울이 선교하며 도처에 세운 교회들과 공유한다. 이제 이들은 바로 형제자매 관계를 공유한다. 그렇다면 그리스도 안에 있는 자들에게 이상적인 미래상vision은 그리스도 닮기Christoformity다. 이 패턴은 그들의 이전 정체성을 어느 정도 부정하는 동시에 그리스도 안에 있는 형제자매의 정체성을 어느 정도 긍정한다는 의미였다. "말은 쉬워도 행동하기는 어렵다"는 표현을 기억하면서, 이제 로마 가정교회들의 사회적 현실을 살펴보자.

---

14 로마서 16:3, 5, 7, 8, 9, 10, 11, 12, 13, 16을 보라.

3

강한 자들과 약한 자들

(14:1-15:13)

아마도, 로마서 읽기에서 문맥상 가장 의미 있는 요소는 로마서 14장 1절-15장 13절에 나오는 강한 자들과 약한 자들이 누구인지에 대한 이해일 것이다. 앞으로 논의할 내용을 미리 말해 보자면, 로마의 신자들은 다른 모든 신자와 서로 형제자매가 되는 법을 배우고 있었고, 이러한 로마의 신자들 관련 내용이 로마서 읽기에서 문맥상 가장 의미 있는 요소라는 뜻이다. 약한 자들과 강한 자들에게 주는 가르침이 바울의 삶의 신학의 핵심이며 로마서 전체의 목표다. 이 주장을 받아들이면 로마서를 읽는 방식이 달라진다.

몇 가지 선택지

강한 자들과 약한 자들이라는 말이 예수의 비유에 나오는 인물의 경우처럼 로마에 실재하던 집단이 아니라 **문학적 표현**이라고 생각할지도 모른다. 그렇다면 이러한 문학적 표현은 로마의 실제 상황이 아니라 바울이 고린도전서 8-10장에서 말한 내용에서 비롯되었다. 그러나 해당 단락의 길이와 명령조의 말투를 고려하면 그렇게 생각하기가 거의 불가능하다. 따라서 강한 자들과 약한 자들은 서로 불화하고 있는 **실제 집단**이다. 약한 자들은 유대인 신자들, 강한 자들은 이방인 신자들일 수 있고, 또는 어쩌면 각 용어가 가리키는 집단에 사람들이 섞여 있어서, 약한 자들은 대체로 유대인들이고, 강한 자들은 대체로 이방인들일지도 모른다.

오래 전에 제기된 주장에 따르면 로마에는 두 집단이 아니라 뚜렷하게 구분되는 다섯 집단이 있었다.[1] 즉 강한 자들을 판단하는 **약한** 판단자들, 약한 자들을 멸시하는 **강한** 멸시자들, 약한 자들과 강한 자들이 서로 자기편 삼고자 설득하려던 **의심자들**, 강한 자들을 판단하지 않는 **약한** 자들, 약한 자들을 멸시하지 않는 **강한** 자들이 있었다는 것이다. 로마 그리스도인들을 다섯 집단으로 나눈다면 지나친 세분화이지만, 선택지로 존재하는 여러 관점에 있는 전반적인 인상을 부정하기는 어렵다. 로마에 강한 자들과 약한 자들이 분명 있었지만, 각 사람이 이 두 파 중 하나에 충성을 맹세했을 가능성은 희박하다. 어떤 강한 자들은 다른 사람들보다 강했거나 어떤 약한 자들은 다른 사람들보다 약했다고 보는 것이 상식적이며, 자신이 어느 쪽인지 결정하지 못한 사람들도 있었다고 보는 것도 마찬가지로 합리적이다. 이런 구조를 그냥 묵살해 버리는 것은 지혜롭지 못하다.

---

1 Paul S. Minear, *The Obedience of Faith: The Purposes of Paul in the Epistle to the Romans*, Studies in Biblical Theology 2/19 (London: SCM Press, 1971).

거꾸로 읽는 로마서

공통적 선교 문제

강한 자들Strong과 약한 자들Weak을 정의하려면, 바울의 선교에서 시작해야 한다. 바울의 선교는 로마제국에 유대인과 이방인, 노예와 자유인, 남자와 여자, 스구디아인Scythian과 야만인이 구성하는 교회를 세우는 것이었다. 하나님의 섭리적 계획 안에서 교회는 그리스도의 몸이었으며, 이스라엘의 영역을 확대하여 이방인을 단 한 분이시고 참되신, 세상의 주님이시며 왕이신 예수 아래, 하나님의 단 하나의 참된 가족에 포함시키고자 했다. 여기서 약한 자들과 강한 자들이라고 부르는 집단 간의 긴장을 바울은 자기가 세운 모든 선교 공동체에서 보았다. 바울은 (유대인 교파, 이방인 교파 같은) 일종의 교파denominations를 염려했고, 바울의 메시지는 약한 자들과 강한 자들 사이의 평화를 다루었다. 따라서 로마의 여러 가정에서 다양한 집단 사이에 사회적 긴장을 발견한 것은 놀랄 일도 아니었으며, 이러한 사회적 긴장은 흔히 유대인 신자와 이방인 신자 간에 발생했다.

성경이 저들 편이다

논증의 편의를 위해 로마 가정교회들에서 유대인 신자 집단이 약한 자들이었다고 상정하면, 약한 자들 편에는 구약성경과 역사가 있었다. 이 논점은 더할 나위 없이 중요하다. 어째서 그런가? 유대인은 다음과 같은 것들을 믿었다. 하나님은 아브람/아브라함 때부터 유대인을 택하셨다. 유대인과 언약을 맺으시고 이집트 노예 신세에서 구해 주시고, 유대인에게 삶 전반을 다루는 계시된 헌법으로 토라를 주셨다.[2] 유대인에게 명령하셔서 언약 공동체의 모든 남자가 할례를 받게 하셨으며, 유대인보다 앞서 가셔서 원수를 물리쳐 주셨다. 토라를 신실하게 지키면서 살아갈 장소로서 그 땅을 유대인들에게 주셨다. 이스라엘이 죄를 지으면, 동일한 언약의 하나님이 제사 제도 안에서 죄를 속하는 수단을 제공하셨지만, 이스라엘이 회개하지 않았을 때는 이스라엘을 징계하시고, 이집트와 아시리아, 바빌론으로 유배를 보내기도 하셨다. 할례와 음식 규례와 같은 분명한 언약의 표식을 주셨으며, 이와 같은 토라의 규정은 이스라엘은 신실하게 따라야 했다.

그렇다면, 토라 준수는 너무도 성경적이기에[scriptural], 유대인 정체성의 핵심이었다고 말할 수 있다. 그러므로 약한 자들에게 토라 준수는 예수를 메시아로 믿는 신자로서의 정체성에도 중요했다.[3] 이것을 일컬어 '언약적 율법주의[covenantal nomism]'[4]라 부를지 여부가 중요하지 않은 까닭은, 토라 준수가 실제로 로마의 약한 자들의 정체성을 형성했기 때문이다.[5] 누군가 자라면서 그러한 삶의 이야기를 받아들이고 그 이야기에 담긴 신학대로 살아

---

2 '토라'로 번역될 수 있는 그리스어 단어는 노모스[nomos]인데, 로마서에서 70회 넘게 사용된다.

3 사도행전 21:17-24이 이것을 확인해 준다.

4 E. P. Sanders, *Paul and Palestinian Judaism: A Comparison of Patterns of Religion* (Philadelphia: Fortress, 1977).《바울과 팔레스타인 유대교》(알맹e, 2018).

5 Matthew Thiessen, *Paul and the Gentile Problem* (New York: Oxford University Press, 2016).

갔다면, 그리고 그 이야기가 가리키는 메시아가 예수라고 생각한다면, 그 사람이 자기는 늘 옳은 집단에 있다고 생각하리라고 상상하기는 어렵지 않다. 이 약한 자들이 자기들을 하나님이 택하셨다고 어찌 생각하지 않을 수 있었겠는가? 그러나 이러한 전제는 약한 자들을 유대인 신자와 동일시하고 이론의 여지가 있기 때문에 분명히 규명할 필요가 있다.

약한 자들과 강한 자들은 누구인가?

'강한 자들'과 '약한 자들'이라는 용어가 나오는 고린도전서에서 논의를 시작해 보자. 바울은 고린도인들에게 이 두 용어를 사용하여 경고한다. "그런즉 너희의 자유가 약한 자들에게[믿음이 약한 자들에게] 걸려 넘어지게 하는 것이 되지 않도록 조심하라"(고전 8:9). 로마서가 고린도전서와 거의 비슷한 시기에 기록되기도 했지만, 더 중요한 점은 로마서가 고린도 또는 고린도의 항구도시인 겐그레아에서 기록되었다는 것이다. 이 사실로 미루어 볼 때, '강한'과 '약한'이라는 형용사가 로마서와 고린도전서에서 완전히 의미가 다를 가능성은 매우 희박하다.[6] 여기를 출발점으로 하여 다음과 같은 논의가 이어진다. 로마서 14-15장에 나오는 증거는 덜 명확하고(날들days, 일반적 의미의 음식) 고린도전서의 표현은 더 정확하다(우상에게 바친 음식). 그 다음으로, 설령 둘 사이에

---

6 특히 고린도전서 8:1-13; 10:14-11:1.

서 미묘한 차이점을 찾을 수 있다고 해도, 로마서의 표현방식과 고린도전서의 표현방식이 실질적으로 모순되지 않는다. 더 나아가 두 교회를 향한 바울의 권면은 모두 관용과 하나됨과 자기부인, 즉 그리스도 닮기에 초점을 맞추고 있고, 유대인의 관점에서는 로마와 고린도의 종교 세계가 거의 똑같았다. 따라서 결론을 내리자면, **로마서 14-15장에서 논란이 되는 음식은 십중팔구 비#코셔nonkosher 음식이었을 것이며, 우상에게 바친 후에 시장에서 팔던 음식이었을 공산이 크다.** 물론 백 퍼센트 장담할 수는 없겠지만, 내가 보기에 그것이 가장 가능성이 큰 시나리오다. 고린도전서 8장 7절은 이렇게 표현한다. "어떤 이들은 지금까지 우상에 대한 습관이 있어 우상의 제물로 알고 먹는 고로 그들의 양심이 약하여지고 더러워지느니라." 약한 자들은 코셔 음식을 원하지만, 강한 자들에게는 그런 거리낌이 없다. 이제 함께 먹는 일이 문제다. 이러한 출발점에 동의하는 사람이 그리 많지는 않지만, 내게는 가장 그럴듯해 보인다.

대체로 약한 자들은 유대인 신자고 강한 자들은 이방인 신자라고 보는 것이 가장 타당하다. 다시 말해, '약한'과 '강한'이라는 말은 민족을 나타내는 표지ethnic labels이기도 하다. 그러나 방금 인용한 구절에서는 약한 자들이 이교도 출신 신자들일 수도 있는데, 이교도 출신 신자들은 '우상에게 너무 익숙'했기에, 우상에게 바친 음식을 먹는 일이 우상숭배에 다시금 전적으로 참여하는 것으로 보였으며, 따라서 영적으로 불안해졌다(고전 8:7). 따라서 약한 자들을 전부 유대인이라고 단순 추정할 수는 없으며,

거꾸로 읽는 로마서

로마서의 표현방식은 '약한 자들'이 단지 유대인만 나타내는 것은 아니라고 볼 수 있는 가능성을 열어 준다. 로마서의 약한 자는 '믿음' 또는 '양심'이 약한 자다. 어느 쪽이든, 약함은 믿음과 양심의 문제이지 민족 구성ethnicity과 토라 준수의 문제가 아니다(고전 8:12). 그래서 강한 자들은 무엇이든 거리낌 없이 먹는다(롬 14:2, 15, 20-23). 이제 로마서가 무엇이라고 말하는지 좀 더 자세히 들여다보자.

여러 사항을 고려해 보면 로마 가정교회들에서 약한 자들 대부분은 유대인 신자며 강한 자들 대부분은 이방인 신자라는 결론에 도달하게 된다. (내 생각에 바울이 로마서에서 전체 유대인에게 말한 적은 한 번도 없으며, 언제나 바울은 같은 예수 추종자들에게 관심이 있었다.) 로마에서 가정교회들은 회당들과 연결되어 시작되었다는 사실을 기억하자. 또 로마서 16장에는 유대식 이름인 마리아, 안드로니고, 유니아, 아굴라, (아마도) 브리스가, 헤로디온, 루포와 그의 어머니가 있다는 사실도 기억하자. 유대인 신자가 중요 가정들을 이끌었던 것으로 보인다. 다른 한편에서 보면, 로마서 16장에서는 유대식 이름보다 이방인식 이름을 더 많이 언급한다. 고려사항을 하나 더 추가할 수 있는데, 바로 로마에서 유대인은 다른 여러 규례(안식일) 준수 때문에 거친 조롱과 심지어 추방까지 겪은 일은 물론이고, 돼지고기를 삼가는 것으로 유명했다는 점이다.[7] 게다가 로마서의 구성이 어떠한지도 고려해야 한다. 1-4장에서는 유대

---

7 Macrobius, *Saturnalia* 2.4.11; Philo, *Legatio* 156, 361; Juvenal, *Satires* 14.96-99; Horace, *Sermones* 1.9.60-78.

인을 상당히 강조하지만(나는 이 부분이 많은 사람들이 주장하는 것보다 더 강하게 유대인을 강조한다고 주장하겠다), 5-8장에서는 상당히 다른 표현을 취하면서 이방인 신자에게 더 솔직하게 호소하기에(이 내용도 논증할 것이다), 바울이 교회에서 유대인-이방인 관계를 무엇보다 중요하게 생각한다는 점을 고려하지 않고서는 로마서 9-11장을 전혀 이해할 수 없다.[8] 바울이 유대인-이방인 사이에 작용하는 역학관계를 고려하지 않은 채 로마서 끝부분에 나오는 삶의 신학 단락에 이르렀다면 무척이나 이상할 것이다. 지금 살펴보는 큰 단락(14:1-15:13)이 끝나는 방식 역시 '강한 자들'과 '약한 자들'이라는 용어에 민족적 핵심이 있음을 뒷받침해 주는데, 이 단락에서는 구약을 연달아 인용함으로써 족장들에게 주신 약속의 성취에 이방인들이 들어오게 될 것을 증명하면서 절정에 도달한다(15:7-13). 바울이 이렇게 끝맺는 이유는 14장 1절부터 줄곧 유대인-이방인 사이의 문제가 그리스도인의 문제를 다루는 방식이라고 이야기했기 때문이다. 고려할 사항이 하나 더 있다. 앞에서 논의한 대로 클라우디우스황제가 유대인 신자를 로마에서 추방하는 칙령을 내렸고 이들이 네로황제의 재위 초기에 로마로 돌아왔다면, 그리고 바로 그 시기에 로마서가 쓰였다고 본다면, 귀환한 유대인 신자와 현재 힘 있는 자리에 있는 이방인 신자 사이에는 긴장이 거의 확실히 존재할 것이다.

'약한 자들'과 '강한 자들'이라는 표지의 중심에 민족이 있음

---

8 로마서 11:11-36에서 이방인 신자로 구성된 청중으로 옮겨가는 것에 주목하라.

은 약한 자들이 구체적으로 겪는 문제가 할라카의 전형적인 주제와 규범으로 자연스럽게 번역된다는 데서 확인된다. 바울이 "무엇이든 그 자체로 부정한unclean 것은 없다"[무엇이든지 스스로 속된 것이 없으되]고 말한다는 데 주목하라(14:14). 바울은 이 용어(그리스어로는 코이논koinon)를 이 절에서 세 번 사용하며, 이 용어를 '구별되지 않고 속된common', 쉽게는 오늘날 유대인이 말하는 트레이프traif(유대인들이 먹지 못하는 음식—옮긴이)로 번역할 수도 있다. 아무것도 속되지 않고, 아무것도 트레이프가 아니며, 모든 음식이 코셔다. 그리고 바울은 유대교의 전형적인 용어를 하나 더 사용한다. '정한katharos'(14:20), 즉 '코셔'다. 사실상 바울이 생각하기에는 모든 음식이 '깨끗하다'고 말하는 것이다. 이 단락에서 바울은 음식뿐 아니라 **나머지 토라 준수도** 말하는데, 바로 성일聖日(14:5-6)과 할례(15:8) 준수다. 따라서 '약한 자들'이라는 용어에는 민족적 연결고리가 거의 분명히 있다. '강한 자들'이 전적으로 이방인인지는 그다지 분명하지 않으므로 이에 관해서는 아래에서 더 살펴보겠다.

일부 유대인 예수 추종자들은 음식 때문에 심기가 아주 불편해서, 다니엘처럼 채식주의를 택했다(롬 14:2).[9] 사실 이러한 긴장은 예상해야 하는 일이었다. 복음이 전파되는 곳마다 음식과 안식일 문제는 토라를 성실히 준수하는지를 상징적으로 보여 주는 결정적인 표지였다(갈 2:11-14; 행 10:13-16; 11:3; 15:19-21). 어느 편

---

9 다니엘 1:8-21과 Josephus, *Life* 14를 보라.

지가 유대인-이방인 주제에서 시작해 이스라엘의 이야기와 이방인 신자에 관한 긴 단락으로 넘어갔다가, 다시 주제를 바꿔서 이러한 관심사를 완전히 제쳐두었다가, 지금 살펴보는 본문(14:1-15:13) 끄트머리에서야 다시 꺼낸다면, 그 편지에는 서사의 일관성이 없다. 따라서 민족성ethnicity이 로마 가정교회들에 있던 긴장은 물론이고 복음 메시지 자체의 핵심에 있다고 보아야 한다. 한 사람의 신학과 그 사람의 민족성을 떼어놓을 수 없으며, 한 사람의 민족성과 그 사람의 정체성도 분리할 수 없다.[10] 그렇다면 로마서 전체에는 민족성과 신학 간의 변증법적 관계가 처음부터 끝까지 존재한다.

집단 간 긴장은 냄비 위 거품처럼 자주 끓어 넘쳤다. 바울이 사용하는 표현을 보면 강한 자들은 약한 자들을 **업신여겼고** 약한 자들은 강한 자들을 **판단하였다**. 바울의 말에 이러한 메시지가 잘 담겨 있다. "먹는 자는 먹지 않는 자를 업신여기지 말고 먹지 않는 자는 먹는 자를 비판하지 말라. 이는 하나님이 그를 받으셨음이라welcomed. 남의 하인을 비판하는 너는 누구냐"(14:3-4). 그리고 14장 10절에서 바울은 이렇게 묻는다. "네가 어찌하여 네 형제자매[형제]를 비판하느냐? 어찌하여 네 형제자매[형제]를 업신여기느냐?" 요세푸스는 클라우디우스가 이집트 유대인에게 다른 사람의 종교 행위를 "업신여기지 말고, 다른 민족들의 미신적 의식을 경멸하지 말며, 그들 자신의 법만 지키라"고 지시했다

---

10 Philip Francis Esler, *Conflict and Identity in Romans* (Minneapolis: Fortress, 2003).

거꾸로 읽는 로마서

고 말한다.[11] 삶의 신학이 이와 같이 작용하는 까닭은 체현된 삶이 곧 신학이기 때문이다!

강한 자들은 말투가 사납다(14:3, 10). 그리스어 엑수테네오 *exoutheneo*는 '멸시하다'라는 뜻으로, 어떤 이를 지위나 장점이나 가치가 없는 사람으로 대하고, 고려 대상도 되지 않는 사람으로 여긴다는 말이다. 약한 자들은 되받아치는 말투로 말한다(14:3-4, 5, 10, 13, 22). 그리스어 크리노*krino*는 사람이나 사물을 판단하고, 자기가 하나님의 자리에 앉아서 정죄한다는 뜻이다(개역개정은 '비판하다', '정죄하다'로 옮김─편집자). 여기서 약한 자들을 묘사하는 표현이 그대로 로마서 2장에도 쓰여서(2:1, 3, 27), 마찬가지로 약한 자 집단의 이미지를 효과적으로 떠올리게 한다. 로마서 2장과 14장에서 판단하는 행위는 하나님 역할을 떠맡는 일이다(참조. 2:3, 12, 16; 3:4, 6; 14:3-4, 10). 경쟁적 언어는 강한 자들과 약한 자들의 '삶의 신학'을 표현하는 동시에 그 신학에 의문을 제기한다. 그들의 삶은 상대를 서로 배척하는데, 그러한 삶이 그들의 신학이며, 서로 상대방을 말로써 십자가에 못 박는 삶이다.

이러한 문제점을 놓고서 양쪽이 취한 태도는 나름으로 설득력이 있다. 강한 자들은 토라 준수에서 해방된 반면, 약한 자들은 토라를 성실하게 지킨다. 강한 자들의 행동이 다음과 같은 부분에서 나타난다는 생각이 든다. "어떤 사람은 모든 것을 먹을 만한 믿음이 있고"(14:2), "어떤 사람은 모든 날을 같게 여기나

---

11 Josephus, *Antiquities* 19.290.《유대 고대사》(생명의 말씀사, 1987).

니"(14:5), "만물이 다 깨끗하되"(14:20). 그러나 로마서 6장의 표현에서는 유형이 동일한 삶의 신학의 메아리 또는 그 이상의 소리가 들린다. "(우리가 계속) 죄에 거하겠느냐?"(6:1). "죄가 너희 죽을 몸을 지배하지 못하게 하여 몸의 사욕에 순종하지 말고, 또한 너희 지체를 불의의 무기로 죄에게 내주지 말고"(6:12-13). 다음 구절에서도 들린다. "우리가 법 아래에 있지 아니하고 은혜 아래에 있으니 죄를 지으리요"(6:15). 강한 자들이 '먹는다'면, 약한 자들은 채소만 먹고(14:2, 21) 더럽혀진 포도주는 피할 정도로(14:21) '먹지 않는다abstain'(14:3). 삶의 신학이 약한 자들에게는 토라 준수를 의미하지만, 강한 자들에게는 자유를 의미한다. 이들이 자신의 입장을 완전히 확신하고 있기에, 상대와는 서로 전혀 뜻이 맞지 않는다.

약한 자들과 강한 자들은 어떻게 정의되는가?

이제 실 여러 가닥을 하나로 엮을 때다. 약한 자들은 유대인 신자로, 하나님의 선택election이라는 흐름 속에 있고, 토라를 알고, 토라를 행하며, 아직도 회당 모임에 참석하지만, 이방인들을 판단하고, 구체적으로는 로마에 있는 그리스도인 공동체 안에서 강한 자들을 판단한다. 로마서를 거꾸로 읽으면서 이들 요소에 다른 요소를 더하겠지만, 지금으로는 이 여섯 요소가 분명하다. 반면, 강한 자들 대부분은 예수를 메시아 곧 왕으로 믿는 이방인들로, 토라를 자신들을 향한 하나님의 뜻으로 준수하지 않고, 아마 유대인, 특히 예수를 믿는 유대인 신자를 업신여기며 멸시하는 태도를 보인다. 강한 자들에 대한 이러한 이해 역시 로마서를 거꾸로 읽어 가면서 확장될 것이다.

　로마 가정교회들에 있던 긴장을 신학적 차이라고 의미를 축소할 수 없으며, 이 긴장은 삶의 신학 및 지위와 관련이 있다. 로마에서 강한 자들과 약한 자들의 역설적인 사항은 서로 자기들에게 특권이 있다고 주장했다는 점이다. 약한 자들이 자신들의 언약 유산을 내세운 반면에(9:4-5, 2:17-21을 비교해 보라), 강한 자들은 자기들이 로마시市에서 지위가 더 높다는 점을 내세웠다(15:1). 약한 자들과 강한 자들을 정의할 때 아주 중요한 요소 하나를 덧붙일 수 있다. 이 장에서 언급하는 음식이 이교도 신전의 부정한 음식이라면, 또 약한 자들(유대인)과 강한 자들(대부분 이방인)에게 민족적 현실이 있다면, **지위 관련 쟁점**status issue도 있다는 것이다. 여기서 특권에 관한 주장에서 힘에 관한 주장으로 이동한다. NRSV는 로마서 15장 1절을 이렇게 옮긴다. "우리 강한 자들이 약한 자들의 약점들을 참아내야 하며, 우리 자신을 기쁘게 해서는 안 됩니다"[믿음이 강한 우리는 마땅히 믿음이 약한 자의 약점을 담당하고 자기를 기쁘게 하지 아니할 것이라].

　여기서 자세히 살펴보아야 할 용어는 '강한'(뒤나토이*dunatoi*), '약점'(아스테네마타*asthenemata*), '약한'(아뒤나토이*adunatoi*)이다. NIV는 NRSV와 같은 말로 번역했지만, CEB는 로마교회의 사회적 실재들을 다음과 같이 더 중층으로thick 기술한다. **"우리 힘 있는 이들이 힘없는 이들의 약함을 참아 주어야 합니다."** 그렇다. NRSV가 '강한'

과 '약한'으로 옮긴 단어 배후에 있는 그리스어는 서로 어원이 같으며, CEB가 더 정확하게 번역하였다. 바울은 뒤나토이*Dunatoi*와 아-뒤나토이*A-Dunatoi*를 대비시킨다. 즉, 힘 있는 자들과 힘없는 (또는 힘을 빼앗긴) 자들, 혹은 이것을 공간의 범주로 바꾸어서 보면, 단독주택(도무스)에 살았을 법한 자들과 십중팔구 공동주택들(인슐라이)에 살았을 자들을 대비시키는 것이다. 뒤나토이와 아-뒤나토이는 로마 세계에서 신분을 나타내는 용어다(그 세계에서는 신분이 전부였다). 다시 말해, 로마에서는 상류층(원로원 의원들과 기사 계층)과 비非상류층이 분명히 구분되었고, 상류층 사이에는 경쟁이 뚜렷했다. 사실, 이 무렵, 클라우디우스황제는 신분이 높은 사람들을 존중하라는 강력한 칙령을 내렸다.[12] 황제는 감찰관*censor* 직책을 부활시켰는데 감찰관의 책무는 도덕성을 고양하고 로마시의 오래되고 신성한 제의를 부활시키는 것과 관련이 있었다. 이와 더불어, 황제는 끈질기게 시민권을 확대하고 강화했다. 강한 자들이 어쩌면 클라우디우스의 이러한 관심사가 자신들을 지지하고 있다고 생각한 것은 아닌지, 아니면 자신들이 그 관심사를 달성할 수 없다는 위기감을 느낀 것은 아닌지 생각해 보아야 한다.

"환대하라"[받으라](14:1; 15:1, 7)는 명령을 강한 자들이 받았다는 사실에 주목하라. 왜 그런가? 강한 자들에게는 힘과 특권과 신분과 지위가 있었다. 환대를 받아야 하는 쪽은 바로 약한 자들이다. 강한 자들이 약한 자들을 환대하는 행동은 그리스도를 닮

---

12 Tacitus, *Annals* 11.13.1

는 행동, 곧 경계를 뛰어넘고, 바깥에서 통하는 신분을 그리스도 안에서는 주장하지 않는 행동이다. 이렇게 말하는 셈이다. "우리는 강하고 특권과 힘이 있기 때문에, 힘을 이용해 믿음의 공동체를 무너뜨리지 않겠고, 스스로 힘을 줄여 식탁에서 각 형제자매에게 힘을 실어 주겠고, 그렇게 해서 그리스도의 복음대로 살겠습니다."

이제 요약하자면, 약한 자들 대다수는 유대인 신자들로 하나님의 선택이라는 흐름 속에 있고, 토라를 알고, 토라를 행하며, 아마도 여전히 회당 모임에 참석하지만, 지위나 힘이 전혀 없으면서도 이방인들, 구체적으로는 로마에 있는 그리스도인 공동체 안에서 강한 자들을 판단하는 이들이다. 로마서를 거꾸로 읽으면서 이러한 요소에 다른 요소를 덧붙이겠지만, 지금으로는 이 여섯 요소가 분명하다. 강한 자들 대부분은 예수를 메시아 즉 왕으로 믿는 이방인들로, 토라를 자신들을 향한 하나님의 뜻으로 준수하지 않고, 아마도 유대인, 특히 예수를 믿는 유대인 신자를 업신여기며 멸시하는 태도를 보인다. 이 모든 것은 로마에서 강한 자들이 차지하는 우월하고 더 높은 지위로 둘러싸여 있다. 다음 논의 사항은, 바울이 이 강한 자들 가운데 속하고 그래서 강한 자들의 민족적 연계에 살짝 변화가 생긴다는 것이다.

바울은 어떤가? 강한 자인가 약한 자인가?

바울이 약한 자인지 강한 자인지 밝히려는 시도는 해 볼 만하다. 바울이 강한 자라면, 바울이 약한 자에 관해서 하는 말은 아랫사람에게 한 수 가르치려 드는 것과 마찬가지이고 적어도 서술에 편향적 기미가 있는 것이다. 누군가를 칭찬하면서 '약하다'고 말할 리는 없다. 바울이 강한 자라면, 이미 한쪽을 편든 셈이다. 사실 이미 그렇게 한 것처럼 보인다. 첫째, 바울이 14장 14절 상반절과 14장 20절에서 자신의 기본 원칙을 "내가 주 예수 안에서 알고 확신하노니 무엇이든지 스스로 속된 것이 없으되"와 "만물이 다 깨끗하되"라고 밝혔는데, 이 원칙은 약한 자들의 특징이 아니라 강한 자들의 특징이다. 둘째, 15장 1절에서 바울은 "[믿음이] 강한 우리는"이라고 말하면서, 자기를 강한 자들에 넣는다. 아마 가장 주목할 만한 점은 바울이 할라카의 결정사항들 halakhic rulings과 토라 준수를 **관용**의 자세로 대하지, 준수나 적극적 지지의 자세로 대하지 않는다는 점이다. 토라 준수가 개인의 확신이나 믿음이나 양심의 문제에 불과하다고 말하고(참조. 롬 14:5), 사람이 어떤 견해를 취하든 모두 하나님 앞에서 그렇게 한다고 말하는 것(14:6)은 약한 자들이 아니라 강한 자들의 삶의 신학이다. 이 편지를 틀림없이 바울 편일 이교도 회심자 뵈뵈에게 맡겨서 이방인 신자를 모범으로 제시한다고 덧붙여 말할지도 모르겠다.

또 바울은 "토라가 이렇게 말씀한다"를 논증의 **토대**로 삼지 않는다. 오히려, 14장 3절 하반절에서 하나님이 받아들이셨음을 말하고, 14장 7-9절에서 주 앞에서 사는 삶을 말하며(주 앞에서 살라), 14장 10-12절에서 인간이 아니라 하나님이 이 일을 최종 판

거꾸로 읽는 로마서

단하신다고 말하고, 14장 13-23절에서 서로 상대방에게 거치는 돌이 되지 말라고 말하며, 14장 17절에서 하나님나라는 먹는 것과 마시는 것이 아니라 성령 안에 있는 기쁨으로 이루어진다고 말하고, 14장 19절에서 평화가 곧 최종결정권자라고 말하고, 음식과 날들과 마실 것과 토라 준수와 관련한 결정은 개인의 확신 차원의 문제라고 재차 말하며, 14장 22-23절에서 의심하는 상태에 있지 않도록 마음을 정하라고 권면한다. 바울에게는 선교가 중요했고, 선교는 로마 제국에서 예수에 관한 복음을 전파하여서 유대인 신자와 이방인 신자가 한 가족이 되게 했다(15:7-13, 16-31; 16:25-27). 바울의 삶의 신학은 선교에서 나왔다(고전 9:19-23). 바울은 로마 가정교회들을 갈라놓고 있는 이 쟁점에 있어서만은 강한 자들 편을 든다. 즉, 바울은 로마에서 그리스도인의 삶의 신학에 토라 준수가 반드시 필요하다고는 생각하지 않는 것이다.

허나 바울은 사도로서 양쪽을 똑같이 비난한다. 바울은 강한 자들과 약한 자들 모두에게 거칠게 말하고, 약한 자들과 강한 자들 모두를 격려한다. 바울에게는 주목할 만한 점이 있다. (바울에게는 이러한 구석이 있기 때문에 나는 바울의 가르침을 혹평하는 말을 들을 때면 몹시 당황스럽다.) 즉, **바울은 모든 사람이 완전히 똑같기를 기대하지 않는다**는 것이다. 바울은 약한 자들이 돼지고기를 멀리하려 해도 개의치 않는다. 강한 자들이 우상에게 바쳤던 돼지고기를 먹으려 해도 개의치 않는다. 바울의 삶의 신학에 뚜렷한 점이 있다면, 바로 이 점이다. 바울은 아마도 강한 자에 속할 테고, 토라 준수가 예수를 믿는 유대인들에게도 필수는 아니라고 생각할지도 모르지만, 토라 준수와 관련하여 모든 그리스도인의 삶의 신학이 동일해야 한다고 주장하지 않는다. 달리 말하면, 바울은 토라 준수 문제에서 획일성 요구를 반대한다는 뜻이다. 이제 곧 살펴보게 되겠지만, 바울에게 가장 중요한 말은 이것이다. **서로 형제자매로서 식탁에 반갑게 맞아들이십시오!** 이 편지 전체가 바로 이 명령문에 담겨 있다.

거꾸로 읽는 로마서

4

열심

(12:14-21; 13:1-7, 8-10)

로마서 13장 1-4절에 나오는 표현 몇 가지는 천천히 읽지 않으면 좀체 눈에 띄지 않는다. 이 표현이 전개될 공간을 마련해 줄 때에야 비로소 그 함축된 의미들이 부각된다. 내가 눈여겨보고 있는 것은 '누구든지 권세를 거스르는 자는'과 '거스르는 자들'이라는 표현인데, '권세는 하나님으로부터 나지 않음이 없나니', '복종하라', '하나님께서 정하신 바라'와 연결해서 생각해 보는 것이다. 여기에 '권세를 두려워하지 아니하려느냐'와 '악을 행하거든'도 덧붙이자. 이들 표현은 질서, 문명, 시민권, 징계와 형벌을 위한 정당한 권위에 대한 시민사회의 자기 인식에서 도출되었다. 바울은 로마 그리스도인이 서로, 그리고 공동체 밖의 일반 사람들을 어떻게 대해야 하는지 전반적으로 말하다가, 13장에서 갑작스레 제국, 황제, 저항에 관한 말로 넘어간다. 그리고 이 주제들을 마무리한 후 과세 문제로 옮겨간다. 우리는 권세에 대한 저항을 과세와 연결해야 하며, 이 경우 독자는 누가 납세에 저항할 유혹을 받았을지 의문이 생긴다.

조심스레 제안하기로는, 바울은 이번에도 로마에 있던 집단

중 하나인 약한 자들을 염두에 두고 있다. 내 주장을 펼치기 전에 하고 싶은 말은 '약한 자들'이 '유대인' 전반을 나타내지는 않는다는 것이다. 약한 자들은 유대인 일반을 가리키는 것이 아니라 하나님의 선택이라는 흐름 속에 있는 유대인 신자로, 토라를 알고, 토라를 행하며 아마도 여전히 회당 모임에 참석하지만, 지위나 힘이 전혀 없으면서도 이방인 중에서도 특히 로마의 그리스도인 공동체에 속한 강한 자들을 판단하는 자들을 가리킨다. 이제 여기에 한 가지를 덧붙인다. 약한 자들은 자신들의 열심 전통 zealotry tradition을 근거로 로마에 납세에 저항하려는 유혹을 받았다. 약한 자들은 열심을 선택하라는 유혹을 받았는데, 이 선택에는 클라우디우스황제의 가혹한 조세법뿐 아니라 강한 자들, 곧 토라 준수에 전심을 다하지 않고 거룩한 모세 율법을 무시하는 자들이 원인 제공을 했다. 따라서 약한 자들이 강한 자들 눈에는 어리석은 데다 고집불통으로 보일지 몰라도, 자기들 눈에는 용기 있게 보인다. 그렇다면 열심을 선택한다는 것은 무엇인가?

바울은 자기도 예전에 열심당원이었기 때문에, 열심당원을 알아본다. 바울은 자기가 동료들보다 '더욱 열심이 있었고', 그 열심에 끌려 예수 추종자들에게 폭력을 행사했다고 말한다(갈 1:13-14; 참조. 빌 3:6). 사도행전에서는 바울이 '하나님께 대하여 열심이 있는 자'였다고 한다(행 22:3). 토라에 대한 헌신, 토라를 어기는 자들 색출, 열심, 폭력, 박해. 이것이 열심을 보여 주는 지도지만, 사실 열심에는 바울 같은 바리새인들보다 더 깊은 의미가 있다. 이스라엘의 하나님이 존재와 행동에서 열심 자체이시다. "나 네 하나님 여호와는 질투하는 하나님인즉"(출 20:5). 히브리어와 그리스어에서 '열심'과 '질투'는 서로 연결되며, 하나님의 열심 때문에 이스라엘의 믿음의 영웅들에게 열심이 일어난다. 전형적인 예는 비느하스지만(민 25:6-13), 다른 이들도 있다.[1]

'열심'이라는 말이 로마서 13장 1-7절에는 나오지 않아서, 여기서 열심을 찾으려고 열심인 이들의 눈에 흙먼지를 어느 정도는 뿌린다. 신중하게 행동했다는 것이 신중함이 전부였다는 말은 아니다. 로마의 어느 집단에게 저항하지 말고 복종하며 권세를 존중하고 세금을 내라는 말은, 반역과 혁명을 일으키려는 유혹에 대한 응답까지는 아니더라도, 계획된 저항에 대한 응답으로 들린다. 따라서 로마서 13장 1-7절은 약한 자들이 로마로 돌아왔을 때 자신들이 쫓겨났을 뿐 아니라 늘어난 세금 문제까지 떠안게 된 상황에서 기인한다. 다른 말로 하면, 약한 자들은 물리적 폭력이나 무장 봉기보다는 조세 저항으로 눈을 돌리고 있었을 가능성이 높다는 것이다. 세금을 내지 않음으로써 로마에 저항하는 것이 바로 이들에게는 삶의 신학이었다. 지금까지 '삶의 신학'이라는 표현을 여러 번 사용했다. 이제 바울이 로마 교회를 향해서 마음에 품었던 삶의 신학을 살펴볼 때가 되었다.[2]

---

1 시므온과 레위(창 34; 참조: 유딧 9:2-4; 희년서 30:4-5, 8, 13-14, 17), 엘리야(왕상 18:40; 19:1, 10, 14; 집회서 48:2-3; 마카베오상 2:58), 마따디아(마카베오상 2:23-27, 51-60), 그리고 쿰란에서도 열심을 찾아볼 수 있다(1QH 6/14:14; 10/2:15). James D. G. Dunn, *The Theology of Paul the Apostle* (Grand Rapids: Eerdmans, 1998), 350-353. 《바울신학》(크리스챤다이제스트, 2003).

2 여기서 로마서 거꾸로 읽기에 적용한 이 표현을 나는 Charles Marsh, Peter Slade, and Sarah Azaransky, eds., *Lived Theology: New Perspectives on Method, Style, and Pedagogy* (New York: Oxford University Press, 2016)에서 찾았다.

5

그리스도 닮기: 평화라는 삶의 신학을 향한 바울의 비전(14:7-9; 15:3, 5, 7)

바울은 로마 그리스도인들이 살고 있었던 사회적 현실 속으로 삶의 신학을 빚어낸다. 그들은 뵈뵈를 통하여 이 편지가 상연되는 것을 보게 될 것이고, 로마에서의 일상적 삶을 알고 있을 것이며, 누가 어디에 살고 어느 가정에서 예배하는지 알고 있을 것이고, 누가 강한 자들이고 누가 약한 자들인지 알고 있을 것이며, 납세에 저항하려는 유혹도 알고 있을 것이다. 바울은 바로 이 맥락을 위하여 삶의 신학을 빚는다. 나는 삶의 신학이 바로 바울이 편지를 쓴 목적이며, 이른바 바울의 신학 단락이(1-8장 또는 1-11장) 삶의 신학에 대한 바울의 비전을 빚어낼 뿐 아니라, 그 반대로 바울이 품었던 비전인 삶의 신학이 바울의 신학 단락을 빚어낸다고도 주장한다. 로마서 전체가 이러한 변증법적 관계에 놓여 있다. 그렇다면, 삶의 신학은 적용이나 함의도 아니고 윤리도 아니며, 엄밀한 의미의 신학과 분리된 최종 단락이 아니라 신학 그 자체이다.[1] 로마서 12-16장을 전면과 중심에 두지 않으면, 로마서를 오독하게 된다.

로마서 12-16장에 나오는 삶의 신학 주제들은 개별 주제 단위들로 나뉘지 않고 단락 전체에 걸쳐 밀접하게 엮여 있다. 이제 이 주제들을 종합적으로 살펴보면서 로마 가정교회들을 위한 삶의 신학 핵심 논지를 제시하겠다. 중심 개념은 그리스도 닭기 Christoformity로, 이는 체현된 하나님 지향embodied God orientation, 그리스도의 몸 지향Body-of-Christ orientation, 공적 영역 지향public orientation 으로 표현된다. 삶의 신학을 위한 그리스도 닭기의 결과로 제국의 한가운데에서 힘과 권력이 변하여 평화가 된다.

그리스도 닭기

삶의 신학은 그리스도 닭기, 곧 그리스도의 형상으로 빚어져 가는 과정이다. 초기 기독교 찬송 둘(빌 2:6-11; 골 1:15-20)의 중심 주제들은 곧바로 그리스도 닭기에 대한 바울의 시각으로 이어진다. 그리스도는 전형paradigm, 즉 하나님의 에이콘*eikon* (형상)이며 하나님이 누구신지에 대한 근본적 계시다. 그런데 이 '그리스도 안에 계신 하나님God-in-Christ'은, 바로 당신이 하나님이셨기 **때문에**, 그 자리에 가만히 있지 않으시고 오히려 선교적으로 인간이 되어 십자가에 달려 죽는 신분으로까지 낮아지기로 선택하신 분이다.[2] 이러한 선교적 성육신이 (속죄의 죽음으로 죄를 제거할 뿐 아니라 부활

---

1   Ben W. Witherington III, The Indelible Image: *The Theological and Ethical World of the New Testament*, vol. 1: *The Individual Witnesses* (Downers Grove, Ill.: IVP Academic, 2009); idem, *The Indelible Image: The Theological and Ethical Thought World of the New Testament*, vol. 2: *The Collective Witness* (Downers Grove, Ill.: IVP Academic, 2010).

2   Michael J. Gorman, *Becoming the Gospel: Paul, Participation, and Mission* (Grand Rapids: Eerdmans, 2015).

의 능력으로 사람들을 새로운 삶으로 들어 올리신) 구속을 낳았고, 승천을 통해 하나님의 아들이 하나님의 보좌로 돌아가시게 했다. 이제 하나님의 아들이 보좌에서 만물을 다스리시며, 모든 창조세계를 최종적으로 자유하게 하는 구속으로 이끌겠다고 약속하신다. 따라서 그리스도 닮기는 이 이야기 속으로 들어가 그분과 연합하고, '그리스도 안에' 있으며, 그리스도를 닮는 삶을 사는 것이다. 삶의 신학을 '그리스도 실천Christopraxis'이라고 할 수도 있다.[3] 그리스도와 연합되었기 때문에 로마 그리스도인은 각자 자기 삶을 추구할 것이 아니라 다른 사람들의 구속을 위해 '그리스도 안에 계신 하나님'의 삶을 추구해야 하는 것이다. '그리스도와 연합'이 신비한 만남이나 황홀경, '그리스도 안에 계신 하나님'과 누리는 친밀함 따위를 암시할 수도 있다. 그러나 바울에게는 그렇지 않다. 바울에게 있어서 그리스도와 연합은 그리스도를 닮은 모습으로 변하는 것이다.

물론 바울은 로마서 12장 1절이나 다른 어떤 편지에서도 "요점은 바로 그리스도 닮기입니다" 하고 말하면서 이야기를 시작하지는 않는다. 따라서 이 용어를 구성신학constructive theology의 한 부분으로 인식해야 한다(이 용어를 바울 자신의 것이기보다는 바울신학을 구성하면서 사용하는 용어의 일부임을 우리가 인식해야 한다는 뜻—옮긴이). 그러나

---

3 Andrew Root, *Christopraxis: A Practical Theology of the Cross* (Minneapolis: Fortress, 2014). 그리스도 닮기라는 말의 의미는 세 가지 용어로 표현할 수 있다. 십자가에 초점을 맞추는 '십자가 닮기cruciformity', 사람의 행동에 초점을 맞추는 '그리스도 실천Christopraxis', 각 용어보다 범위가 더 넓으며 각 용어를 포함하는 의미가 (내가 의도적으로 사용하는) '그리스도 닮기Christoformity'다.

거꾸로 읽는 로마서

그리스도 닮기가 바울의 삶의 신학에 생기를 불어넣는 심장 박동이었음을 분명히 보여 주는 표시가 있다. 로마서 14-15장에서는 서로 분리된 두 단락이 삶의 신학의 기초를 그리스도의 모범에 둔다. 로마서 14장 7-9절의 가르침에 따르면 그리스도의 죽음은 부활로 이어졌고, 부활은 승천과 통치로 이어졌다. 그래서 사는 자도 '주를 위하여 살고' 죽는 자도 '주를 위하여 죽는다.' 이러한 측면에서 그리스도는 '죽은 자와 산 자의 주'이시다. 그러나 15장 3, 5, 7절에서는 더 분명하게 말한다. 강한 자들은 자기를 기쁘게 하지 말고 특권과 힘을 타인을 위해 사용해야 한다. 왜 그런가? "그리스도께서도 자기를 기쁘게 하지 아니하셨기" 때문이다. 더구나 그리스도께서는 자신을 기쁘게 하지 않기를 택하셨으며, 자기를 기쁘게 하는 대신 (시편 69편 9절을 인용하여) 오히려 '비방'이 자기에게 미치기를 택하셨다. 그리스도께서는 자신의 특권과 힘을 주장하기보다는 타인을 위하여 살기로 하셨다. 따라서 강한 자들은 타인을 기쁘게 하는 모습으로 형성된 삶을 살아야 한다. 그렇게 살아갈 때, 그들은 "**그리스도 예수를 본받아** 서로 뜻이 같게" 될 것이다(15:5). 강한 자들과 약한 자들이 같은 방에 모여서, 뵈뵈가 "서로 환대하라[받으라]"(15:7)고 말하는 것을 들을 것이다. 왜, 또는 어떻게 그렇게 하라는 것인가? 대답은 "그리스도께서 하나님의 영광을 위하여 여러분을 환대하신 것처럼"[그리스도께서 우리를 받아 하나님께 영광을 돌리심과 같이]이다. 여기서 우리는 삶의 신학이 곧 그리스도 닮기임을 깨닫는다. 앞으로 로마서 8장에서 보겠지만, 그리스도 닮기는 구속사 전체의 명시적 목표다. "하나님이 미리 아신 자들을 또한 **그 아들의 형상을 본받게 하기 위하여** 미리 정하셨으니 이는 그로 많은 형제 중에서 맏아들이 되게 하려 하심이니라"(8:29).

그리스도 닮기가 삶의 신학의 핵심 주제가 된다. 그리스도를 닮은 정체성을 얻는 것이 로마서의 목적이며, 이 목적을 위해 서로 구분되는 세 가지 주제, 곧 하나님 지향, 그리스도의 몸 지향, 공적 영역 지향을 취한다.

6

그리스도 닮기는 하나님 지향으로 구체화된다
(12:1-2)

체현된 하나님 지향에는 우리가 '종교'라고 부르는 것에 고대인이 포함시킬 것이 모두 들어가지만, 간략하게 주의를 환기할 중요한 요소 두 가지는 제사^{sacrifice}와 기도다. 나는 제사에 초점을 맞추겠다. 다음 구절은 사도 바울이 쓴 말들 중에서 삶의 신학을 표현하는 가장 유명한 구절일 것이다.

> 그러므로 형제들아, 내가 하나님의 모든 자비하심으로 너희를 권하노니, 너희 몸을 하나님이 기뻐하시는 거룩한 산 제사[제물]로 드리라. 이는 너희가 드릴 영적 예배니라. 너희는 이 세대를 본받지 말고, 오직 마음을 새롭게 함으로 변화를 받아 하나님의 선하시고 기뻐하시고 온전하신 뜻이 무엇인지 분별하도록 하라(롬 12:1-2).

논평을 몇 가지 하는 것이 적절하다.

체현된 제사

첫째, 이 제사는 하나님의 자비와 은혜의 변화시키는 능력 때문에 드린다. '자비'로 번역할 수 있는 그리스어는 여러 개가 있는데, 그중에서 로마서 12장 1절의 "하나님의 모든 자비하심으로"에서 쓰인 단어는 오이크티르모스^{oiktirmos}로, "내가 긍휼히 여길 자를 긍휼히 여기고"(9:15)에서 되풀이되고, 사랑과 은혜라는 기본 용어 두 가지로 표현되는 바울신학의 한 요소이기도 하다. 로마 그리스도인들이 하나님을 향해, 또 서로를 향해 제사/희생을 실천할 수 있는 이유는 단 하나, 자격 없는 자들과 우상숭배자들, 불순종하는 자들과 죄인들을 향한 하나님의 선하심 때문이다(11:30-32). 약한 자들과 강한 자들 모두 자신을 하나님에게 제물로 드릴 수 있는 이유는 단 하나, 하나님이 지금껏 자비하셨기 때문이다.[1] **둘째**, 바울이 생각하는 **제사**는 근본적으로 새롭다. 그리스도인의 제사는 짐승과 곡물을 지역 사당이나 신전에서 우상들에게 바치거나 예루살렘성전에서 하나님에게 바치는 대신, 보이지 않지만 영존하시는 하나님에게 드리는 **체현된** 생활방식이다. 그리스도인들이 **하는** 일이 곧 제사다. 그리스도인이 말하고, 듣고, 포옹하고, 먹고, 사랑하고, 성관계를 하고, 아이들을 가르치고, 삶의 지혜를 나누고, 일하고, 정원을 가꾸고, 세금을 내고, 관심을 눈에 보이게 표현하고, 존경하고, 찬성하거나 반대하고, 기

---

1   자비에 관해서는 로마서 9:15-16, 18, 23, 11:30-32, 15:9을 주목하라.

도하고, 교제와 예배와 가르침에 참여할 때 (이러한 사례들은 얼마든지 더 들 수 있다) 곧 제사를 드리는 것이다. 그리스도인들의 제사는 체현된 삶이다.

셋째, 이 제사는 **영적 예배**다. '영적'이라는 말 배후에 있는 그리스어는 로고스*logos*를 기반으로 하는 로기코스*logikos*다. 로기코스를 문자적으로 '말의*wordy*'로 번역할 수도 있지만, '합리적', '논리적', '영적'으로도 번역할 수 있다. 그러나 '영적'으로 번역하면 이 구절의 핵심과 곧바로 충돌한다. 체현된*embodied* 제사 대신에, 몸을 벗어 버린*disembodied* 제사를 가리키는 것으로 보이기 때문이다. 로마서에서 로기코스라는 용어를 좀 더 자세히 살펴보면 로고스라는 단어와 연결되는데, 로고스는 발화된 말을 가리킨다 (3:4; 9:6, 9; 13:9; 15:18). 따라서 로마서에서 로고스는 무엇보다도 복음 용어다. 내 생각에 이 용어는 복음을 기반으로 하는, 체현된 예배를 가리킨다. 그러므로 '영적', '논리적', '합리적' 같은 번역어는 이 구절의 뜻을 밝혀 주기는커녕 오히려 혼란을 가중하기 때문에 부적절하다. 로기코스 예배는 복음의 형상을 따라 체현된 예배다. 로기코스가 말이나 복음과 이어지고, 복음이 하나님의 아들 예수와 이어진다면(1:3-4), 로기코스 예배는 그리스도 닮기이다. 이것이 전부가 아니다. 복음으로 빚어서 체현된 삶이 곧 그리스도인들의 예배다. '예배/경배*worship*'라는 용어를 현대인들은 주일 예배에서 찬양 순서에만 적용하지만, 그들의 체현된 일상생활이 그들의 예배다. 다시 한번, 바울은 로마인이 집이나 공공 제단에서 일상적으로 행하던 제사 행위를 체현된 그리스도

그리스도 닮기는 하나님 지향으로 구체화된다

닮기로 바꾸고 있다.

넷째, 삶의 신학의 일종인 체현된 제사와 예배는 제사뿐 아니라 '거룩'이라는 말도 다시 정의한다. '거룩'이라는 단어는 하나님과 하나님의 임재 안에 있는 모든 것을 묘사하며, 그렇기에 신적인 공간에 바친 모든 것을 묘사한다. 거룩은 그리스도 안에 하나님이 임재하시는 삶의 방식을 환기시키며, 따라서 거룩 또한 그리스도 닮기와 이어진다. **다섯째**, 그리스도인들의 체현된 삶의 방식이 거룩하다면, 성령이 임재하시므로 그리스도인들의 체현된 실존이 더는 이 세상의 모습을 닮지 않으며, 다른 모습으로 변한다(고후 3:18; 4:16-5:5). 그리스도인들은 세상을 닮지 않는 차원을 넘어서, 그리스도를 닮는 데로 나아간다. 여기서 '세상'을 말할 때, 바울은 **잠깐 지나가는 세상**을 염두에 둔다.[2] 바울이 보기에, 현재의 잠깐 지나가는 세대는 통치자들과 권세들과 결탁했고 구속받지 못한 세상으로, 한 분이시고 참되신 창조주, 하나님, 주 예수께 하나같이 반역하고 있다. 로마인들에게 그것은 특히 제국의 방식을 의미한다. 명예와 신분과 영광을 차지하고자 잔혹하게 경쟁하는 방식, 하나님이 창조자라는 지식을 가리는 흙먼지 속에서 형성된 우상숭배의 방식, 창조주의 규범을 벗어나 성적으로 방종하는 방식, 로마 당국에 맞서는 반역의 방식, 무엇보다도 사랑으로 판단하지 않는 모든 삶의 방식이다. 로마의 강한 자들과 약한 자들은 서로 조롱하는 태도를 통하여 제국의 이

---

2 바울은 코스모스*kosmos*가 아니라 아이온*aion*을 사용하는데, 아이온은 세대age 또는 시대 epoch를 가리킨다.

러한 방식을 경험하였다.

여섯째, 로마의 거룩한 그리스도인들이 삶을 체현하는 방식에서 이제 로마인이 아닌 이유는 그들의 **정신상태**가 변화하고 새롭게 되고 있기 때문이다. 하나의 제물이 되는 많은 몸이 하나의 **정신**mind[마음]이 된다고 하는 편이 더 낫겠다('정신'은 그리스어로는 단수다). 새로운 창조신학은 정신에 영향을 미친다(고후 5:17). 하나님이 정신을 만드셨고 하나님을 예배하고 인간을 사랑과 거룩함과 정의와 평화로 안내하도록 설계하셨지만, 정신은 부패하였고 부패할 수 있다(1:28; 7:25). 정신은 분별을 담당하는 기관이며(14:5), 성령이 이끄시는 대로 체현된 삶을 통해 구속을 받아서 거룩하고 사랑스럽게 되고 그리하여 도덕을 분별하게 된다. 두드러지는 사실은, 만약 약한 자들 즉 유대인 신자가 하나님의 뜻을 토라로만 한정짓기를 원하거나(2:18) 강한 자들 신분 유지에만 한정짓기를 원할 수 있더라도 바울에게는 새 창조가 일으키는 정신의 변화를 통해 하나님의 뜻이 알려진다는 점이다. 구속받아 성령에 이끌리는 정신은 "선하시고 기뻐하시고 온전하신" 뜻이 무엇인지 안다. 그러나 정신의 이러한 다양한 측면은 그리스도의 몸 안에서 단일한 정신이 되어야 한다.

요약하자면, 이 제사는 하나님을 향하면서 동시에 세상과는 반대인 쪽을 향하는 이중 행위다. 하나님에게 돌아서기, 즉 제사와 같은 예배의 삶을 체현한다는 것은 로마의 방식에서 돌아서고 그리스도 닮기로 돌아선다는 의미다.

기도

하나님 지향은 제사를 체현하는 삶일 뿐 아니라 기도의 삶이기도 하다. 로마서에서 바울은 세 차례나 갑작스레 기도를 한다 (15:13; 16:20, 25-27). 나는 뵈뵈가 이러한 기도를 낭독할 때, 그 자리에 모인 사람들에게 기도하는 자세를 취하도록 권하지 않았을까 하는 생각이 든다. 그들이 바울이 여기서 하듯이 그렇게 입술과 손과 무릎과 머리로 찬양하고 기도한다면, 만약 그들이 뵈뵈가 이 기도들과 찬양들을 낭독하는 것에 맞춰서 그렇게 행한다면, 그들은 복음의 하나님을 향하게 될 것이다. 가장 중요한 것은, 그들이 마땅히 그래야 하듯 '아멘'으로 화답한다면 바울의 기도가 그들의 기도가 된다는 점이다(11:36; 15:33; 16:27; 그리고 1:25; 9:5).

이 축복기도들benedictions에서는 이 기도의 **하나님**을 '소망의 하나님' 즉 '소망을 주시는' 하나님(15:13), '평강의 하나님'(15:33; 16:20)으로 묘사하며, 로마서를 끝맺는 축복기도는 하나님에 대해 말하면서 '너희를 능히 견고하게 하실'(16:26), '영원하신'(16:26), '지혜로우신' 하나님(16:27)이라고 부연한다. 그리스도인의 기도는 때로 하나님에 **관해** 충분히 말하지 못한다. 내게는 《성공회기도서*The Book of Common Prayer*》에 나오는 교회 기도문이 가장 익숙한데, 교회의 본기도Collect(성공회에서 예배의 주제를 드러내는 기도. 보통은 형식이 고정되어 있다-편집자)는 먼저 하나님을 호명하고, 이어서 하나님의 속성을 말한다. 대림2주일 기도문은 '자비로우신 하나님'으로 시작해 "예언자들을 보내시어 회개를 선포하시고 구원의 길

거꾸로 읽는 로마서

을 예비하셨나이다"로 이어진다. 그리고 교회 음악가와 화가를
위한 본기도는 이렇다. "오, 하나님, 하늘의 성인들과 천사들도
주를 예배하기를 기뻐합니다."[3] 기도 첫머리에 하나님의 속성을
말하는 이러한 교회 전통은 시편을 비롯해 로마서의 이러한 축
복기도들 같은 성경의 기도에 뿌리를 두고 있다.

바울은 자기가 가장 중요하게 여기는 그리스도인의 일반 덕목
을 로마 그리스도인들에게 **부탁한다**. "소망의 하나님이 모든 기
쁨과 평강을 믿음 안에서 너희에게 충만하게 하사 성령의 능력
으로 소망이 넘치게 하시기를 원하노라"(15:13). 바울은 기쁨과 평
화와 소망을 위해 기도하며, 복음에 대한 바울의 비전을 받아들
인 사람들이라면 다른 이를 위해 그와 똑같은 방식으로 기도할
것이다. 중간에 나오는 부탁인 평화는 강한 자들과 약한 자들 간
의 화해와 교제를 염두에 두고 있다.

바울은 여러 다른 편지에서 부탁했듯이(살전 5:25; 살후 3:1-5; 골
4:2-4; 엡 6:18-20), 약한 자들과 강한 자들 모두에게 바울 자신을 위
해 (아들을 통해, 성령 안에서) 아버지께 **중보**해 주기를 부탁한다(15:13,
30). 바울은 그들에게 자신이 "유대에서 순종하지 아니하는 자들
로부터 건짐을 받고", 또 "예루살렘에 대하여 내가 섬기는 일을
성도들이 받을 만하게" 되도록 중보기도를 부탁한다. 바울은 이
렇게 부탁하면서 예루살렘 교회가 연보를 받아들일 뿐 아니라
자기가 로마 그리스도인들에게 "나아가 (그들과) 함께 편히 쉬게"

---

3 Episcopal Church, *The Book of Common Prayer* (New York: Oxford University Press, 1990), 211, 819.

그리스도 닮기는 하나님 지향으로 구체화된다

되기를 소망한다(15:31-32).

로마서를 끝맺는 **축복기도** 혹은 **영광송**doxology(송영)은[4] 하나님의 광대하심에서, 또 예전liturgical 맥락에서 시적詩的이기를 원하는 바람에서 비롯되었다. 유사하게 시적인 순간이 로마서의 다른 부분에도 나온다(참조. 롬 4:25; 8:31-39; 11:33-36; 15:13).

나의 복음과 예수 그리스도를 전파함은 영세 전부터 감추어졌다가 이제는 나타내신 바 되었으며 영원하신 하나님의 명을 따라 선지자들의 글로 말미암아 모든 민족이 믿어 순종하게 하시려고 알게 하신 바 그 신비의 계시를 따라 된 것이니 이 복음으로 너희를 능히 견고하게 하실 지혜로우신 하나님께 예수 그리스도로 말미암아 (그에게to whom) 영광이 세세무궁하도록 있을지어다. 아멘(16:25-27).

이 영광송은 로마서에 나오는 (또 골로새서와 에베소서에도 나오는) 바울신학의 여러 주제를 강조한다. 만약 이 영광송이 원래 로마서의 일부이고 끝에 나오는 영광송이 편지의 여러 주제를 요약한다면, 로마서는 하나님의 한 가족, 곧 확대된 이스라엘에 이방인

---

4 이 영광송을 본래 바울이 썼는지 여부는 학자들 사이에 주장이 갈린다. 세계성서공회연합회 United Bible Societies의 문서적 판단은 'C'다. 다시 말해 이 구절들이 확실하지 않다는 것이다. 이 구절의 영광송은 사본마다 위치가 달라서 14:23 뒤에 나오기도 하고, 15:33 뒤에 나오기도 하며, 현재의 위치에 나오기도 한다. 14:23 뒤와 현재 위치에, 또는 14:23 뒤와 15:33 뒤에 나오는 사본도 있다! 몇몇 사본에는 이 영광송이 아예 없다. 따라서 이것이 나중에 추가되었다고 의심할 만한 이유가 있다. 그렇더라도 매우 중요한 여러 사본에는 이 영광송이 서신 끝에 있으며, 이 영광송에 있는 내용 하나하나가 로마서 전체의 특징에 부합한다.

들이 포함되었다는 내용이며, 사실 그렇다. 로마서 12-16장은 하나님이 약한 자들과 강한 자들 모두에게 베푸시는 은혜를 받아들여야 할 로마 가정교회들의 긴장을 드러낸다. 바울은 역사에서 이러한 계획을 세우신 하나님을 찬양한다. 그런데 마지막 줄에서 '그에게to whom'는 누구를 가리키는가? 아들을 통하지 않는다면 아무도 아버지께 돌아가지 못한다. 문법적으로도 그렇고 계시적으로도 그렇다. 바울의 기도 양식 자체도 그리스도 닮기인 셈이다.

마지막으로, 로마서에 나오는 기도는 **원**原**삼위일체적**proto-Trinitarian이다. 기도는 하나님을 향하여(15:13, 30, 32, 33; 16:20, 25, 27), 아들을 통해(15:30; 16:27), 성령 안에서(15:13, 30; 참조: 14:17; 15:16) 한다. 신성godhead 안에서 성자의 위치는, "우리 주 예수의 은혜가 너희에게 있을지어다"라는 기독교의 축복기도를 '평강의 하나님'과 나란히 말할 때 굳어진다(16:20).[5] 신약성경에서 기도는 아들이나 성령에게 하지 않고, 아들을 통해 성령 안에서 오직 아버지께 한다.

삶의 신학이 로마서의 목적이며, 삶의 신학은 하나님을 향한 체현된 삶에서 시작된다. 삶의 신학은 하나님을 지향하기 때문에, 그리스도의 몸 지향도 체현하는 것이다.

---

5 Larry W. Hurtado, *Lord Jesus Christ: Devotion to Jesus in Earliest Christianity* (Grand Rapids: Eerdmans, 2003). 《주 예수 그리스도》(새물결플러스, 2010); Richard Bauckham, *Jesus and the God of Israel: "God Crucified" and Other Studies on the New Testament's Christology of Divine Identity* (Grand Rapids: Eerdmans, 2008), 《예수와 이스라엘의 하나님》(새물결플러스, 2019).

7

그리스도 닮기는 그리스도의 몸 지향으로 구체화된다
(12:3-8; 14-15장; 16:17-20)

하나님 지향은 고등의 개인주의나 고독이나 신비적 묵상에 빠져 길을 잃기 쉽지만, 바울에게 하나님 지향은 타인과 함께하는 체현된 삶이다. 교회, 곧 그리스도의 몸은 타인과 함께하는 삶을 체현한다.[1] 로마서 12-16장의 여러 주제는 우리를 로마서에 나타나는 삶의 신학의 중심으로 데려다 준다.[2] 뵈뵈가 로마서를 낭독할 때, 강한 자들과 약한 자들에 관해 말하는 부분과 바울이 이들이 어떻게 살기를 원하는지 말하는 부분에서 긴장이 아주 커졌다. 따라서 나는 바로 그 청중을 위해 특별히 고안된 다섯 주제에 초점을 맞추겠다.

몸의 삶

하나님을 위해 체현된 삶을 산다는 것은 그리스도의 몸에 있는 다른 몸들과 더불어 사는 것이다(12:3-8). 그 당시 그리스도의 몸

---

1 '교회'(에클레시아*ekklesia*)라는 용어는 로마서에서 16:1, 4, 5, 16, 23에만 나온다.
2 로마서 1-11장의 신학 요지는 12-16장의 삶의 신학에서 추론하여 파악할 수 있다.

거꾸로 읽는 로마서

이 직면한 위험은 오늘날 그리스도의 몸이 직면하는 위험과 같다. "(각 사람은) 마땅히 생각할 그 이상의 생각을 품지 말고"(12:3). 이 구절을 '높은 생각을 품지supperminded' 말라고 번역할 수도 있겠다.[3] 틀림없이 바울은 강한 자들을 염두에 두고 있으며, 이들은 로마제국에서 자신의 지위를 잘 알고 누리고 지키려고 애쓴다. 틀림없이 바울은 언약상 우선권을 주장하는 약한 자들도 염두에 두고 있다. 각 사람은 특권이라는 패를 사용할 수 있었고, 실제로 사용했다. 바울이 로마서 12장 1-2절에서 많이들 기억하는 주제인 하나님 지향을 말한 후, 곧바로 높은 생각을 품는 것을 논하는 것은 주목할 만하다. 왜 그런가? 독자들은 14장 1절-15장 13절에 가서야 뵈뵈에게서 그 말씀을 들을 테지만, 로마서의 독자들은 로마에서 약한 자들과 강한 자들 모두에게 높은 생각이 넘쳐난다는 것을 알고 있다. 높은 생각은 힘과 특권 주장과 관련이 있었다. 이런 까닭에, 약한 자들과 강한 자들 모두 그리스도의 몸 지향으로 곧바로 연결되는 하나님 지향이 필요하다. 바울은 이 단락을 시작하면서 '각 사람', 즉 약한 자들과 강한 자들 모두에게 말한다(12:3). 바울은 로마 그리스도인들에게 권면하기를, 사회적, 민족적, 은사적 면에서 누리는 지위를 방어하거나 주장하지 말고, 대신 '침착한 판단sober judgment'을 하라[지혜롭게 생각하라]고 하는데, 이는 각자 자기를 "하나님이 각 사람에게 나누어 주신 믿음의 분량에 따라[분량대로]" 생각한다는 뜻이다.[4] '믿음'

---

3   Robert Jewett, *Romans: A Commentary*, Hermeneia (Minneapolis: Fortress, 2007), 736.

그리스도 닮기는 그리스도의 몸 지향으로 구체화된다

이라는 용어가 놀라운데, 이 문맥에서 믿음은 한 사람이 개인적으로 믿음이 얼마나 크냐 하는 것보다는 '영적인 선물'을 의미하기 때문이다. 높은 생각을 해결하는 방법은, 하나님이 그리스도의 몸 안에서 자신에게 나누어 주신 것을 통해 자신을 바라보는 것이다.

왜 교회를 '몸'이라고 부르는가? 로마인과 그리스인은 '몸'(소마^{soma})을 정치적 조직체body politic라는 의미로 썼으며, '교회'(에클레시아)라는 용어는 정치집회에 모인 시민들(데모스^{demos})이라는 의미로 쓰였다. 이 두 용어에 정치적 의미가 담기지 않을 수 없다. '교회'와 '몸'을 결합해 보면, 지역 가정교회들이 일종의 대안 정치적 조직체라는 바울의 주장을 만나게 된다. 성령께서 이 몸을 창조하고 생기를 불어넣으시며, 이것이 **그리스도의** 몸이라는 점을 이 주장에 덧붙여 보면, 이제는 새 '황제'이신 주 예수께서 계시며, 새로운 성령의 힘이 작용한다. 왕이신 예수께서 다스리시는 가운데 성령이 추동하시는 체현된 백성이 여기 있다. 강한 자들 홀로 이렇게 할 수 없으며, 약한 자들 홀로 이렇게 할 수 없다. 이들이 함께 제사를 체현하면 이 세상에서 인간을 위한 하나님의 계획이 될 수 있다. 이들은 성령이 없으면 특권과 힘이 누구에게 있는지 판가름하는 데 열정을 쏟지만, 성령이 있으면 '그리스도의 몸 안에 있는 평화'를 발견할 수 있다. 로마가 무엇보다도 팍스 로마나(로마의 평화)를 크게 주장하지만, 그리스도의 몸 안에 있

---

4 좀 더 딱딱하게 옮기면, "하나님이 각 사람에게 믿음의 분량measure을 재어서 주셨다measured." 이 경우, '분량'은 각 사람에게 주신 '선물'이다.

거꾸로 읽는 로마서

는 평화가 팍스 로마나의 진정한 형태다. 평화는 영적 선물을 통해 그리스도의 몸 안에서 성취된다.

그런데, 이 다양한 성령의 선물은 무엇인가? 바울은 각기 다른 문맥에서 각기 다른 은사를 열거하지만(예를 들면, 고전 12:12-31; 엡 4:11; 참조. 벧전 4:10-11), 여기 로마서에서는 예언, 섬김, 가르침, 권면 [위로], 구제, 다스림, 긍휼을 언급한다. 각 은사가 '기능'(프락시스, 롬 12:4)이라는 데 주목해야 하는데, 은사는 소유하는 것이 아니라 실천하는 것이라는 말이다. 은사는 체현된 그리스도인의 제사를 하나님의 성령께서 받으셔서 그리스도의 몸을 위해 사용하실 때 일어나는 일이다. 예언하는 이들은 하나님의 계시를 하나님의 백성에게 말할 때 '신앙 규범에 따라according to the rule of faith'(저자 사역私譯, 카타 텐 아날로기안 테스 피스테오스kata ten analogian tes pisteos, 참조. 고전 12:29, 32) 한다.[5] 섬기는 이들은 다양한 방법으로 그리스도의 몸을 섬긴다. 가르치는 이들은 신자를 지도하여 지혜와 성숙에 이르게 한다. 권면하는 이들은 다른 이들에게 용기와 자기희생과 사랑과 거룩함과 순종을 장려한다. 바울이 구제를 덧붙이는 이유는 바울 자신이 예루살렘의 가난한 성도를 위한 연보에 아주 열심이기 때문이다(15:16, 25-33). 바울은 뒤이어 다스림leading에 대해 말한다(살전 5:12에서도 다스림을 말한다). 다스림은 다른 이들 앞에 나서는 것으로, 다른 이들은 그와 같은 사람을 (소명과 직위와 모범에 근

---

5 라틴어 번역은 *secundum rationem fidei*로, 후에 신앙 규범*regula fidei*이라는 용어가 된다. 나는 여기서 바울이 예언하는 이들을 사도적 복음의 가르침으로 제한할 수 있기를 원한다고 생각하는 쪽으로 마음이 기운다.

그리스도 닮기는 그리스도의 몸 지향으로 구체화된다

거하여) 공동체가 그리스도를 닮아가는 방향을 보여 주는 자로 믿고 따른다. 이어서 긍휼을 베푸는 자는 즐거움(해당 그리스어는 '환희 hilarity'와 어근이 같다)으로 하라고 말하는데, 이것은 도움이 필요한 사람들에게 다가갈 때 아주 중요한 태도다. 사도 바울은 특히 강한 자들이 약한 자들을 긍휼히 여겨야 함을 분명히 염두에 두고 있다. 은사는 강한 자들**이나** 약한 자들 중 어느 한쪽만 받은 것이 아니라, 강한 자들과 약한 자들 **모두** 받았다. 이 본문은 바울이 다양하게 나열하며 언급하는 은사가 특정한 회중의 필요에 따라 형성되었음을 보여준다.

베풂

진정한 그리스도 닮기는 '하나를 포기하고 다른 하나를 선택하는' 삶임을 기억해야 한다. 다시 말해, 자신의 지위와 자아 추구가 아니라 타인의 지위와 타인 향하기이다.[6] 스칸디나비아에서 바닷물이 피오르드로 흘러들어가듯, 그리스도의 길에서 타인을 향한 베풂generosity이 흘러나온다. 이 바다는 하나님의 더없이 풍성하고 후한 은혜이며, 그처럼 놀라운 하나님의 후히 베푸심이 넘쳐흘러 그리스도인의 베풂으로 나타난다. 바울의 이방인 선교, 이 선교의 예루살렘 교회에 대한 의존, 바울이 이 선교에서 로마가 담당하기를 바라는 역할이 바울의 베풂 신학을 형성한다.

---

6 Gorman, *Becoming the Gospel*.

바울의 **선교 지도**(15:19, 28)는[7] 신적 선교에 뿌리를 두고 있다고 이해해야 한다. 바울은 여기서 그것을 제사장적 용어로 기술한다. "하나님께서 내게 주신 은혜… 이 은혜는 곧 나로 이방인을 위하여 그리스도 예수의 일꾼이 되어 하나님의 복음의 제사장 직분을 하게 하사 이방인을 제물로 드리는 것이 성령 안에서 거룩하게 되어 받으실 만하게 하려 하심이라"(15:15b-16, 참조. 1:5; 12:3). 이 표현에는 암시가 가득하다. 이방인이 연보를 통해 자신을 하나님께 제물로 드리는데(15:25-33), 이것은 성령께서 이방인을 이미 다름 아닌 성전을 위한 코셔로 삼아 주셨기 때문이다.[8] 바울의 바람은 이 제물을 하나님뿐 아니라 예루살렘 교회 지도자들도 받아들이는 것이다(참조. 15:31-32). 바울의 **계획** 때문에 베풂이 불쑥 등장한다. 바울은 이미 예루살렘에서 일루리곤까지 두루 다녔기 때문에, 이제 로마를 거쳐 스페인[서바나]에 갈 준비가 되어 있다(15:22-24). 바울의 선교는 다른 사람들의 선교지를 침해하지 않고 새로이 교회를 세우는 것이기에(15:20), 바울은 로마에 짧게만 머물 계획이다. 그러나 바울은 자기가 사슬에 매인 채 로마에 가리라는 사실을 몰랐으며, 그 일이 자기 계획보다 훨씬 나중에 일어나리라는 사실도 몰랐다.

이러한 선교 지도와 계획의 맥락 안에서, 바울이 염두에 두고 있는 베풂의 구체적인 표현은 바로 **예루살렘의 가난한 성도**와 관

---

7 Peutinger map (http://peutinger.atlantides.org/map-a) 참고.

8 David J. Downs, *The Offering of the Gentiles: Paul's Collection for Jerusalem in Its Chronological, Cultural, and Cultic Contexts* (Grand Rapids: Eerdmans, 2016).

그리스도 닮기는 그리스도의 몸 지향으로 구체화된다

련이 있었다. 바울은 "이제는 내가 성도를 섬기는 일로 예루살렘에 가노니"(15:25)라고 말한다. 바울은 여기서 연보를 세 용어로 기술한다. 디아코니아*diakonia*(섬기는 것), 코이노니아*koinonia*(그들이 가진 것을 나눔[얼마를 연보하였음]), 카르포스*karpos*('모은 것', 더 낫게는 '이 열매를 그들에게 인치고'[열매]). 바울은 이방인 선교를 시작할 때부터, 예루살렘의 가난한 성도들을 기억해 달라고 부탁받았다(갈 2:1-10, 참조. 행 11:27-30; 12:25). (내가 동의하는) 어떤 이들 생각에는 바울이 교회를 세우고 가르치면서 20년에 걸쳐 연보 모금을 했지만,[9] 다른 이들 생각에는 바울이 두 차례 서로 다른 연보 모금에 관여했는데, 한 번은 선교 초기에 안디옥과 협력하여 진행했고(갈 2:1-10), 나머지 한 번은 3차 전도여행으로 시작된 교회 일치를 더 자발적으로 표현한 방식이었다.[10] 어쨌든, 연보는 고린도전서 16장 1-4절에서 특별히 언급되고 고린도후서 8-9장의 모든 행간에 자리하며, 로마서 15장에서 다시 나타난다. 이 모든 일이 거의 같은 시기에 기록되었다.

바울은 이 연보를 어떻게 **이해했는가**? 이 기금은 교회 일치

---

9 바울의 이 연보 모금에 누가 함께했는가? 최대로 넓게 보면, 갈라디아 지역(고전 16:1), 더베(행 20:4), 루스드라(행 20:4), 마게도냐(고후 8:1-5; 9:2, 4), 베뢰아(행 20:4), 데살로니가(20:4), 빌립보(비교. 행 16:16, 20:6)가 목록에 들어간다. 여기에 고린도(롬 15:26; 고전 16:1-4), 무시아와 에베소(행 20:4), 드로아(행 20:5-6)도 추가할 수 있을 것이다. 바울이 두로(행 21:34), 돌레마이(행 21:7), 구브로와 가이사랴(행 21:16), 심지어 로마에서도 후원을 받았는지 여부도 생각할 수 있다(비교. 롬 12:13, 15:26과 고후 8:4, 9:13; 롬 1:13과 고후 9:6-10).

10 바울이 가난한 자들에게 관심을 기울인 증거로 살펴볼 만한 성경 본문으로는, 갈라디아서 2:10; 6:9-10, 데살로니가전서 5:14-15, 데살로니가후서 3:6-12, 로마서 12:13, 16, 디모데전서 5:3-16; 6:18, 디도서 3:14, 사도행전 20:35이 있다. Bruce W. Longenecker, *Remember the Poor: Paul, Poverty, and the Greco-Roman World* (Grand Rapids: Eerdmans, 2010)도 참고.

거꾸로 읽는 로마서

의 가시적 표지였다(갈 2:10; 롬 15:26-27). 로마 세계는 사회적 신분과 인간관계가 후원과 호혜로 단단히 맞물려 있었기에, 개인적으로 바울은 모교회이자 이스라엘 이야기의 중심인 예루살렘에, 또 자신의 선교를 인정해 준 예루살렘 지도자들에게 의무를 다해야 했다(갈 2:1-10). 또 로마제국에서는 가난한 이들에게 경제적으로 자선을 베푸는 일이 결코 일반적이지 않았지만 유대세계에서는 가난한 이들을 돌보는 일이 일반 법률이었기에, 바울의 연보는 철저히 토라 준수였다. 가장 주목할 만한 부분은 고린도후서 8장 13-15절로, 바울은 연보를 체현된 경제적 정의와 균등(이소테스*isotes*)이라고 말한다. 따라서 우리는 이 연보가 일치와 호혜와 긍휼을 넘어선다고 보아야 한다. 바울은 그리스도인들이 신자의 교제 모임 내에 경제적으로 베푸는 문화를 조성해서 모든 신자에게 경제 정의를 이룩해야 한다고 믿었으며, 다시 한번 우리는 특히 약한 자들이 아마도 경제적으로 어려운 처지였음을 인지해야 한다.

고린도전후서와 비교해 볼 때, 로마서 15장은 연보와 관련하여 **예배라는 새로운 어조**를 가미한다. 바울이 고린도교회에 말했듯이, 분명 연보는 하나님의 은혜로운 선물인 구속에 깊이 뿌리를 내리고 있다(고후 8:9; 9:8). 즉, 하나님의 선물 때문에 호혜적으로 다른 이들에게 베풀게 된다. 그러나 이러한 신학적-사회적 호혜 의식은 로마서 15장에서 연보를 **예배**로 묘사하는 데까지 흘러넘친다. 그래서 15-16절에서 바울은 이렇게 말한다. "하나님께서 내게 주신 **은혜**… 곧 나로 이방인을 위하여 그리스도 예수

그리스도 닮기는 그리스도의 몸 지향으로 구체화된다

의 **일꾼**이 되어 하나님의 복음의 **제사장 직분**을 하게 하사 이방인을 **제물로 드리는 것이 성령 안에서 거룩하게 되어 받으실 만하게** 하려 하심이라." 어쩌면 이방인들 자신이 제물일 수도 있지만, 바울이 이방인들 자신이 아니라 그들의 기금을 염두에 두고 있다고 생각할 확실한 이유가 있다. 바울이 27절에서 이것을 어떻게 말하는지 보자. "만일 이방인들이 그들의 영적인 것을 나눠 가졌으면 육적인 것으로 그들을 섬기는 것이 마땅하니라." 다시 말해, 그들이 육적인 선물은 예루살렘의 가난한 이들에게 바치는 제물이다. 더욱이, 이들은 **예루살렘에 의무를 다해야 하는데**(이는 약한 자들에게는 분명 좋은 소식이고, 강한 자들에게는 분명 거북한 일깨움이다), 이스라엘의 언약적 우선성과 이스라엘을 향한 하나님의 완전한 신실하심 때문이다(1:16; 2:9, 17-24, 28-29; 3:12; 9-11장).

그리스도 닮기는 하나님을 지향하고 그러면서 개인은 '그리스도 안에 계신 하나님'의 은혜를 받은 대로, 특히 가난한 이들에게 후히 베푸는 가운데 '그리스도의 몸'을 지향하게 된다. 예루살렘 성도를 위한 연보는 이방인이 대목臺木rootstock인 이스라엘에게 감사를 표현하려고 고안되었기에, 그리스도의 몸에서 그리스도 닮기의 셋째 표지는 바로 평화와 일치다.

평화와 일치

로마 가정교회들의 사회적 현실, 특히 강한 자들과 약한 자들 간의 긴장을 숙고해 보면, 바울이 평화와 일치라는 주제를 내세운

거꾸로 읽는 로마서

일이 놀랍지 않을 것이다. 로마서 12장 9-21절에 등장하는 다양한 명령과 금지의 중심에 평화와 일치가 있다. 바울은 로마 가정교회들과 로마 사이에 평화가 있기를 원하며(13:1-7), 로마서 14장 1절-15장 13절에서는 거의 모든 절이 약한 자들과 강한 자들이 서로 하나되어 사는 법을 배우는 것과 연결된다. 연보는 로마 그리스도인과 예루살렘 그리스도인 간의 일치와 관련이 있고(15:22-29), 로마서가 막을 내리기 직전, 바울은 놀라울 정도로 강한 어조로 불화를 지적한다.

> 형제들아, 내가 너희를 권하노니 너희가 배운 교훈을 거슬러 분쟁을 일으키거나 거치게 하는 자들을 살피고 그들에게서 떠나라. 이 같은 자들은 우리 주 그리스도를 섬기지 아니하고 다만 자기들의 배만 섬기나니 교활한 말과 아첨하는 말로 순진한 자들의 마음을 미혹하느니라. 너희의 순종함이 모든 사람에게 들리는지라. 그러므로 내가 너희로 말미암아 기뻐하노니 너희가 선한 데 지혜롭고 악한 데 미련하기를 원하노라. 평강의 하나님께서 속히 사탄을 너희 발아래에서 상하게 하시리라 우리 주 예수의 은혜가 너희에게 있을지어다(롬 16:17-20).

로마 가정교회들에 강한 자들의 거만한 판단과 이에 반발하는 약한 자들의 판단으로 분열이 있었기에, 바울은 디코스타시아 *dichostasia*와 스칸달라*skandala*, 곧 '불화와 상처주기'[분쟁을 일으키거나 거치게 하는]라는 거친 용어를 사용한다. 친교를 무너뜨리는 가정교회들의 균열과 파벌과 깊게 패인 갈등의 골을 떠올리지 않을 수 없다. 또 경계선을 천재적으로 허무는 바울의 선교와, 약한 자들과 강한 자들인 유대인 신자들과 이방인 신자들이 얻을 수 있는 구속이라는 선물에 관한 메시지도 생각할 수 있어야 한다.

친교에 균열을 일으키는 자들은 "그리스도를 섬기지 아니한다"(16:18). 그러므로 이들은 "평화의 하나님이 신속하게 사탄이 너희 발아래 짓밟히게 하실 것"[평강의 하나님께서 속히 사탄을 너희 발아래에서 상하게 하시리라](16:20)이라는 사실을 알아야 한다. 다시 말해, 그들 가운데서 판단하는 자들이 일으키는 불화와 모욕은 마귀적이라는 것이다! 하나님은 강한 자들과 약한 자들이 그러한 마귀 짓을 짓밟아 버리기를 원하신다. 이들이 어떻게 사탄을 짓밟을까? 그 대답은 (NRSV로 읽을 때) 14장에서 가장 처음 나오는 단어인, '환대하라Welcome'[받되]이다. 바울은 이 단락에서 세 차례나(14:1, 3; 15:7) 서로 환대하라고 강권한다. 식탁교제가 환대를 상징하기는 하지만, 구체적으로 이 '환대'는 서로를 위해서 함께 기도할 때, 서로 이름과 삶과 가족을 알 때, 서로를 늘 물질적으로 도울 준비가 되어 있을 때, 서로 보조를 맞추며, 또 서로를 위해 그 자리에 있어 줄 때, 서로 그리스도를 닮도록 도울 때 표현된다. 환대는 재판관이 되기를 중단하고 형제자매가 되는 것이다. 환대는 평화와 일치를 위한 자리를 마련하는 것이다.

거꾸로 읽는 로마서

관용

로마서 14장 1절-15장 13절에 나오는 바울의 가르침에 해당하는 단어는 관용tolerance이나 진배없다. 바울은 특별히 강한 자들의 힘과 특권에 무게를 두며, 평화와 일치와 화해를 향한 첫 걸음을 내딛을 책임과 잠재력이 그 힘과 특권에 실려 있다. 로마서 14장 1절과 15장 1절 모두 이것을 뒷받침한다. 여기서 시작하겠다.

바울이 관용이라는 주제로 들어갈 때 잠정적으로 내린 결론이 두드러진다. 바울은 14장 14절에서 "내가 주 예수 안에서 알고 확신하노니 무엇이든지 스스로 속된 것이 없으되"라고 말한다. 약한 자들은 틀림없이 동의하지 않았을 테지만, 그들이 로마서를 쓰고 있지 않다. 바울이 로마서를 쓰고 있으며, 바로 이 지점에서 시작한다. 물론 바울은 금세 한 발 물러선다. "다만 속되게 여기는 그 (약한 자들 같은) 사람에게는 속되니라." 약한 자들의 결정은 존중받을 만하다(바울은 지금 강한 자들에게 말하고 있다. 참조. 롬 14:1, 2, 22-23; 15:13). 잠정 결론은 14장 17절에서 살짝만 달라진다. "하나님의 나라는 먹는 것과 마시는 것이 아니요 오직 성령 안에 있는 의와 평강과 희락이라." 강한 자들 가정에서 식탁 참여를 규정하는 원칙은 '그리스도 안에 계신 하나님'의 뜻(의義), 유대인과 이방인의 화해(평강peace), 이것이 하나님의 백성을 위한 그리스도의 방식이라는 내적 확신(희락joy)이다. 그리고 이 모든 것은 성령 안에 있다! 신약성경에서 '하나님나라'는 그리스도께서 새 시대에 가져오신 구속의 동력 이상을 의미한다. 하나님나라는 하나

그리스도 닮기는 그리스도의 몸 지향으로 구체화된다

님을 왕으로 모신 사회적 기반, 구속과 섭리를 통한 하나님의 통치, 하나님의 백성, 하나님의 뜻, 이 백성이 체현하는 하나님의 공간이다. 먹고 마시는 음식과 음료가 교회의 일치를 체현하듯이, 하나님나라가 참으로 그 나라답게 되는 이 덕목들 안에서 하나님나라가 체현된다.[11] 즉, 하나님나라는 '교회'라 불리는 사회적 현실이 되기를 원한다. 바울의 잠정 결론은 하나님나라가 도래하면 음식의 경계선 역할이 중지된다는 것이다.

로마서 14-15장을 읽으면서 나는 자문한다. "좋은 생각이긴 하지만, 이것이 실제로는 어떠한 모습일까?" 바울의 관용 신학에는 몇 가지 지침이 있다. 그중 첫째를 살펴보기 전에, **자유**freedom **에는 관심이 없음**을 깨달아야 한다. 관용은 자유를 암시한다고 주장할 사람도 있을 테고, 그 주장에 부분적으로나마 동의해야 할지 모르겠다. 그러나 그 반대도 무시할 수 없다. 갈라디아서에서 그리스도인의 삶과 관련된 주제가 자유인 반면에(갈 5:1), 자유라는 주제가 로마 가정교회들에게는 쟁점이 **아니라**는 점이 아주 두드러진다. 바울은 14-15장에서 엘류테르*eleuther*-단어군('자유')을 염두에 두고 있지 않다.[12] 그렇다면 무엇을 염두에 두는가?

바울의 첫째 지침은 **걸림돌을 피하라는 것**이다(14:13b, 15, 20-21). 분명한 예를 하나 들자면, 로마에서 이 걸림돌은 강한 자들이 약한 자들에게 시장에서 파는 돼지고기를 먹으라고 고집하는 것

---

11 Scot McKnight, *Kingdom Conspiracy: Returning to the Radical Mission of the Local Church* (Grand Rapids: Brazos, 2014). 《하나님나라의 비밀》(새물결플러스, 2016).
12 로마서 6:2, 18, 22; 7:3; 8:2, 21 참고.

거꾸로 읽는 로마서

을 의미할 수 있다. 이런 고집의 영향으로 약한 자들의 믿음이 무너진다. 바울은 그리스도인들이 서로 의견이 맞지 않을 것을 걱정하는 것이 아니다. 바울은 어떤 사람들은 먹고 어떤 사람들은 먹지 않으며, 어떤 사람들은 날과 절기를 지키고 어떤 사람들을 지키지 않는다고 언급함으로써, 관점이 다양할 수 있음을 이미 인정했기 때문이다(14:3, 5-6). 바울의 걱정은 약한 사람의 믿음이 파괴되는 것이다! 본문이 전개되면서 바울이 쓰는 말도 점점 더 진지해진다. '걸림돌'[부딪칠 것], '장애물'[거칠 것], '상처받게 하다(또는 근심하게 하다)', '망하게 하다', '무너지게 하다.' 고집 부리다가 약한 자들의 믿음을 무너뜨린다면, 고집을 부리는 사람 잘못이다. 강한 자들을 위한 둘째 지침은 앞에서 이미 로마서 13장 8-10절과 관련하여 논의했듯이 **사랑**이다. 강한 자들이 약한 자들에게 우상에게 바쳤던 음식을 먹으라고 고집한다면, 뵈뵈는 이제 그들의 눈을 똑바로 쳐다보면서 "네가 (더는) 사랑으로 행하지 아니함이라"고 말한다(14:15). 강한 자를 위한 셋째 지침은 **공적 영역**과 관련 있다. 바울은 "너희의 선한 것(강한 자들이 온갖 음식을 먹는 것)이 비방을 받지 않게 하라"(14:16)고 하는데, 이 문맥에 맞게 옮기면 "하나님을 모독하는 말을 듣지 않도록 하라"는 뜻이다. 강한 자들에게 해당하는 넷째 지침은 **화평의 일과 서로 덕을 세우는 일을 힘쓰라**는 것이다(14:19). **강한 자들은 약한 자들의 믿음 상태를 존중해야 한다**는 다섯째 지침이 가장 목회적인 듯하다(14:22-23). 뵈뵈가 같은 공간 안에 있는 강한 자들의 눈을 보며 말한다. "네 믿음은, 하나님 앞에서 네 자신의 신념으로만 가

그리스도 닮기는 그리스도의 몸 지향으로 구체화된다

지고 있으라"[네게 있는 믿음을 하나님 앞에서 스스로 가지고 있으라](14:22a). 뵈뵈는 한 마디 덧붙여서 "음식 문제에서 자유로운 사람들이 다른 사람들에게 따르기를 강요함으로써 자신을 정죄하는 결과를 초래하지 않는다면 복되다"고 한다. 23절에서는 약한 자들을 향하여 서서, 다른 방안 하나를 목회적으로 제시한다. 의심이 들거든 먹지 말라는 것이다(14:23a). 개인의 신념과 양심이라는 의미로 믿음이 부각된다. 무엇이든 바탕에 이러한 믿음이 없다면 죄다. 로마의 교회들은 강요하는 자리가 아니라 약한 자들과 강한 자들 사이의 진정한 차이를 관용하는 자리여야 한다.

몸으로서의 삶, 베풂, 평화와 일치, 관용을 살펴보았다. 이제 여섯째이자 가장 중요한 것을 살펴볼 차례다. 바울이 약한 자들뿐 아니라 강한 자들에게 던지는 가장 중대하면서도 적절한 질문은 이것이다. "여러분은 어젯밤에 누구와 저녁을 먹었습니까?" 바울은 한 발 더 나아간다. "여러분은 약한 자들과 함께 식사를 하는 강한 자들입니까, 아닙니까? 그렇습니까, 아닙니까?" 바로 이것이 문제고, **삶의 신학의 중심인 그 문제가 로마서 전체를 좌우한다.** 여섯째 논지는 **환대**welcome이다.

식탁에서 환대하기

바울이 로마서에서 말하는 기독교 윤리의 중심 행동은 환대이고, 그 기초는 그리스도 안에서 하나님의 은혜이고 환대 행위의 진정한 목적은 하나님의 영광이다. 바울은 강한 자들이나 약한

거꾸로 읽는 로마서

자들이 **어떻게 해서** 환대 행위에 이르러야 하는지는 세세히 말하지 않는다. 로마서 거꾸로 읽다 보면 거기에 이르게 되는데, 로마서 거꾸로 읽기에서는 로마서 1-4장과 5-8장이 두 가지 대안, 곧 약한 자들이 제안하는 대안과 바울이 제안하는 대안이라는 사실이 보이기 때문이다. 바울의 제안은 강한 자들은 물론이고 약한 자들과도 충돌한다! 그러나 아직은 바울의 제안을 살펴볼 때가 아니다. 지금은 환대라는 주제를 살펴보아야 한다.

환대하라는 가르침은 로마서 14장 1절과 15장 7절에 나오며, 15장 1절에는 다른 용어로 숨어 있다('담당하다'는 '약한 자들의 차이점과 결정사항을 우리 어깨에 짊어진다'는 뜻이다).

> 믿음이 연약한 자를 너희가 받되welcome 그의 의견을 비판하지 말라(14:1).
> 믿음이 강한 우리는 마땅히 믿음이 약한 자의 약점을 담당하고 put up with 자기를 기쁘게 하지 아니할 것이라(15:1)
> 그리스도께서 우리를 받아welcomed 하나님께 영광을 돌리심과 같이 너희도 서로 받으라welcome(15:7).

이러한 환대는 서로 음식을 함께 먹는 것과 관련이 있다. 우리와는 다른 사람들을 우리 집과 식탁과 기도와 음식 나눔에 초대하는 일과 관련이 있고, 그 일을 경쟁자나 원수로서가 아니라 형제자매로서 행함과 관련이 있다. 로마서 15장 7-13절에서, 바울은 강한 자들과 약한 자들이 서로 환대하는 신학의 근거를 제시

그리스도 닮기는 그리스도의 몸 지향으로 구체화된다

한다. 이 단락에는 네 가지 조치가 나오는데, 권면(15:7)에 이어 유대인들과(15:8) 이방인들을(15:9)을 환대하는 기독론적 토대가 나오며, 그 다음에 이방인이 포함될 것을 다루는 구약성경 인용문이 죽 이어서 나오고(15:10-12), 축복기도로 마친다(15:13). 이 넷을 하나씩 살펴보자.

우선은 **권면**(15:7)이다. 분열 문제를 겪을 때, 환대가 바로 삶의 신학이다. 강한 자들이 그리스도 닮기에서 주로 해야 하는 행동은 논쟁이나 강요 없이 약한 자들을 식탁에 받아들이는welcome 것이다(14:1). 그러나 바울은 치우침 없이 공평하게 비판하는 사람이며, 이 단락에서 환대하라는 권면은 강한 자들뿐 아니라 약한 자들에게도 적용된다. 로마서 15장 8-12절을 단숨에 읽으면 분명해지는 사실은, 그리스도께서 친히 이방인 사이에서 하나님에게 영광을 돌리실 것이며, **로마 신자는 그리스도를 닮아야 하기 때문에** 그들 역시 하나님에게 영광을 돌리는 표현방식으로 서로를 환대해야 한다는 점이다. 하나님의 영광이라는 이 주제가 강한 자들과 약한 자들의 분열에 달려 있으며, 바울은 그들이 자기들에게 초점을 맞추지 않고 하나님과 하나님의 영광에 초점을 맞추기를 원한다(15:1-2, 6).

환대가 **그리스도 닮기를 체현**하는 까닭은, (유대인인) 메시아가 유대인과 이방인을 모두 환대하셨을 뿐 아니라 모두를 위해 '종'이 되셨기 때문이다(15:8-9). 이것이 바울이 로마 그리스도인에게 하는 권면에 작용하는 기독교 윤리의 기독론적 토대다. 바울에게는 순서가 중요하다. 하나님은 먼저 유대인을 대상으로 역사하셨고, 그 다음에 이방인을 대상으로 역사하셨다. 즉, 하나님이 이스라엘과 언약을 체결하셨고, 그 언약이 이스라엘을 통하여 이방인들에게 이르렀다. 하나님 백성의 이러한 영광스런 확장은 '하나님의 진실하심'과 '조상들에게 주신 약속들'에 기반을 둔다.

바울과 같은 1세기 성경 독자들은 성경을 암기했거나 혹은 다른 이와 대화할 때 중요한 본문을 떠올릴 수 있었으며, 이번 경우에 바울은 서로 환대하라는 자신의 주장을 심화하기 위해 **성경에 눈을 돌리**는 것이다. 여기서 틀림없이 뵈뵈는 특별히 약한 자들을 응시하며 그들의 성경이 말하는 바를 상기시키고 있을 것이다. 바울은 시편 18편 49절의 그리스어 번역을 신명기 32장 43절, 시편 117편 1절과 연결하고 마지막으로 이사야 11장 10절과 연결한다. 이들 인용문들 사이에 미묘한 변화가 있어 보이는데, 그것은 전적으로 첫 구약 인용인 "그러므로 **내가** 열방 중에서 주를 시인하고^{confess}[감사하고]"에서 화자가 누구냐는 문제에 달려 있다. 만약 주어인 '나'가 그리스도 자신이라면,[13] 먼저 나오는 세 인용문은 그리스도께서 로마 교회에게 하시는 말씀이다. 그리고 그리스도가 말씀하시는 분으로 보인다. 8절은 "그리스도께서… 견고하게 하시고"라고 말하며, 계속해서 9절에서도 그리스도께서 '영광을 돌리게 하려' 하신다. 그렇다면 그리스도께서 9절의 인용문에서 말씀하고 계시는 셈이다. 다시 말해, 열방[이방인들] 가운데서 하나님을 인정할 분은 바로 그리스도이고(15:9), 열방에게 (이스라엘이자 약한 자들인) '주의 백성과 함께' 즐거워하라고 권면하는 분(15:10)도 아마 그리스도이실 것이며(나는 그렇게 읽기

그리스도 닮기는 그리스도의 몸 지향으로 구체화된다

를 제안할 뿐이다), 열방에게 '주를 찬양하라'(15:11)고 권면하는 분도
그리스도이시다. 그렇다면 구약에서 유래한 넷째 인용문은 예수
께서 열방[이방인들]도 다스리신다는 바울의 해설이다! 각 구약
인용에서 열방의 찬양이라는 주제는 바울의 선교가 하나님에게
영광을 돌리기를 지향함을 드러내며, 바울이 성도를 위한 연보를
어떻게 이해할지 예상한다(15:15-16, 25-27).

우리는 형제자매로서 서로 환대하라는 주제에서 결정체를 이
루는 삶의 신학의 구체적 표현을 계속해서 살펴보았다. 그리스
도께서 강한 자들과 약한 자들을 환대하셨듯이, 강한 자들과 약
한 자들은 서로 환대해야 한다. 그들을 환대하신 분이 그리스도
이시듯이, 성경을 통하여 말씀하셔서 이 세상에서 하나님의 역
사가 이스라엘에서 이방인에게로 확장되었다고 선언하시는 분
도 그리스도이시며, 그 확장으로 그들 모두가 한 가족, 즉 그리스
도의 몸이 된다. 여기서 바울은 전체 유대인이 아니라 예수를 메
시아로 믿는 유대인 신자들에게 초점을 맞추며, 바로 그 유대인
신자들은 이러한 성경 인용에서 강한 자들을 형제자매로 식탁에
서 환대하라는 권고를 보아야 한다.

---

13 이 구절들에서 '그리스도'가 어느 정도로 중요한지 이해하려면 15:8에서 시작하여 천천히 읽
어야 할 것이다. 다른 견해도 마찬가지로 가능하다. 이를 테면, 바울이 이방인 가운데서 여호와
를 고백하는 이스라엘 사람들(또는 고난 받는 메시아 자신)에서(시 18편) 이방인에게 기쁨의 찬
양에 참여하라는 권면을 지나(신 32장; 시 117편), 이방인이 메시아에게 소망을 두겠다는 최종
예언으로(이사야) 옮겨 간다고 보는 것이다. J. Ross Wagner, *Heralds of the Good News:
Isaiah and Paul in Concert in the Letter to the Romans*, NovTSup 101 (Leiden: Brill,
2000).

거꾸로 읽는 로마서

8

그리스도 닮기는 공적 영역을 지향한다
(12:14-13:10)

삶의 신학은 로마 신자들이 그리스도의 몸에서 실천했으며, 이들의 관계와 이들이 로마제국을 대하는 태도 결정에 서서히 스며들어야 했다. 공적으로 드러내는 일public face이 강한 자들에게는 한결 수월한 과제였겠지만, 약한 자들에게는 (특히 로마에서 추방당한 전력이 있다면) 훨씬 어려운 과제였을 것이다. 바울이 가르치는 공적 영역 지향에 이들은 당연히 분노했을 것이다.

사랑이 먼저다

공적 영역 지향은 바울 윤리의 핵심인 사랑에서 시작된다. 바울은 로마서 13장 1-7절에서 제국과 관련하여 직접적으로 말하는데, 이 부분 앞뒤에 사랑에 관한 표현이 나온다. 12장 9절에서 '사랑에는 거짓이 없나니'는 "서로 상대를 위선적으로 사랑하는 흉내를 그만두고 식탁에서 환대하라"는 뜻이다. 그리고 열심zealotry을 내려는 유혹을 다루고 나서 바울은 이렇게 말한다. "피차 사랑의 빛 외에는 아무에게든지 아무 빚도 지지 말라. 남을 사랑하는 자는 율법을 다 이루었느니라… (모든 계명은) 네 이웃을 네 자신과 같이 사랑하라 하신 그 말씀 가운데 다 들었느니라. 사랑은 이웃에게 악을 행하지 아니하나니 그러므로 사랑은 율법의 완성이니라"(13:8-10). 바울은 약한 자들과 강한 자들의 긴장을 분명히 염두에 두고서, 모든 행동에 적용할 기초 검사를 제시한다. "만일 음식으로 말미암아 네 형제가 근심하게 되면 이는 네가 사랑으로 행하지 아니함이라"(14:15). 이 사랑의 근원은 성령이다 (15:30). 공적 영역으로 내딛는 모든 걸음은 이웃 사랑을 향해 내딛는 걸음이다.

공공 윤리

베드로는 수신인에게 공적 영역과 어떻게 관계를 맺어야 하는지 가르치는데(벧전 2:11-3:12), 로마서 12-16장은 이러한 가르침에 대한 바울식 설명으로 보인다. 특히, 바울은 12장 14절-13장 10절에서 로마의 예수 운동에게 로마를 직시하라고 요구한다. 이 단락을 이해하려면 정황을 설정해야 하며, 나는 정황을 설정하면서 초점이 특히 약한 자들에게 있다고 주장할 것이다. 바로 약한 자들이 클라우디우스황제에게 가혹하게 당했기 때문이다.

추방과 과세

로마서 배후에는 유대인과 그리스도인 말고는 대체로 주목하지 않고 지나쳐 버린 로마 역사상 사건이 하나 있는데, 나는 이

거꾸로 읽는 로마서

것을 앞에서 간략하게 거론했다. 주후 49년, 클라우디우스황제가 유대인을 로마에서 추방했고, 동시대인 하나는 그 일이 '크레스투스' 사태 때문에 일어났다고 말했는데, 이는 분명 '그리스도' 사태라는 의미였다. 이 추방을 사도행전 18장 2절에서 언급한다("글라우디오가 모든 유대인을 명하여 로마에서 떠나라 한 고로"). 로마 상류층 사이에서 기독교로 개종하는 일이 일어나고 있었기 때문에 이 문제들이 부상했다고 생각할 만한 근거가 있다. 그러나 로마서 배후에 유대인과 그리스도인과 관련 있는 문제가 하나 더 있다. 바로 세금 부담이다. 로마 역사가 타키투스는 이렇게 말한다. "정부에게서 간접세 징수를 위임받은 업자들에 대해 공공연한 불평이 끊이지 않았다." 그래서 타키투스는 뒤이어 이렇게 말한다(그 사건의 연대는 불분명하다). "네로는 인류에게 선사할 훌륭한 선물을 생각했다. 즉 간접세를 모조리 폐지하려고 한 것이다. 그러나 원로원 의원들이 네로의 충동적인 행위를 저지했다."(이 간접세는 로마에 드나드는 상품에 부과된 것이었다.) 그 결과 어떻게 되었는가? 어느 정도는 조정이 되었다. "네로의 조언자들은 세리들의 탐욕을 규제해야 한다는 데 동의했다"[1] 수에토니우스는 네로의 감세 조치를 확인해 준다.[2] 바울은 로마 그리스도인에게 세금 납부를 강권하면서(롬 13:6-7) 세금과 관련된 이러한 불만을 염두에 두고 있었을 것이다. 이러한 불만은 약한 자들에게 특히 심했다. 저항하거나 반란을 일으키고픈 유혹이 점점 강해지고 있었다.

---

1 Tacitus, *Annals* 13.50-51.

2 Suetonius, *Nero* 10.1.

그리스도 닮기는 공적 영역을 지향한다

로마서 13장 1-7절을 상황 속에서 읽기

성경의 장 구분은 유용하기도 하지만 오류가 있기도 하다. 13장 1절에서 장을 끊었기 때문에 많은 이들이 이 본문을 제대로 읽지 못한다. 실제 본문은 12장 14절에서 13장 10절까지 이어진다. 12장 14-21절과 13장 8-10절에 나오는 독특한 기독교 윤리를 싹둑 잘라내고는, 그 두 단락에 있는 독특한 윤리와 별개로 13장 1-7절을 읽는다면 이 본문의 손발이 잘린다. 로마서 12장 3-8절과 12장 9-13절은 그리스도인이 **서로** 어떻게 관계를 맺어야 하는지에 대해 묘사하지만, 로마서 12장 14절에서 바울은 로마 신자가 특히 **비그리스도인**과 어떻게 관계를 맺어야 하느냐로 넘어가서 13장 10절까지 내내 그 논의를 이어간다. 따라서 '교회와 국가'를 다루는 이 유명한 단락은(롬 13:1-7), 그리스도인이(약한 자들에게 초점이 있다) 기독교적인 독특한 방식으로 외부인과 어떻게 관계를 맺어야 하는지를 다루는 논의의 중앙에 있다. 본문의 앞뒤 구절(롬 12:14-21; 13:8-10)이 13장 1-7절을 빚어낼 것이다. 기본 개요는 다음과 같다.

> **시작**: 축복하라, 공감하라, 평화를 추구하라(12:14-21)
> **중간**: **다스리는 권세들에 복종하라**(13:1-7)
> **끝**: 이웃을 사랑하라(13:8-10)

시작과 끝 단락

시작과 끝 부분에서 작용하는 전략을 살펴보는 것으로 이야기

거꾸로 읽는 로마서

를 시작해 보자.[3] 시작 단락은(12:14-21) 네로가 황제로 있는 로마에서 삶을 영위해 나갈 방법에 대한 전략을 제시하며, 전반적으로 이 단락은 최소 몇몇 로마 신자는 납세 거부로 저항하려는 유혹을 받고 있었다는 인상을 강렬하게 준다. 첫째, 그들은 자신의 대적을 **축복**해야 하는데(참조. 고전 4:12), 이러한 축복은 예수님의 말씀을 반항하고(눅 6:27-28) 하나님이 내리시는 복의 구속 능력을 전한다(민 6:24-26). 둘째, 행복 측정 척도의 양끝에 해당하는 상황에 **공감**하여, 즐거워하는 자들과 함께 즐거워하고 우는 자들과 함께 울어야 한다(12:15). 셋째, **평화를 추구**해야 한다(12:18-21). 이 큰 본문(12:14-13:10)의 끝 부분에서는 앞서 나온 세 전략을 요약하는 넷째 전략으로 **이웃 사랑**을 제시한다(13:8-10). 분명, 이들은 그리스도인으로서 '서로' 사랑해야 하지만, 바울이 말하는 사랑에는 제한이 없어서, '타인'과 '이웃'에게 사랑의 문을 연다. 신약성경에서 이웃 사랑이라는 주제는 외부인에게 사랑을 나타내는 상황에 가장 흔히 나온다(마 5:43; 눅 10:29, 36; 약 2:8). 현재 본문에서 바울도 가정교회 외부인들을 염두에 두고 있다. 로마 신자들을 위한 네 가지 전략이 언급되는데, 특히 그들 가운데 있는 유대인들과 권리가 박탈된 이들을 점점 더 짓누르는 세금 부담이라는 측면을 민감하게 고려한 전략들이다. 곧, 원수를 축복하는 것, 긍휼히 여기고 공감하는 것, 평화를 이루는 것, 특히 서로 사랑하고 원수까지도 이웃으로 포용하여 사랑하는 것이다. 복수하고픈 유

---

3 로마서 12:9-13은 마치 명령문 목록인 듯이 읽히지만, 목록 전체에 명령문은 하나도 없다. 오히려, 바울은 분사와 부정사, 암묵적 명령으로 읽힐 수 있는 표현을 사용한다.

그리스도 닮기는 공적 영역을 지향한다

혹에는 사랑이라는 전략으로 맞설 수 있다. 따라서 로마서 13장 1-7절은 교회와 국가를 이론적으로 논하는 내용이 아니며, 자기 앞에 역경이 쌓여만 갈 때 사랑하는 법을 배우기를 권면하는 목회적 여담이다. 로마 가정교회들의 구성원 중에서 약한 자들이 바울의 말에 가장 많이 찔렸을 것이다.

중간 단락(13:1-7)

축복하고, 공감하며, 남을 사랑함으로써 평화를 추구하려면 '다스리는[위에 있는] 권세들에게 복종'해야 한다(13:1). 로마는 아테네의 이론 정치를 혼합한 역사 위에 세워졌기에, 제국 건설, 효율성, 권력, 법률조항, 건설, 군사력과 정치 공작을 통한 영토 확장에 사실상 기계처럼 전념했다. 아주 다양한 '다스리는 권세들'이 로마를 유지했다. 동조하지 않으면 박살나리라는 것이 제국의 메시지였다. 이방인 신자, 특히 로마에서 자란 이방인 신자에게는 복종하라는 바울의 조언은 따분한 잔소리와 같았는데, 다른 선택지가 없었기 때문이다. 그러나 약한 자들에게는, 복종하라는 바울의 조언은 자기들이 겪은 억압의 역사와 충돌했다. 바울의 말은 아무에게도 이론적 차원에서 들리지 않았으며, '다스리는 권세들에게 복종하라'는 말을 각자 자기 경험에 따라 들었다. 백인 공화당원이 미국에서 이 말을 그대로 따라 말한다면, 아프리카계나 아시아계나 라틴계 미국인에게는 억압으로 들릴 수 있다. 한 사람에게는 복종으로 이해되지만 이 다른 사람에게는 억압으로 이해된다. 한 여성에게는 실용적 언어 차원의 사용이 다른 여성에게는 강제적 침묵으로 작용한다. 한 사람에게는 선교를 위한 전략적 선택이 다른 사람에게는 삶에서의 불가능성을 의미한다.

이 단락에 대해서는 두 가지 읽기가 기독교의 논의에서 두드러진다. 첫째는 **보수적** 접근으로, 네로 황제 통치 초기 로마를 비롯하여 정부에 하나님의 섭리가 있다고 확언한다. 하지만 흔히 이러한 보수적 접근에는 이 단락을 **상황화**하려는 시도가 포함된다. 즉, 이 본문에서는 네로의 초기 몇 년, 소수에 불과한 (아마도 100명 가량인) 그리스도인들, 약한 자들을 포용하기를 배우는 강한 자들을 다룬다는 것이다. 21세기 미국의 정치 참여, 히틀러의 독일이나 스탈린의 소련, 그리스도인을 억압하는 아프가니스탄이나 북한이나 이란이나 이라크 지도자를 다루지는 않는다. 보수적 상황화 해석자들은 이어서 이렇게 주장한다. 바울은 로마의 성질 급한 자들에게, 주^主 예수나 하나님나라의 임재나 성령의 극복하게 하시는 능력에 열광한 나머지 저항이나 혁명으로 눈을 돌리지 말라고 권면하고 있다는 것이다. 또는 어쩌면 바울은 어려운 시기를 맞은 로마 교회들이 취해야 할 냉정하고, 실용적이며, 심리적으로 섬세한 접근방식을 제안하고 있을 뿐일 수도 있다. 또는 어쩌면 바울은 선교를 가장 우선적으로 염두에 두고 있을 것이다. 만약 선을 넘는다면, 교회들은 소멸될 것이며, 성취한 것들도 물거품이 될 것이고, 사람들 앞에서 주님이 부끄러움을 당하실 것이라고, 그렇기에 문제를 일으키지 말고 자중하고 선한 시민이 되라고 말하고 있는 것일 수 있다(참조: 벧전 2:10-17). 그

그리스도 닮기는 공적 영역을 지향한다

러나 많은 보수적 접근법이 이 본문을 앞뒤 단락에 비추어 읽지 못한다.

다른 이들은 둘째 접근법을 취해서, 바울의 말이 적어도 **혁명**을 암시한다고 생각한다. "다스리는 권세들에게 복종하라" 같은 말이 어떠한 정부든 지지한다는 인상을 줄 수 있지만, 신약성경 자체와 바울의 삶은 그러한 태도에 부합하지 않는다.[4] 성경 이야기와 유대교의 이야기에는 정부를 만물과 권세에 대한 하나님이 친히 섭리하시는 주권의 일부로 여기는, 틀에 박힌 존중이 내재되어 있다.[5] 그렇더라도 유대인들은 이교도 우상숭배자들과 권세들을 가차 없이 비판하기를 두려워하지 않았으며, 그런 의미에서 그들은 거짓 신과 불의한 통치자를 전복해야 함을 삶으로 보여 주었다. 이것은 때로 토라에 불순종하라고 요구받을 때 이교도 지도자에게 복종하기를 거부하는 모습으로 나타났다. 이러한 거부는 하나님에게 순종하기 위하여 겪는 고난에 관한 기억으로 점철되어 있다. 바울이 보기에는 열심zealotry 선택지에 대한 거부와, 대신 사랑과 화해라는 복으로 되받아치려는 명시적이고 의식적인 의도가 그러한 매우 일반적인 유대인 이야기에 내재되어 있다. 이것은 그리스도 닮기의 한 예시다. 이교도 권세들을 이처럼 대하는 태도는 예수께로부터(마 4장; 22:21) 요한계시록에 이

---

4 참고. 사도행전 14:8-20; 17:16-33; 19:11-41; 23:1-5. N. T. Wright, *Paul and the Faithfulness of God*, Christian Origins and the Question of God 4 (Minneapolis: Fortress, 2013), 2:1271-1319. 《바울과 하나님의 신실하심》(크리스찬다이제스트, 2015).

5 참고 본문은 얼마든지 들 수 있다. 예를 들면, 창세기 1-11장, 사무엘상하, 다니엘서, 집회서 10:4, 지혜서 6:3, 마카베오상하, 1QM, 에녹 1서, 요세푸스의 《유대 고대사》 등이 있다.

르기까지 신약성경 어디서나 볼 수 있다. 구약성경의 경우, 다니엘서를 읽어 보라.

복종은 바울의 네 전략인 축복, 공감, 평화 이루기, 사랑을 표현한다. 넷 중에 평화 이루기가 가장 중요하다. 아니면 13장 1-7절의 복종을 따로 다섯째 전략이라 부를 수도 있겠다. 바울이 **그리스도를 닮는 생활방식으로서 복수 포기**nonvengeance 전략에 호소하는 까닭은 약한 자들에게는 열심에 대한 유혹이 있기 때문이다. 이러한 문맥에서 볼 때, 복종과 통치체제의 신적 정하심은 확언되는 동시에 용인되지 않을 수 있다. 하나님이 정하신 통치체제를 악한 자들이 더럽히는 경우가 비일비재하다. 바울의 말에 따르면 하나님은 통치자들이 그분의 일꾼이 되며(13:4) 따라서 선을 행하고 정의를 세우게 하고자 계획하셨다(13:2-5). 이것은 그들이 언제나 그렇게 한다는 말이 아니다. 바울은 로마의 신들과 황제들이 아니라 성경의 하나님이 통치체제를 정하신다고 말한다. 따라서 로마의 신들이 아니라 하나님, 곧 십자가에 달려 돌아가셨고 다시 살아나셨으며 다스리시는 메시아이자 왕이신 예수의 하나님이 로마의 '다스리는 권세들' 위에 계신다.

다스리는 권세들에 대한 복종처럼, 납세는 다섯째 전략의 둘째 표현방식이다. 약한 자들 일부는 최근 이민자들로, 늘어난 세금 부담에 시달리고 있었다. 여기서 바울은 이 약한 자들에게 복음과 로마 교회의 안전을 위해 삶의 경제적인 측면도 그리스도 닮기에 포함시켜서 세금을 납부하라고 요구한다.[6] 그렇다면 바울의 전략은 실용적이지만 완전히 새로운 그리스도 닮기의 어조

그리스도 닮기는 공적 영역을 지향한다

를 띠고 있다는 말이다. 이들 신자 일부는 폭력과 복수라는 방식을 잘 알고 있으며, 그 방식으로 마카베오 시대에 해방을 이루어 낸 것을 보았다. 그러나 바울은 십자가라는 방식을 안다. 그 방식에 따르면 로마에 있는 예수 추종자들은 세금을 납부해야 하고 다스림을 위임받은 권세들에게 복종해야 한다. 그것이 축복하고 평화를 이루며 원수를 사랑하여 이웃으로 삼는 방식이다.

공적 후원

로마제국이 어떻게 돌아갔는지 잘 아는 사람이라면(그와 같은 방식 대부분이 우리 세계에도 여전히 유효하다고 말할 수도 있을 것이다), 호혜적 후원이 다수가 참여하고 있던 게임이라는 사실을 알고 있을 것이다. 즉, 부자들은 베풀고, 베푸는 중에 관계가 수립되고 기대감이 생기며 의무가 정해진다. 그 세계는 순수하게 이타적인 선물이라는 개념으로 돌아가지 않았다. 그것은 칸트의 개념이지 로마의 개념은 아니다. 주는 행위가 사회적 유대를 형성하였고, 사회적 유대는 호혜적 후원을 낳았으며, 이렇게 해서 연줄 문화가 형성되었다. 선물로 형성된 사회는 경계선이 있고 사적이며 상호 교환적이었다.

바울은 약한 자들과 강한 자들에게 로마를 대하는 방법을 말하면서 이렇게 덧붙인다.

---

6 바울은 포로스*phoros*(대략적으로 말하자면, 시민이 아닌 이들이 황제와 로마에 바치는 조세tribute tax)와 텔로스*telos*(수입품에 부과하는 관세나 판매세와 같은 일반세)라는 두 용어를 사용한다.

다스리는 자들은 선한 일에 대하여 두려움이 되지 않고 악한 일에 대하여 되나니, 네가 권세를 두려워하지 아니하려느냐. 선을 행하라. 그리하면 그에게 칭찬을 받으리라(롬 13:3).

로마 교회를 향한 바울의 비전에서 삶의 신학이 어떤 모습이었는지 이해하려면 여러 설명이 적절하다. 이 구절에 깔린 암묵적 인식에 따르면 최고 후원자인 로마 황제(당시에는 네로)가 후원과 보답 문화, 후견과 섬김 문화를 만들어 냈다. 황제는 궁극적시혜자로 행악자들을 벌할 수도 있고, 혹은 **사재를 털어 황제 자신과 대중에게 기부하는** 이들을 **칭찬하고 영화롭게** 할 수도 있었다. 진하게 강조한 단어들은 앞에서 인용한 "선을 행하라. 그리하면 그에게 칭찬을 받으리라"는 구절을 풀어서 쓴 것이다. '선한일'(아가토 에르고$^{agatho\ ergo}$), '선을 행하라'(토 아가톤 포이에이$^{to\ agathon\ poiei}$), '인정'[칭찬](에파이논^{epainon})은 모두 기부자에게 공적으로 명예를 안겨 주는 공적 후원이라는 사회 관습에서 유래한 용어다. 이들 용어는 베드로전서에 있는 동일한 종류의 공적 후원에도 나온다 (예를 들면, 벧전 2:15, 20; 3:16, 17, 4:19). 바울이 납세와 관련해 사용하는 표현은(롬 13:6-7) 공적 후원과 후원자에 대한 공적 인정으로 이어진다.

이것을 종합해 보면, 내 생각에는 적어도 해석상 의견 하나, 혹은 아마도 더욱 확실한 의견에 도달할 수 있다. 바울은 로마 신자들이 공동선을 위해서 행할 수 있는 일을 실천하기를 기대했다. 열심이라는 맥락을 고려해 볼 때, 바울은 로마의 약한 자들에게

그리스도 닮기는 공적 영역을 지향한다

제국의 조세 부담에 맞서기보다는 공동선에 기여할 방법을 숙고하라고 강권하고 있다. 그리스도 닮기는 대중의 저항을 뒤집어서 베풂을 지향하게 한다. 사랑과 정중함과 후원으로 '되받아침으로써' 로마의 방식은 완전히 뒤집힐 수 있었다.

•

삶의 신학을 요약하자면, 그 중심 사상은 그리스도 닮기이며, 체현된 하나님 지향, 그리스도의 몸 지향, 공적 영역 지향으로 형성된다. 그리스도 닮기의 근본 핵심은, "여러분은 그리스도 안에 있기 때문에, 특권과 힘을 따라 행동해서는 안 되며, 오히려 여러분의 온 몸을 날마다 하나님에게 드림으로써 하나님을 사랑해야 하고, 서로 환대하고, 식탁에서 함께 먹으며 서로 안에 거함으로써 다른 모든 그리스도인과 형제자매로 살아야 하며, 신중하게 계획된 후원 행위로 정중하게 로마의 이웃을 여러분 자신처럼 사랑해야 합니다"라는 것이다. 바울에게는 이것이 로마 그리스도인들을 위한 삶의 신학이다. 이러한 삶의 신학 때문에 로마서 1-11장이 탄생했다. 뒤집어 보면, 로마서 1-11장은 로마서 12-16장의 삶의 신학을 구성하기 위해 마련된 것이다.

거꾸로 읽는 로마서

9

지금이 그때라는 것을 알라
(13:11-14)

인간에게는 선천적으로 옳고 그름을 판단하는 기술이 있으며, 약한 자들과 마찬가지로 강한 자들도 자기 나름의 인식 방식이 분명 있었다. 대화 실패는 두 가지인데, 때로는 서로 생각이 달라도 너무나 다른 나머지 서로 싸우거나, 도덕적 문제 각각에 대해 각자 자기 입장을 정해야 한다고 결론내리고 마는 것이다. 물론, 후자의 경우에는 누군가 내게 영향을 미치는 결정을 내리기 전까지는 아무 문제가 없지만, 바로 그러한 일이 로마 가정교회들 사이에서 일어나고 있었다. 성경에는 도덕적 결정과 판단이 가득하다. 어떻게 해서 도덕적 주장을 하게 되는가? 바울이 13장 11-14절 단락에서 하는 말이 로마서를 이해하는 토대이며, 로마서는 이 단락을 이해하는 토대다.

신약성경의 윤리는 여러 관점에서 표현된다. 하나님에 의해, 혹은 그리스도 안에 있는 하나님의 성육신에서 계시될 때가 있고(위에서 나온 윤리ethic from above), 지혜의 선물을 통해 형성될 때가 있으며(아래에서 나온 윤리ethic from below), 최종 왕국에 뿌리를 둔 윤리일 때도 있다(저편에서 나온 윤리ethic from beyond). 바꾸어 말하면 율법과 지혜와 예언이다. 저편에서 나온 예언적 윤리도 종류가 다양하다. 윤리적 행동의 근거가 때로는 미래에 있을 하나님의 심판에 바탕을 둔 위협이고, 때로는 미래의 구속이라는 상급이다. 신약성경은 또 다른 형태의 종말론적 윤리와 더불어 작동하는데, 즉 하나님이 인간의 현실 속으로 돌격하심^{incursion}을 가리킨다. 때로는 시간이 거의 정지되어서 우리더러 가만히 서서 새로운 계시를, 지금껏 알고 있던 모든 것을 재구성하는 방식으로 바라보라고 요청한다.

이 본문이(13:11-14) 마지막 줄까지 뚜벅뚜벅 진군하는 것처럼 보인다고 말할 수도 있겠다. 다시 말해, 그리스도께서 돌격해 들어오셨다는 의미는 로마의 신자들이 더는 예전처럼 살 수 없다는 말이다. 모든 것이 달라졌다. 따라서 그리스도인의 도덕성은 심판이 다가올 것을 아는 것 이상이다. 종말론은 그리스도가 누구시며 무엇을 이루셨는지 충분히 알 때에만 구체화된다. 그때 비로소 시간이, 즉 과거와 현재와 미래가 이해된다. 달리 말하자면, 기독론은 역사상 새로운 시기를 위해 새로운 종류의 종말론적 윤리를 만들어 낸다.

종말론적 윤리에는 언제나 두 주제가 있다. 그때가 가까웠고 (임박성과 내재성), 따라서 우리는 이러한 식으로 살아야 한다(윤리). 바울은 로마서 13장 11-14절에서 이 두 주제 사이를 오간다. "너희가 이 시기를 알거니와", "자다가 깰 때가 벌써 되었도다", "이제 우리의 구원이 처음 믿을 때보다 가까웠음이라", "밤이 깊고 낮이 가까웠으니." 기독교 종말론은 (휴거의 때, 짐승의 표, 적그리스

거꾸로 읽는 로마서

도 확인하기 같은 극히 중요하지 않은 사변들에게 점령되어 왔지만) 네 시대로 형성된다. 첫째는 모든 창조세계를 위해 창조된 계획으로, 창조세계는 죄로 인해 망가졌으나 하나님이 언약을 통해 구속하신다. 둘째는 그리스도 안에서 물꼬를 튼 구속과 교회 안에 계신 성령이다. 셋째는 악에 맞서는 전쟁과 악의 패배 및 제거이고, 마지막 넷째는 하나님나라에서 정의와 평화, 사랑, 지혜가 영구적으로 세워지는 것이다. 신약성경에서 구속은 현재만도 아니고 미래만도 아니다. 구속은 현재이자 미래다. 우리는 지금 둘째 시대에 살며, 둘째 시대에 사는 자들은 언제나 셋째와 넷째 시대의 도래를 고대한다. 둘째 시대에 살면서 셋째 시대와 넷째 시대를 고대하지 않는 자들은 세속성에 갇혀 있으며 성령께서 촉발하시는 소망의 능력을 보지 못한다.

종말론적 윤리의 둘째 주제인 어떻게 살 것인지의 문제가 바울이 로마의 가정교회들에게 필요하다고 생각한 구체적인 행동을 표면화한다. 바울은 옷을 벗음(낡은 옷, 곧 세상적인 것을 벗음) 옷을 입음(새 옷, 곧 의를 입음)이라는 아주 흔한 이미지를 사용한다. 도덕적 비전에 흔히 접근하는 방식은 빛과 어둠이라는 용어로 도덕을 묘사하는 것이어서(참조. 살전 5:4-7), 갈라디아 사람들에게 '육체의 일'(갈 5:19)이라고 말했지만 로마서에서는 '어둠의 일'이라고 표현한다. 또 바울은 로마서 13장 12절에서 '성령의 열매'(갈 5:22)라고 하지 않고, '빛의 갑옷(또는 무기)을 입자'고 말한다. 이것은 에베소서 6장 10-17절의 유명한 전신갑주가 될 것의 맛보기다. 바울이 보기에 그리스도인의 삶은 어둠의 악이 사랑과 정의

111

와 평화라는 무기에 맞서는 전투다. 바울은 흔히 보이는 세속성인 "방탕하거나 술 취하거나… 음란하거나 호색… 다투거나 시기"하는 것(롬 13:13-14)에 반대한다. 이러한 일은 로마의 악명 높은 죄인들의 악명 높은 죄이며, 밤의 행동으로 알려졌지만, 밤에 벌어지는 이러한 허튼 행동과 더불어, 점점 심해지는 난동이라는 문제가 (로마와 다른 곳에도) 있었다.[1] 이들의 파티를 엿보려면, 페트로니우스Petronius의 《사티리콘Satyricon》을 읽어 보거나 주말 밤 10시 이후 아무 대학교에나 가보기만 해도 충분할 것이다! 로마 교회는 이 모든 행동을 멀리해야 하며, 아마 우리는 13절에서 말하는 다툼과 시기가 음란과 마찬가지로 죄임을 상기해야 할 것이다.

이 단락 끝에 이르러서야 모든 것이 분명해진다. 빛 가운데 산다는 것은 그리스도 닮기를 의미하며, 그래서 바울은 그들에게 "주 예수 그리스도로 옷 입으라"고 강권한다. 바울이 갈라디아서 3장 27절에서 말했듯이, 세례를 받은 자는 "그리스도로 옷 입었다." 이 본문 끝에서야, 저편에서 나온 종말론적 윤리가 위에서 나온 윤리 안에서 존재론적 근원을 찾는다. 즉, 빛 가운데 사는 유일한 방법은 그리스도와 연합하는 것이다(고전 15:53-54; 골 3:9-10을 보라). 그리스도와의 연합은 바울의 구속적이고 종말론적 윤리의 충만함을 포함한다. 주 예수 그리스도는 성육신하신 하나님이고, 살아가셨고 가르치셨고 놀라운 일을 행하셨으며, 반대를

---

1   Tacitus, *Annals* 13.24-25.

겪으셨고 갇히셨고 십자가에 달려 돌아가셨으나, 일으킴을 받아 승천하셔서 다스리시며, 다시 오실 것이다. 따라서 그리스도와 연합하는 것은 그리스도의 전부와 연결되는 것이며, 그리스도로 옷 입는 것이 그리스도 닮기다.

로마 교회의 문제는 신자들인 약한 자들과 강한 자들이 (아니면 적어도 일부 신자가) 깊이 잠들어 있다는 것이다(13:11). 이 말은 이들이 그리스도의 재림이 임박했음을 모르고 있다는 뜻이거나(참조: 살전 5:4), 아니면 지금이 어느 때인지 알면서도, 날이 밝은 후에도 나무늘보처럼 자고 있다는 뜻이다. 지금은 이들이 맨 정신과 믿음과 사랑과 소망으로 행함으로써 도덕적으로 복음과 일치해야 할 때다.

II

평화로 이어지는 내러티브

로마서 9 – 11장

11

10

우리가 있던 곳, 있는 곳, 향하는 곳
(9-11장)

내 친구 커미트 잘리Kermit Zarley는 미국프로골프PGA 투어에서, 나중에는 시니어 투어(지금은 챔피언스 투어라 부른다)에서 경기했다. 한 번은 호기심에서 로브 웨지lob wedge로 공을 얼마나 멀리까지 치느냐고 물었다. 커미트는 자세를 똑바로 하더니 질문을 퍼붓기 시작했다. 평균 해수면에 있는가? 기온은 어떤가? (습도도 물은 것 같은데, 지금은 정확히 기억나지 않는다.) 바람은 어느 정도인가? 오르막 경사uphill인가? 내리막 경사downhill인가? 아니면 평평한가? 질문이 그치고 내 대답도 끝났을 무렵, 나는 우리가 서로 다른 경기를 했다는 것을 알았다. 친구는 프로였고 나는 그저 그런 아마추어에 불과했다. 로브 웨지를 잘 치는 법을 알려면 전체 정황을 알아야 하고, 각 상황을 고려할 필요가 있다. 단순히 예전에는 얼마나 멀리 쳤느냐 하는 문제가 아니다.

로마서 읽기도 다르지 않다. 로마서 1-11장을 잘 읽으려면 정황을 알아야 하는데, 그러한 정황 대부분은 로마서 12-16장에 묘사되어 있다. 먼저 각 상황을 세밀하게 고려해야 로마서를 이해할 수 있다. 이 부분의 정황을 알면 로마서의 나머지 부분도 더

거꾸로 읽는 로마서

잘 읽을 수 있으며, 이 말은 제국의 중심에서 울리는 평화를 로마서의 핵심줄기로 이해하는 방향으로 읽는다는 뜻이다. 내가 로마서 1-11장과 관련해 읽은 주석이나 학문적 연구에서는 약한 자들과 강한 자들을 전혀 언급하지 않거나, 혹은 로마서의 마지막 몇 장에 있는 내용을 전혀 언급하지 않는 경우가 셀 수 없이 많았다. 그리하여 그러한 주석이나 연구에서는 제국에서 평화에 담긴 의의 역시 쉽사리 놓쳐 버렸다. 로마서를 마치 이론신학인 듯이 읽는 경우가 허다하다. 사실 로마서는 이론신학이 아니다. 로마서는 처음부터 끝까지, 또는 (우리가 읽어 나가는 것처럼) 끝에서부터 처음까지 목회신학이며, 로마서의 가장 깊은 관심사는 특권도 힘도 아니고 평화다.

정황 요약

로마 그리스도인들은 로마서를 뵈뵈의 얼굴과 목소리로 접했다. 이 말은 여러 가정교회 앞에서 로마서를 상연하고 질문들을 처리하는 뵈뵈가 곧 바울의 체현된 현존embodied presence이었다는 뜻이다. 청중이 따분함이나 예기치 않은 실망을 전혀 느끼지 않은 채로 로마서를 한자리에서 다 낭독했다고 생각할 수가 없다. 그뿐 아니라 사회 현실도 무시해서도 안 된다. 앞서 우리가 내린 결론에 따르면 여러 가정교회는 로마에서 더 가난한 구역인 트라스테베레, 아벤티노 언덕 근처와 동쪽, 아피아가도 일대, 아마도 좀 더 북쪽인 마르스 광장 일대에 있었다. 로마에서 원래 기독

우리가 있던 곳, 있는 곳, 향하는 곳

교 개종자들은 로마 회당의 유대인들이었다. 클라우디우스황제가 점점 더 로마 전통에 충실한 사람으로 자리매김하고 시민권도 확대하면서, 로마의 방식을 잘 받아들이지 않는 종교 전통을 점점 더 경계하게 되었다. 그래서 클라우디우스는 주후 49년 (아마도) 유대인 예수 추종자들을 로마에서 추방했다. 여론의 흐름이 이들에게 우호적으로 바뀌었을 때, 특히 네로 치하에서, 로마로 돌아온 유대인과 유대인 신자에게는 세금이 쟁점이 되었다. 네로가 어느 정도 감세를 하리라는 믿음을 심어 준 것이 그들에게 유리했으며, 그러한 이유로 로마서 13장 6-7절에 세금에 관한 관심을 표현한다. 로마로 돌아온 유대인 예수 추종자들은 교회의 사회 구조가 이제는 예전과 같지 않다는 점을 더 염려했다. 다시 말해, 사회적으로 이방인 신자의 지위가 더 높았을 뿐 아니라 그 이방인 신자들이 교회의 문화를 메시아를 믿는 유대인 신자들에게 덜 유리하게 재편해버린 것이었다. 토라를 준수하지 않는 문화가 형성되었다. 긴장이 고조되었고, 바울은 14장 1절-15장 13절에서 각 파벌에 '강한 자들'과 '약한 자들'이라는 딱지를 붙이는데, 이러한 용어는 종교적 실천과 동시에 신분과 힘과 특권과 관련이 있다. 제국의 중심에서 울리는 평화가 바울의 가장 큰 바람이었다.

되새기자면, 약한 자들은 유대인으로, 하나님의 선택이라는 흐름 속에 있으며 토라를 알고, 토라를 행하면서 아마도 여전히 회당 모임에 참석하지만, 지위나 특권이나 힘이 없으면서도 이방인들, 특히 로마에 있는 그리스도인 공동체 안에서 강한 자들

거꾸로 읽는 로마서

을 판단한다. 약한 자들은 유대의 열심 전통을 근거로 해서 로마에 납세를 거부하려는 유혹을 받았다. 반면에, 강한 자들은 대부분 예수를 메시아 또는 왕으로 믿는 이방인들로 구성되며, 토라를 자신들을 향한 하나님의 뜻으로 준수하지 않고, 아마도 유대인들을 특히 예수를 믿는 유대인 신자들을 업신여기며 멸시하는 태도를 보이는 이들이며, 이 모든 것은 로마에서 강한 자들의 우월하고 더 높은 지위로 마무리된다. 토라 준수가 필수사항이 아님을 받아들이는 (바울을 포함하는) 유대인 신자들도 강한 자들에 속한다. 따라서 강한 자들은 신분과 민족 구성만큼이나 토라 준수에 대한 입장으로도 알려져 있는 셈이다. 이 두 집단이 나뉘어 대립한다.

그러나 바울의 사명은 선교 교회들을 세우는 것, 곧 이방인들을 포함시켜서 하나님의 구속 계획에서 이스라엘이 차지하는 특권적 위치를 확대한 선교 교회들을 세우는 것이었다. 이 새로운 하나님의 가족에 다양한 가족이 섞이면서 긴장에 긴장이 더해졌다. 바울에게는 그리스도 닮기가 유대인 신자들과 이방인 신자들이 평화와 사랑과 화해 가운데 살 수 있는 유일한 길이었다. 바울이 확대된 이스라엘인 교회를 표현할 때 주로 사용한 이미지는 가족과 형제자매의 언어다. 이들은 단순히 유대인들과 이방인들이 아니라 그리스도 안에서 형제요 자매였다.[1] 서로를 향

---

1 바울 교회들의 일원이 될 때 사람들이 이전에 가졌던 정체성 요소들이 제거되어 버렸다는 견해에 나는 동의하지 않는다. 다시 말해, 유대인은 여전히 유대인으로, 여성은 여전히 여성으로, 노예는 여전히 노예로 남아 있었다. '그리스도 안에' 있다는 것은 이전의 정체성을 재구성하였지, 제거하지는 않았다.

한 사랑이 가족의 모습을 빚기에, 자신의 선교 교회들을 향해 바울이 품은 핵심 비전은 사랑이며(12:9; 13:10; 14:15; 15:30), 그 사랑은 제국의 중심에서 울리는 평화로 이어진다.

이들이 말하는 이야기도 그들을 빚는다. 바울 덕분에 회심한 이들은 (유대인이 아닌 경우에) 자랄 때 바울이 들려준 이야기를 듣지 못했다. 그리스인과 로마인 개종자들이 자라난 바탕에는 호메로스나 베르길리우스, 헤시오도스나 투키디데스나 헤로도토스나 리비우스, 플라톤이나 아리스토텔레스, 키케로나 세네카가 있었다. 이들은 아브라함과 모세, 다윗과 선지자들이 아니라, 로물루스와 레무스, 율리우스 카이사르를 비롯한 황제들을 알았다. 예루살렘과 가버나움이 아니라, 로마와 아테네와 카르타고를 알았다. 다윗과 골리앗이 아니라, 옥타비아누스를 알았다. 모세의 율법과 할라카에 나오는 율법의 혁신이 아니라, 후에 유스티아누스Justinian의 《법전Digest》으로 집대성되는 법을 알았다. 만약 이야기가 정말 중요하다면, 바울의 개종자들은 이야기를 새로이 배워야 한다. 이스라엘 이야기, 메시아 이야기, 교회 이야기, 곧 누가복음에서 사도행전으로 이어지는 이야기와 크게 다르지 않을 그 이야기 말이다.

새로운 이야기가 중요하고도 필요했으므로, 바울은 로마서 9-11장에서 이스라엘 이야기를 들려주면서, 은혜롭게, 놀랍게, 전면적으로 확장하여 교회에 적용했다. 이야기는 정체성과 공동체를 만들어 내며, 바울이 들려주는 이야기는 평화를 위한 내러티브를 만들어 낸다. 이야기가 정체성과 공동체를 만든다는 것

거꾸로 읽는 로마서

은 초대교회뿐 아니라 이스라엘에게도 사실이었지만, 이들의 이야기가 똑같지는 않았다. 목회와 교회의 상황을 늘 염두에 두는 해석학의 도구로서 로마서 거꾸로 읽기를 하면서, 우리는 로마서 9-11장에 나오는 바울의 내러티브가 12-16장에 나오는 그리스도 닮기라는 삶의 신학을 더욱 또렷하게 설명해 줄 뿐 아니라 그 신학에 정당성을 부여한다고 주장한다. 바울이 들려주는 이야기는 바울이 강한 자들과 약한 자들이 함께 살아가기를 바라는 상징적 우주다. 로마서 거꾸로 읽기는 (그리스도 안에서 하나님의 백성에게 일어나는 일에 비추어 이스라엘 역사를 읽는) 바울의 이스라엘 역사 거꾸로 읽기와 맥을 같이한다. 바울이 보기에 그리스도 안에 나타난 하나님의 계시가 이스라엘의 역사를 재구성하였다.

세부사항이 큰 그림을 제시한다

나는 바울이 이 세 장에서 들려주는 이야기의 기본 사항들에 세부사항을 몇 개 더하는 것으로 시작하겠지만, 그보다 먼저 단서 하나를 가볍게 제시하는 것으로 시작하고자 한다. 바울의 글 하나에서 그동안 눈에 잘 띄지 않던 구약성경의 반향echo이나 인유allusion를 찾아내고, 그런 후에 그 문맥을 활용해 반향들의 반향들을 다시 찾아내기가 일종의 체스 게임이 되어 버렸으며, 이윽고 사람들은 신약성경 본문을 일부 모호한 구약성경 본문에 비추어 읽으면서 놀라운 결과를 도출하게 되었다. 일부 영어 설교가 마치 셰익스피어의 작품처럼 들리듯이, 바울의 일부 구절들이 마치 구약성경의 구절들처럼 들리지만, **이러한 현상은 단어들이 우연히 일치하거나 비슷하기 때문일 뿐이다.** 바울의 머릿속에 성경의 많은 부분이 들어 있지 않았다거나 바울이 때로는 성경의 표현을 반향하지 않았다는 말은 아니다. 하지만 2부에서는 분명하게 드러나는 부분에 초점을 맞출 것이며 반향이나 인유가 될 수도 있는 부분에는 호소하지 않을 것이다.

이름

바울이 로마서 9-11장에서 언급하는 이름들은 로마의 약한 자들 집단에게 아주 익숙하다. 9장 6절-10장 4절에 나오는 이름들은, 아브라함과 사라, 이삭과 리브가, 야곱과 에서, 모세, 바로, 호세아, 이사야, 그리스도이다. 11장에서 바울은 엘리야와 다윗도 언급한다. 다른 말로 하면, 바울은 이스라엘 역사의 주요 **인물들**, 이스라엘 역사 형성에서 전환점인 인물들을 소환한다. 이 인물들의 개인적 구원에 관해서는 단 한 마디도 하지 않는다. 역사를 위한 신적 계획의 도관導管으로 하나님이 그들을 택하셨다고 말할 뿐이다. 여기서 당연히 구원을 무시할 수는 없으며, 구원이 9장 30절-11장 10절에서 표면으로 튀어 올라 관심을 끌기는 한다. 그러나 더 핵심인 주제는 역사에서 하나님의 계획이다. 질문은 "누가 개인적으로 구원받는가?"가 아니라 "메시아로 향하는 계보에서 다음은 누구인가?"와 "하나님의 백성은 누구인가?"이다.[2]

내러티브 비교

로마서 9-11장에서 바울은 하나님이 이스라엘을 대하시는 방식과 관련해 재구성한 이야기를 들려주며, 이 이야기는 유대인 이야기꾼들이 들려주는 다른 이야기들과 비교할 만하다.[3] 예를 들어, 신명기 28-30장 이야기는 **하나님과 이스라엘 간의 언약**에, 그리고 이 언약이 토라 순종에 내리는 복과 불순종에 내리는 징계에 초점을 맞추며, 징계는 포로생활과 회개로, 새 마음으로 약속의 땅에 돌아오는 것으로 이어진다. 모두 언약에 대한 하나님의 더없는 신실하심을 상기시킨다. 또는 집회서 44-51장에 나오는 내러티브는 순종과 용기를 보여 준 이스라엘의 **영웅들**, 곧 집회서 시대의 대제사장 시몬에서 절정에 이른 이스라엘의 영웅들에 대한 칭송이다. 아니면 마카베오상 2장 51-64절에 간략하게 기록되었듯이, 주님을 향한 열심을 더 짧지만 강력하게 다룬 내러티브가 있다.[4] 신약성경에 와서는 내러티브 두 개를 고려할 만하다. 하나는 스데반이 이스라엘 지도자들과 **성전**이라는 렌즈를 통해 들려주는 이스라엘 역사 이야기이고(행 7장), 다른 하나는 히브리서 11장에 나오는 이스라엘 사람들의 **믿음**에 관한 내러티브다. 이 두 이야기가 어떤 면에서는 로마서 9-11장(신명기와 마카베오상 2장)과 겹치며, 다른 면에서는 나름의 방향으로 전개된다. 로

---

2   A. Chadwick Thornhill, *The Chosen People: Election, Paul and Second Temple Judaism* (Downers Grove, Ill.: IVP Academic, 2015).

3   갈라디아서 3:19-4:7은 로마서 9-11장과 비슷하지만(물론, 로마서는 모세와 하나님의 계획에서 토라가 차지하는 위치에 초점을 덜 맞춘다), 로마서에서는 다른 질문들과 이름들과 사건들이 작용하고 있다. 그렇더라도, 로마서 9-11장을 읽을 때 갈라디아서를 염두에 두는 것이 중요하다.

4   사도행전 5:17; 13:45; 17:5; 21:20; 22:3; 갈라디아서 1:14; 4:17-18; 5:20; 빌립보서 3:6 참고.

우리가 있던 곳, 있는 곳, 향하는 곳

마서 9-11장은 집회서나 히브리서 11장과 달리, 영웅들이나 믿음을 강조하지 않는다. 이들 내러티브를 근거로 해서 우리는 각 저자가 자기 시각에서 이야기를 들려주는 법을 배웠다는 결론을 내려야 한다. **이스라엘을 위한 단 하나의 이야기**가 있었던 것이 아니라 여러 사람과 사건의 무더기^{collection}가 존재했으며, 서술자는 그것을 자신의 믿음에 따라 매만져서 자신의 필요에 맞는 이야기를 빚어낼 수 있었다. 내가 말하는 '재구성^{reconfigure}'이 이러한 의미다. 바울은 동일한 옛 사람들과 사건들을 재구성해서 자신의 선교에, 또 로마의 약한 자들과 강한 자들에게 필요한 이야기를 들려주는 내러티브를 만든다.

사건

이스라엘 역사의 전환점인 인물들과 로마서 9-11장의 전체적 내러티브 형태를 제시하는 것에 덧붙여, 바울은 야훼와 이스라엘의 관계에서 형성된 **사건들**을 내내 따라가며 자신의 내러티브를 기술하는데, 이 사건들 역시 약한 자들이 특히 익숙히 알고 있었다. 사실, 로마서 9장 4-5절에는 목록이 하나 나오는데, 나는 9-11장 나머지 부분에서 바울의 머릿속에 떠오른 내용을 강조하는 진한 글씨를 그 목록에 추가로 제시하겠다. 바울의 목록이 시간 순으로 되어 있지는 않다. 그래도 그 일련의 사건들이 그리스도 안에서 절정^{telos}에 이르기는 한다. 로마서 9장 4-5절에 나오는 사건들은 다음과 같으며, 추가 사건들은 진한 글씨로 표시했다. "그들은 이스라엘 사람이라. 그들에게는 양자 됨과 영광과 언약들과 율법을 세우신 것과 예배와 약속들이 있고, 조상들도 그들의 것이요, 육신으로 하면 그리스도가 그들에게서 나셨으니." 여기에 추가할 수 있는 사건은, **애굽 거류와 노예 신세, 금송아지 사건, 모세와 엘리야, 다윗, 호세아, 이사야 같은 선지자들, 소돔과 고모라, 유배와 귀환, 북왕국에 관한 다양한 주제, 이스라엘의 신앙과 불신앙 이야기와 더불어 이방인이 복음을 믿게 될 것에 대한 초점이다. 이 내러티브에 바울은 자신과 자신의 복음 대리인들을 끼워 넣는다. 강한 자들과 약한 자들이 결코 멀리 있지 않다. 제국의 중심에서 바울이 꾀하는 평화가 결코 멀리 있지 않다.**

아브라함에서 메시아까지, 그리고 선교 교회들로 향하는 바울의 복음 대리인들gospel agents에까지 이르는 바울 이야기의 주제는 무엇인가? 분명히, 그 주제는 아브라함과 맺으신 언약에 대한 하나님의 신실하심과 관련이 있다. 주제는 어떻게 구원받느냐 또는 누가 구원받느냐가 아니라 하나님의 언약적 신실하심이다. 바울은 이스라엘의 이야기를 재구성해서, 선교 운동에서 하나님의 한 가족인 이스라엘에 이방인들을 포괄하시는 하나님의 놀라운 신실하심에 관한 내러티브를 만든다. 이러한 포괄적 내러티브가 강한 자들과 약한 자들 사이에 평화를 다진다.

인용문

인물들과 사건들과 마찬가지로, 바울이 이스라엘의 성경에서 어느 본문을 명시적으로 인용하는지도 주목해야 한다. (반향과 인유는 논외로 하겠다.)[5] 로마서 9장이 더 연대순인 반면에 로마서 10-11

장은 더 논증적이며, 다양한 구약성경 본문을 근거로 순서 없이 호소한다.

우리는 로마서 9장에서 창세기와 세 번, 말라기와 한 번, 출애굽기와 두 번 마주치며, 이사야와 호세아와 마주치고 나서, 다시 이사야와 네 번 마주친다. 로마서 10장에서 바울은 레위기로 넘어갔다가, 이어서 두 차례 신명기로 갔다가, 그런 후에 이사야와 요엘로 갑자기 뛰어넘은 후 다시 이사야로 돌아오며, 나훔으로 나아갔다가 다시 이사야로 돌아오고, 시편으로 갔다가 신명기로 돌아오며, 다시 한 차례 더 이사야를 들여다본다. 로마서 11장에서 우리는 먼저 사무엘상과 시편을 만나며, 뒤이어 열왕기상으로 두 차례 돌아갔다가, 더 뒤로 돌아가 신명기에 이르고 동시에 이사야에 이르며, 시편으로 돌아갔다가, 두 번 더 이사야로 돌아가며, 욥기에서 끝을 맺는다.[6]

전반적으로, 성경 지식을 아주 인상적으로 나타내 보인다고 할 수 있다! 관주성경을 들고 앉아서 바울이 인용하는 구약성경

---

5 여기서 나는 네슬-알란트(Nestle-Aland) 28판에서 이탤릭체로 표시된 말들을 신뢰한다(네슬-알란트 그리스어 신약성서 본문에서 이탤릭체 단어나 문장들은 구약성경의 명시적 인용을 가리킨다—옮긴이).

6 좀 더 자세하게 말하면 다음과 같다(각 대괄호 안은 해당 구약 본문의 로마서 대응 본문). **로마서 9장**에 나오는 구약본문은 창세기 21:12[9:7]; 창세기 18:10, 14[9:9]; 창세기 25:23[9:12]; 말라기 1:2-3[9:13]; 출애굽기 33:19[9:15]; 출애굽기 9:16[9:17]; 이사야 29:16[9:20]; 호세아 2:25(개역개정 2:23); 2:1(개역개정: 1:10)[9:25-26]; 이사야 10:22-23[9:27]; 이사야 28:22(다니엘 5:28?)[9:28]; 이사야 1:9[9:29]; 이사야 28:16; 8:14[9:33]이다. **로마서 10장**에 나오는 구약본문은 레위기 18:5[10:5]; 신명기 30:12[10:6]; 신명기 30:14[10:8]; 이사야 28:16[10:11]; 요엘 3:5[10:13]; 이사야 52:7; 나훔 2:1[10:15]; 이사야 53:1[10:16]; 시편 18:5[10:18]; 신명기 32:21[10:19]; 이사야 65:1-2[10:20-21]이다. **로마서 11장**에 나오는 구약본문은 사무엘상 12:22; 시편 94:14[롬 11:2]; 열왕기상 19:10, 14[11:3]; 열왕기상 19:18[11:4]; 신명기 29:3; 이사야 29:10[11:8]; 시편 68:23-24[11:9-10]; 이사야 59:20-21; 27:9[11:26-27]; 이사야 40:13[11:34]; 욥기 41:3[11:35].

거꾸로 읽는 로마서

의 본문이 어디인지 확인해 본다면, 바울이 그리스어 (구약)성경에 얼마나 통달해 있으며 그 성경을 얼마나 깊이 파고들어 그것을 근거로 자신의 핵심 논지를 입증하는지 깊은 감명을 받을 것이다. 우리가 **이것이 강한 자들을 겨냥하느냐, 혹은 약한 자들을 겨냥하느냐**하는 단순한 질문을 하나 던진다면, 인물들과 사건들과 성경 본문들로 구성된 이 이야기를 가장 완벽하게 파악할 수 있는 사람들은 유대인 독자들/청중(즉, 약한 자들)이어야함을 부정하기 어려울 것이다. 이방인 독자들의 경우, 성경과 매우 친숙하지 않다면 이 부분을 대체로 놓칠 것이다. 또 바울은 11장 13절에서 자신이 이제 이방인들을 향해 말한다고 **명시적으로** 진술하여서, 9장 1절-11장 12절이 로마 가정교회들의 약한 자들을 위한 말이고, 11장 13절부터는 강한 자들을 위한 말이라는 견해에 신빙성을 더한다. (이 부분은 나중에 더 살펴보겠다.) 그렇다면 뵈뵈는 로마서 본문을 낭독하면서 무수한 질문을 받아 넘기고, 구약성경 본문들을 직접 설명해야 했을 것이다. 로마서 9-11장은 저녁 늦게까지 이어진 긴 토론이었다.

질문

그러나 로마서 9-11장에는 큰 그림을 파악하도록 도와주는 세부 사항이 한 묶음 더 있다. 바울이 던지는 질문들이다. 바울은 거듭거듭 질문들을 던짐으로써 논증을 발전시키거나, 또는 적어도 한 자리에 버티고 서서 논점 한 가지를 꾸준하게 파고든다. 질문이 얼마나 많은지, 이 세 장에서 몰아치는 듯이 보이는 바울의

우리가 있던 곳, 있는 곳, 향하는 곳

접근법에 어안이 벙벙할 지경이다. 이렇게나 많고도 강도 높은 질문들에 로마 가정교회들이 어떻게 응답했을지 생각해 보아야 한다. 조금 후에 도출할 결론을 미리 귀띔해 보자면, (11장 10절까지 나오는) 이 많은 질문은 로마의 약한 자들을 겨냥하여 생겨났으며, 약한 자들은 선택 특권, 토라에 계시된 하나님의 뜻, 이방인 회심자가 토라를 준수해야 할 필요성을 강조하고 있었다. NRSV에 따르면 다음과 같은 질문이 있다.

(1) 그러면 우리가 무슨 말을 하겠는가?

(2) 하나님 편에 불의가 있는가?(9:14)

(3) 그렇다면 그대는 내게 이렇게 말할 것이다. "그러면 하나님이 어찌하여 허물을 들추어내시는가? 누가 하나님의 뜻을 거스르겠는가?"(9:19)

(4) 인간인 그대가 도대체 누구이기에 감히 하나님과 다투겠는가?

(5) 지음을 받은 물건이 지은 자에게 어찌 나를 이같이 만들었느냐 말하겠느냐?

(6) 토기장이가 똑같은 진흙 한 덩이로 하나는 특별히 쓸 대상들을, 하나는 일상적으로 쓸 대상들을 만들 권한이 없는가?

(7) 만일 하나님이 그분의 진노를 보이시고 그분의 능력을 알리시기를 바라심에도, 멸망을 위해 만들어진 진노의 대상들에 대해 오래 참으셨다면 어떻게 하겠는가?

거꾸로 읽는 로마서

(8) 그리고 하나님이 그렇게 하신 까닭이 그가 영광을 위해 미리 예비하신 (그분이 유대인뿐 아니라 이방인 중에서도 부르신 우리도 포함하는) 긍휼의 대상들에게 그분의 영광의 부요함을 알리기 위함이었다면 어떻게 하겠는가?(9:19-24)

(9) 그러면 우리가 무슨 말을 하겠는가?(9:30)

(10) 왜 그렇게 되었는가?(9:32)

(11) 그러면 그것은 무슨 뜻인가?(10:8)

(12) 그러나 그들이 믿지 않은 자를 어떻게 부를 수 있는가?

(13) 또 그들이 들어 본 적 없는 이를 어떻게 믿을 수 있는가?

(14) 또 그분을 누군가 전하지 않는다면 그들이 어떻게 들을 수 있는가? 그들이 보내심을 받지 않았다면 어떻게 그분을 전할 수 있는가?(10:14-15)

(15) 그러나 내가 묻노니, 그들이 들은 적이 없는가?(10:18)

(16) 다시 내가 묻노니, 이스라엘이 이해하지 못했는가?(10:19)

(17) 그렇다면 내가 묻노니, 하나님이 자기 백성을 버리셨는가?(11:1)

(18) 그대들은 성경이 엘리야에 대해서 어떻게 말하는지, 엘리야가 어떻게 이스라엘을 하나님에게 고발했는지 알지 못하는가?(11:2)

(19) 엘리야에게 하신 하나님의 대답이 무엇인가?(11:4)

(20) 그렇다면 무엇인가?(11:7)

(21) 그러므로 내가 묻노니, 그들은 발을 헛디뎌서 넘어졌는가?(11:11)

우리가 있던 곳, 있는 곳, 향하는 곳

이것으로 약한 자들에 대한 심문이 끝난다. 바울이 나중에 11장에 가서 12절부터 다시 확신시키기 위한 목적으로 이사야 40장 13절과 아마도 욥기 41장 11절을 토대로 했을 다음의 세 가지 질문을 던질 때까지는 소강상태에 들어간다.

(1) 누가 주의 생각을 알았는가?

(2) 누가 그분의 조언자가 되었는가?

(3) 누가 주께 먼저 선물을 드려서 답례로 선물을 받았는가?(11:34-35)

이러한 몰아치는 질문 공세는 약한 자들을 향한 바울의 심문이 되며, 그 속에서 바울의 말투와 목회적 관심사와 신학이 들린다. 바울은 이스라엘의 역사에 대한 내러티브를 엮어 내며, 그 내러티브는 이스라엘의 선택과 하나님의 놀라운 행보를 동시에 밝힌다. 그리고 바울은 메시아를 포함시킬 수 있도록 이 내러티브를 엮어 내며, 그 메시아는 이방인들을 하나님의 계획에 포함시키신다. 결론을 제쳐두더라도, 바울이 약한 자들에게 던지는 질문 스물 한 개가 누적되면서 듣는 사람은 불편해지고 숨결이 거칠어진다. 이 담화 전체는 바울이 자신의 논증을 설득력 있게 하려고 고안한 저돌적 수사법으로 읽혀야 한다. 이렇게나 많은 질문 공세는 아무도 받고 싶지 않을 것이다. 로마의 약한 자들은 로마서를 컴퓨터 화면으로 접하지 않았으며, 한 집에 모였을 때, 뵈뵈가 이 편지를 크게 낭독하는 가운데, 아마도 이러한 질문을 처

거꾸로 읽는 로마서

음 들었을 것이다. 상연된 편지의 일부로서, 각 질문은 청중에게 대답을 요구하며, 청중은 소리 내어 대답했을 것이다. 그리고 청중이 각 질문에 대답한 후에야, 뵈뵈는 다음 질문으로 넘어갔을 것이다. 뵈뵈가 로마서를 이런 식으로 상연하지 않았다면, 로마서는 본래 의도한 효과를 충분히 내지 못했을 것이다. 이러한 종류의 강렬함 때문에 우리는 바울의 청중에게 주목하게 되고, 약한 자들을 설득해 자신의 관점을 받아들이게 하려는 바울의 깊은 관심사에도 주목하게 된다. 내 결론은, 바울이 강한 자들에게 더 많이 요구하고 기대하지만 약한 자들에게는 더 엄격하다는 것이다. 바울은 로마에서 발생한 혼란과 분열을 염려한다.

이들 다섯 주제인 인물, 내러티브 비교, 사건, 본문, 질문은 로마서 읽기뿐 아니라 로마서에서 (그리고 오늘날에도) 작용하는 목회 신학에도 중요하다. 어째서 그런가? 로마서 9-11장에서 작용하는 내러티브를 통하여 바울은 두 가지를 표현하고자 한다. 하나님이 신실하시다는 점과 하나님의 계획들은 단순히 직선적 연대기가 아니라는 점이다. 즉, 하나님은 이스라엘의 특정 개개인이 신실하지 않을 때에도 신실하실 수 있으며, 왼쪽으로든 오른쪽으로든 이리저리 움직이실 수 있다. 그러나 하나님이 신실하신 까닭은 세상의 구속을 위해 이스라엘을 통하여 계속 일하시기 때문이다. 달리 표현하자면, 하나님의 신실하심이라는 말은, 하나님이 그분 계획에 따라 한 사람에게서 다른 사람에게로 옮겨 가시지만, 그 모든 과정에서 **아브라함과 맺으신 언약에 계속 신실하시다**는 뜻이다. 특히 로마서 거꾸로 읽기를 배우면 알게 되

우리가 있던 곳, 있는 곳, 향하는 곳

는 이 편지의 쟁점은, 약한 자들은 하나님의 구속사에서 자기들에게 특권적 위치가 있다고 주장하는 반면에 강한 자들은 로마의 역사와 사회적 지위에서 자기들이 우월하다고 주장한다는 것이다. 약한 자들은 이렇게 묻는다. "이스라엘이 바로 하나님이 택하신 백성 아닌가?" 강한 자들은 이렇게 묻는다. "우주의 주이신 예수로 말미암은 구원 안에서 하나님이 이미 이스라엘에게서 이방인들에게로 옮겨 가신 것이 사실 아닌가?"

이제 목회적 논점을 말해 보자. 여기에서 약한 자들에게 바울의 선언한 내용에 따르면, 하나님이 이방인들을 포괄하시고 이스라엘의 불신앙 때문에 그 이방인들이 하나님의 백성 중에서 우위에 있게까지 하셨지만, 그 일이 하나님이 언약에 신실하지 않으심을 나타내는 표시는 아니다. 오히려, **메시아를 통해 하나님이 바울과 이방인 선교로 이동하신 행보는 역사에 나타난 다른 행보들과 일치하는데, 이러한 이동에서 강한 자들과 약한 자들 사이의 평화를 위한 기반이 예견된다.** 따라서 이스라엘의 불신앙은 하나님이 이스라엘을 상대하신 역사에서 전혀 새삼스럽지 않다. 신실하게 남은 자가 늘 있었을 뿐이다. 바울이 강한 자들에게 선언한 내용에 따르면, 강한 자들이 지금 세상에서 하나님의 구속 대리인들로 선택된 일은 하나님이 아브라함과 맺으신 언약에 신실하심과 하나님의 은혜를 나타내는 표시인 동시에, 이방인들이 언제까지나 하나님의 구속에서 핵심 대리인들이 될 것이라는 보증은 아니다. 목회적으로 볼 때, 이것은 로마서 9-11장 내러티브 전체가 극히 개인적인 의미에서 누가 구원받느냐를 다루는 것이

거꾸로 읽는 로마서

아니라, **하나님의 구속 계획에서 누가 복음 대리인이냐**를 다룬다는 뜻이다. 이 내러티브는 **우주적 구속을 위한 하나님의 계획에서 우리가 어디쯤 있느냐**를 다룬다. (인물과 내러티브 비교, 사건, 본문, 질문의 견지에서 보면) 이 장은 개인 예정이 아니라 집합corporate 예정을 중심으로 돌아간다. 전형적인 구원론적 로마서 읽기는 예정과 개인 구원에 관한 논의로 자주 빠졌으며, 그러면서 로마서의 맥락을 완전히 놓치는 경우가 많았다.

우리가 있던 곳, 있는 곳, 향하는 곳

11

약한 자들에게
(9:1-11:10)

많은 사람이 로마서를 이론 신학으로 읽으며, 그중에서도 로마서 9-11장을 가장 이론적으로 다룬다. 다시 간단히 말하자면, 11장 13절이 논의 출발의 실마리다. 13절을 보면 바울이 바로 이 시점에서 이방인 청중, 곧 강한 자들에게로 옮겨간다. 13절 전까지는 바울이 로마의 약한 자들에게 말하고 있었다. 논의를 되새기자면, '약한 자들'은 모든 유대인 신자들이 아니라 앞서 개괄한 특정 집단을 가리킨다. 약한 자들과 강한 자들에 관한 주제들이 로마서 12-16장에 나오는 삶의 신학으로 이어지기도 하고, 역으로 삶의 신학이 그 주제들의 계기가 되기도 한다. 로마서 9-11장에 나오는 치열한 질문과 답변에는 로마의 가정교회들을 갈라놓는 견해를 해체하고 이들 사이에 형제자매 관계가 더 평화로워지게 하려는 의도가 들어 있다.

로마서 9-11장에는 내가 여기에서 언급하고 싶은 주제 여섯 가지가 있다. 그러고 나서 이 세 장의 큰 주제들을 분류하는 접근법을 제안하겠다. 여섯 주제는, 긍휼과 진노, 이방인들과 남은 자, 율법이나 믿음에 뿌리를 둔 의, 하나님이 택하신 남은 자와 완악한 자들, 유대인들과 이방인들 양측의 실패, 이스라엘의 완악함과 이방인의 포함의 상관관계와 더불어 이방인의 충만함과 이스라엘의 종말론적 구속이다.[1] 바울은 이 장들을 읽는 데 꼭 필요한 일련의 실마리를 제공하며, 비슷한 실마리가 로마서 9-11장뿐 아니라 1-8장에도 적용되는데, (나중에 보겠지만) 1-4장은 약한 자들에게 초점을 맞추고 5-8장은 강한 자들에게 초점을 맞춘다.

그 실마리는 청중에 대한 분명한 언명과 성경 인용의 집중적 등장 여부이다. 우리가 질문해야 하는 것은, 왜 바울이 "내가 이방인인 너희에게 말하노라"고 말하느냐는 것이다(11:13). 11장 11-12절을 11장 13절과 이어서 읽을 때 발견할 수 있듯이, 11장 11절에서 바울이 얼굴을 돌려 이방인들을 향해, 즉, 로마 가정교회들의 강한 자를 향해 말하기 시작하며, 그렇게 하면서 9장 1절-11장 10절에서 자기가 내내 약한 자들에게 말하고 있었음을 드러낸다. 이 주장을 뒷받침하는 내용을 제시해 보자면, 인물, 내러티브의 비교, 사건, 본문, 질문이라는 공격 무기는 이방인 회심자들보다는 성경에 푹 잠긴 청중, 즉 유대인 성경 독자들에게 훨씬 더 적합하다.[2] 이렇게 익숙한 이스라엘의 이야기가 집중적으로 나오다가 11장 나머지 부분에서는 성경 인용이 완전히는 아니더라도 거의 없다는 사실이 독자나 청자의 관심을 끈다. 11장 13절과 9장, 10장의 내러티브를 연결하면 다음과 같은 결론에 이른다. 9장 1절-11장 10절은 약한 자들에게 하는 말이며, 11장

---

1 James D. G. Dunn, *Romans*, WBC 38 (Grand Rapids: Zondervan, 2015): 2:519.《WBC 성경주석 로마서 상》(솔로몬, 2003),《WBC 성경주석 로마서 하》(솔로몬, 2005).

11-36절은 강한 자들에게 하는 말이다. 뵈뵈는 11장 10절까지 약한 자들을 바라보다가, 그 다음 11장 나머지 부분에서는 강한 자들을 응시했을 것이다. 뵈뵈는 다양한 성경구절을 인용할 때 목소리도 바꿨을 것이다.

선택이라는 구속사적 특권(9:1-5)

바울이 약한 자들에게 하는 말, 그리고 로마의 예수 추종자들 사이의 평화를 위한 계획은 **이스라엘의 선택이라는 특권**에서 시작된다. 선택받았다는 이 특권의 가장 중요한 요소가 9장 1-5절에 나온다. 바울이 동족에게 느끼는 슬픔의 원인은 바로 이들이 선택을 받았다는 것이며(9:1-3; 10:1-3), 바울은 로마 가정교회들의 약한 자들이 바로 이 동일한 선택의 수혜자들임을 안다. 바울이 사용하는 용어를 보면 이스라엘 이야기, 역사에 나타난 하나님의 구속 계획의 다양한 요소가 떠오른다. 이들은 단순히 '유대인'(2:17, 28-29; 3:29)이 아니라 '이스라엘인'이며, 이 용어는 언약적 긍휼의 용어다(9:4, 6, 27, 31; 10:19, 21; 11:1, 2, 7, 25, 26). 바울은 이스

---

2 로마서를 읽을 때, 하나의 해석학적 쐐기가 반드시 사용되어야 한다. 나는 성경에 푹 잠긴 이 청중이 이방인 신자들이 아니라 예수를 메시아로 믿는 유대인 신자들이라고 믿는다. 해당 주제에 관한 활발한 논의는 다음을 보라. Joshua D. Garroway, *Paul's Gentile-Jews: Neither Jew nor Gentile, but Both* (New York: Palgrave MacMillan, 2012); Rafael Rodriguez, *If You Call Yourself a Jew: Reappraising Paul's Letter to the Romans* (Eugene, Ore.: Cascade, 2014); Rafael Rodriguez and Matthew Thiessen, eds., *The So-Called Jew in Paul's Letter to the Romans* (Minneapolis: Fortress, 2016); Gabriele Boccaccini and Carlos A. Segovia, eds., *Paul the Jew: Rereading the Apostle as a Figure of Second Temple Judaism* (Minneapolis: Fortress, 2016).

라엘과 야훼의 관계를 바울 나름의 범주인 양자됨adoption으로 요약한다. 여기서 아마 출애굽기 4장 22절이나 호세아 11장 1절을 생각하겠지만, 바울이 무슨 말을 하고 있는지 이해하려면 예수님이 말씀하신 아버지 주제(눅 11:2-4)를 거쳐 바울의 양자 신학 adoption theology으로 들어가야 한다. 즉 이스라엘은 은혜로 말미암아 하나님의 가족이 된다는 것이다(롬 8:15, 23). 양자됨에는 '영광'이, 다시 말해 그리스도 안에 있는 종말론적 구속과 신분이 이어진다(8:18-25). 바울이 사용하는 '언약들covenants'이라는 용어에는 논쟁이 따라다닌다. 그것은 옛 언약인가, 새 언약인가? 아브라함 언약, 모세 언약, 다윗 언약과 그와 더불어 예레미야가 말한 새 언약에 대한 기대인가? 바울이 약한 자들을 염두에 두고 있으므로, 새 언약을 고려하지 않을 이유가 없으며 또한 하나님이 이스라엘과 맺으신 다양한 언약을 포함시키지 않을 이유가 없다.

하나님이 이스라엘과 맺으신 언약에는 토라가 내재한다. 이 단순한 진술은 토라를 가졌다는 면에서 이스라엘과 (앞으로 논하겠지만) 약한 자들이 누리는 선택받은 특권(2:1-29)에 관해 바울이 말한 (뒤에서 살펴볼) 내용을 환기시킨다. 그러나 토라는 바울에게 양날의 검이다. 토라는 하나님의 뜻을 계시하여 유대인이든 이방인이든 토라를 어기는 자들을 고발한다. 또한 토라는 변화시키시는 성령의 역사가 나아가는 방향이기도 하다(참조: 7:23; 8:2). 바울은 로마서 9장 4절에서 하나님의 긍휼이라는 특권을 생각하고 있다(특히 2:17-20; 3:2). '예배'에 대해 말할 때 약한 자들은 분명히 예루살렘성전을 떠올릴 것이다(NIV는 예배에 '성전'을 덧붙인다). 이어

약한 자들에게

서 '약속들'이 나와서, 약한 자들이 아브라함이 받은 원 약속(창 12장)과 그 약속의 숱한 반복을 떠올리게 하지만, 여기서는 약속이 토라와 대비되지 않는다(참조: 롬 4:13-22; 갈 3-4장). 로마서 15장 8절은 바울이 여기서 '조상들에게 주신 약속들'을 생각하고 있다고 분명히 밝힌다. 이런 이유로, 로마서 9장 5절에서 바울은 이스라엘이 받은 긍휼 넘치는 특권의 한 부분인 족장들에게로 옮겨가는데, 이들은 하나의 땅과 큰 민족과 하나님의 보호를 약속받았다(예를 들면, 창 17:8; 26:3; 28:13-14). 바울은 족장들 이후로 눈에 딱 띄게 건너뛰어서 예수, 즉 하나님의 메시아(9:5b), 아브라함과 이삭과 야곱과 요셉의 육신의 후손에게 넘어간다. 바울은 "메시아, 만물 위에 계신 분, 하나님 영원히 송축 받으소서"[그리스도… 그는 만물 위에 계셔서 세세에 찬양을 받으실 하나님이시라] 하고 표현하여 메시아를 신성 안으로 이끌어 들인다. NIV는 NRSV보다 더 정밀하게 번역한다. "메시아, 만물 위에 계신 하나님, 영원히 찬양받으소서!"

약한 자들에게 바울은 이렇게 말한다. "그대들은 아브라함을 통해 선택받은 덕분에 메시아의 조상이 되는 특권을 받았고, 지금은 메시아를 따르는 이스라엘messianic Israel의 일부가 되는 특권을 받았습니다." 이들이 선택을 받았다는 특권 때문에 제국에 울리는 평화가 위태로워지지는 않는다.

거꾸로 읽는 로마서

하나님의 놀라운 선택(9:6-10:4)

뒤이어 무슨 일이 일어나는가? 9장 6절에서 10장 4절(또는 그 너머)까지, 바울은 **하나님의 놀라운 선택**의 사례를 하나하나 제시한다. 이러한 선택을 보면 하나님의 계획은 획일적이지 않고 예측할 수 없으며 이스라엘 사람 개개인이 하나님의 구속사 선상에서 다음은 자기 차례라고 감히 추측할 수도 없다. 논점은 이중적이다. 첫째, 이스라엘 선택과 이스라엘 역사는 메시아에게서 성취(텔로스^{telos})된다(9:5; 10:4), 더 중요한 것은 둘째인데, 이방인들을 이스라엘의 일부로 선택하심은(11:11-24) 이 이야기에서 하나님의 놀라운 선택의 순간과 일치한다는 점이다. 육신의 이스라엘에서 메시아로 옮겨가는 것과 메시아를 믿는 유대인 신자들과 이방인 신자들을 모두 구속사 선상에 포함시키는 것은 하나님의 놀라운 선택을 보여 주는 또 하나의 예다. 바울은 이제 약한 자들, 즉 토라를 이방인 회심자들에게도 강요하려는 이들에게 눈을 돌린다. 이스라엘은 선택받았다는 특권을 더는 **독점적으로** 주장할 수 없다(11:29). 오히려, 이들은 이제 선택받았다는 특권을 메시아를 믿는 이방인 신자들과 **공유한다.** 9장 6절에서 10장 4절까지 이어지는 내러티브가 10장 5-21절에서 도출한 함의와 더불어 약한 자들을 겨냥하는 까닭은, 로마의 강한 자들이 자기들한테 선택받은 특권이 있다고 주장하는 것에 약한 자들이 혼란스러워하기 때문이다. 그래서 바울은 이스라엘, 즉 약한 자들이 여전히 선택받은 자라고 진술하는 동시에 이제 그 선택받음을 이방인 신자

약한 자들에게

들과 공유한다는 점을 이해하라고 약한 자들을 다그친다. 이들은 이방인들에게 밀려나지 않았으며, 이방인들을 하나님의 계획에서 열등한 자리로 밀어낼 수도 없다. 이와 같이 이방인 신자들과 유대인 신자들은 한 가족 안에서 형제자매다.

9장 6절 첫 줄은 바울이 이 세 장에서 수사적으로 무엇을 하고 있는지 실마리를 제공한다. "하나님의 말씀이 실패한[폐하여진] 것 같지 않도다." 이것이 9장 5절에 이어지는 이유는, 약한 자들이 생각하기에 바울의 복음이 이방인을 포함한다면 이스라엘 선택은 실패라는 뜻이기 때문이다. 그래서 바울은 곧바로 분명하게 논점을 밝힌다. "이스라엘에게서 난 그들이 다 이스라엘이 아니요"(9:6b). 이어서 사실 "아브라함의 자녀가 모두 그의 진짜 후손은 아니다"[아브라함의 씨가 다 그의 자녀가 아니라](9:7)라고 말한다. 다시 말해, 육신으로 아브라함의 후손이라고 해서 꼭 선택받은 자는 아니다. 그 특권은 이스마엘이 아니라 이삭의 것이었다. (거듭 말하건대, 이것은 누가 구원을 받느냐에 대해 아무 말도 하지 않는다.) 바울은 9장 8절에서 자신의 논점을 재차 분명히 한다. "육신의 자녀가 하나님의 자녀가 아니요 약속의 자녀가 후손descendents[씨]으로 여기심을 받느니라." 똑같이 놀라운 하나님의 행보가 이삭의 아내 리브가에게 일어난다. 즉 에서가 아니라 야곱일 것이다(9:10-13). 하나님의 이 놀랍고 주권적인 선택은 금송아지 사건과 출애굽 사건에서 모세에게도 분명하게 적용된다(9:14-18). 하나님은 모세에게 친밀하게 긍휼을 보이시면서 산에서 말씀하신 출애굽기 33장 19절을 이용하여 주장하시고, 이스

거꾸로 읽는 로마서

라엘 자손을 노예 신세에서 해방시키시기 위해 바로를 사용하기로 선택하신다. 따라서 애굽의 요셉부터 모세까지, 애굽을 떠나 가나안에 들어가기까지, 내내 하나님은 놀라운 선택을 하셨다.

그 예언서를 이미 알고 있는 자들만 이해할 수 있을 테지만, 바울은 9장 20절, 25-26절, 27-28절, 29절에서 예언서로(본문 목록은 위를 보라), 즉 호세아와 이사야, 유배와 귀환의 이야기로 옮겨 간다. 바울은 이들 예언서에서 개개인의 이름이 아니라 하나님의 놀라운 행보와 관련한 담대한 주장들을 찾아낸다. 바울은 숱한 질문으로 약한 자들을 압박하며, 각 질문은 하나님이 선택하시는 대로 역사를 관통하는 하나님의 주권을 증명한다. 바울은 로마서 9장 20절에서 이사야 29장 16절을 인용하지만, 이것은 하나님의 주권이라는 주제를 확고히 할 뿐이다(9:19-24). 너는 네가 누구라고 생각하느냐? 하나님이 그분이 원하는 일을 하실 수 없겠느냐? 이렇다 저렇다 한들 네가 무슨 말을 하겠느냐? 바울은 이렇게 추궁한다. 하나님이 약한 자들뿐 아니라 이방인들(강한 자들)을 위해서도 "그(분)의 영광의 풍성함을 알게 하고자" 이 모든 일을 하신다면, 무슨 말을 하겠느냐(9:23-24)? 그의 대답은 잔잔한 수면을 뚫는다. 그 대답에 따르면 하나님이 이방인들을 하나님의 한 가족에 포함시키는 이 놀라운 조치를 취하시겠다고 내내 약속해 오셨다, 호세아와 이사야가 그 대답을 뒷받침한다. 호세아에서는 '내 백성 아닌 자'가 '내 백성'이 되었다(호 2:23; 1:10)고 하고, 이사야에서는 무수한 이스라엘 사람 가운데 오직 '남은 자만' 구원받을 것이며, 남은 자만 이스라엘 역사의 다음 장을 열어

젖히겠다(사 10:22-23; 28:22; 1:9; 그리고 아마도 단 5:28)고 한다.

이 대답에 약한 자가 할 법한, 다음과 같이 요약할 질문이 제기된다. 이스라엘은 지금껏 하나님의 백성이었고 하나님나라를 위해 내내 애썼는데, 그러한 이스라엘이 어떻게 배제될 수 있으며, 사실대로 말하자면 이방인들은 내내 죄 가운데 살아왔는데, 이제 그러한 이방인들 위에 어떻게 하나님의 은총이 머무를 수 있는가? 이것은 약한 자들의 질문이며, 이 질문만으로도 이 단락에서 갑자기 길이 꺾이고 돌연 오르막길과 꼬불꼬불하고 가파른 내리막길이 나오는 이유가 이해가 된다. 9장 첫머리부터 바울은 구속사에서 절정의 순간인 메시아에 초점을 맞췄다. 메시아는 (9:30-10:4) 언약에 대한 하나님의 신실하심을 증명할 뿐 아니라, 언약을 확대해 이방인들(로마의 강한 자들)을 포함시키면서도 이스라엘(약한 자들)에 대한 선택을 깎아내리지 않는다.

이 장들을 어떻게 읽더라도, 하나님은 아브라함과 이스라엘과 맺으신 언약에 여전히 신실하시다. 이들에게 하신 약속은 확실하며, 언약은 어길 수 없다. 마카베오하에서 표현하듯이, "따라서 주님께서는 우리에게서 자비의 손길을 거두시지 않으신다. 비록 우리에게 징벌을 내리신다 하더라도 그것은 당신의 백성을 채찍질하시는 것이지 절대로 버리시는 것이 아니다"(마카베오하 6:16). 그것은 바울의 신학이기도 하다. 약한 자들은 하나님의 분명하고도 놀라운 방향 전환을 무시하지 않는 가운데 이 신학을 이해해야 한다. 이들은 이제 **선택받은 특권을 공유하는** 자들, 곧 이방인들이 앉을 자리를 식탁에 마련해야 한다.

9장 6절-10장 4절에 있는 나머지 주제를 살펴보기 전에, 이스라엘 이야기의 적합한 완료 지점인 10장 4절을 짧게 설명하겠다. 거듭 말하건대, 하나님은 그분의 선민인 이스라엘에게 신실하시며, 줄곧 하나님의 구속사는 메시아가 하나님의 창조세계를 다스리는 것과 하나님의 백성이 이방인들도 포함하기까지 확대되는 것을 목표로 했다. 역사에서 하나님이 이끌어 가시는 진로는 늘 놀라움의 연속이다. 그러나 하나님의 신실하심은 이스라엘의 신실함과 연결되어야 한다. 이스라엘은 언약에 신실하여야 한다는 요구를 만족시키는 데 실패하지만(9:30-10:3), 메시아는 실패하지 않으셨다. 메시아는 언약의 신실함에 대한 요구의 성취(텔로스)다. 이제 모든 의는 메시아의 의와 연결되어야 한다(10:4).

실로 놀라움의 연속이다. 약한 자들에게 바울은 이렇게 말한다. "역사 속에서 하나님께서는 한 사람 한 사람에게서, 한 사건 한 사건에서 일해 오셨고, 이 모든 것은 바로 그 신실한 이스라엘 사람이신 메시아로 이어졌습니다. 이스라엘을 확대해 이방인들을 포함한 것은 하나님이 늘 일해 오신 방식을 보여 주는 또 다른 예입니다." 그러나 약한 자들은 이방인 신자들, 곧 강한 자들도 토라를 지켜야 하는지 묻는다. 온전한 그리스도인이 되려면 그 이방인 신자들은 유대교 개종자가 되어야 하는가? 이 질문들이 우리가 살펴보는 장들의 전면에 등장한다. 나는 조금 더 자세히 말해보고 싶다. 로마서 1-11장의 쟁점은 **어떻게 하면 강한 자와 약한 자의 사고방식을 완전히 바꾸어서 이들이 형제자매로 살게 하느냐**다. 약한 자들 편에서는 토라가 해결책이지만, 강한 자들 편에서는 토라를 제하는 것이 해결책이다. 로마서 9-11장은 로마의 양집단의 도덕적 변화를 위해 바울이 제시하는 특허와도 같은 답변의 일부다. 평화를 위한 해결책은 토라가 아니며, 해결책은 믿음으로 말미암은 의와 성령으로 인한 변화다. 그러나 이 마지막 문장은 현재 논의에서는 좀 앞서나간 것이기도 하다.

믿음으로(9:30-10:21)

9장 말미에(9:30-33) 한 주제가 등장해서 이스라엘인들, 따라서 약한 자들을 비난하는데, 그 주제는 어떤 면에서 보면 바울이 메시아에 관해 말하는 내용(10:1-4)의 발판을 제공하고 나서 10장의 주된 주제로 발전한다. 다시 말해, **의는 율법이나 율법 행위가 아닌 믿음으로 얻는다**는 것이다. 이보다 더 바울적인 주제는 없다고 말할는지 모른다. 물론 그렇다. 그러나 흔히 바울적이라고 취급받는 것을 바울 내러티브의 맥락 속에 더 정확하게 배치할 필요가 있다. 이러한 '율법이 아닌 믿음으로'의 중심에 강한 자들-약한 자들 논쟁이 있고, 로마 가정교회들이 앞으로 나아갈 길은 토라를 도입하는 것이 아니라 왕이신 예수께 충성하고 성령 안에 있는 생명에 충실히 붙어 있는 것이라는 사상이 자리 잡고 있다. (다시 말하지만, 이것은 로마서 1-8장에서 더 많이 나올 것이다.)

앞으로 등장할 주제에 대한 힌트를 9장 11절과 16절에서 제시하여서, 바울은 11절에서 행위가 아니라 하나님의 부르심으로 말미암는다고 했고, 16절에서 살짝 표현을 달리 하여 "이것은

거꾸로 읽는 로마서

사람의 의지나 분투가 아니라 긍휼을 베푸시는 하나님에게 달렸다"[원하는 자로 말미암음도 아니요 달음박질하는 자로 말미암음도 아니요 오직 긍휼히 여기시는 하나님으로 말미암음이니라]고 한다. 여기서는 고려해야 할 인간적 요소에 초점을 맞추고자 한다. 행위도 아니고, 의지도 아니며, 분투도 아니다. (구약에 아무리 힌트가 많이 있더라도) 이스라엘 이야기에서 가장 놀라운 전환은 메시아를 믿는 이방인 신자의 갑작스런 등장이었다. 이러한 놀라움이 큰 걱정거리가 되어 버린 이유는 바울의 동시대인들에게는 그에 상응하는 믿음이 없었기 때문이다. 메시아가 오시면 유대 민족 전체가, 또는 적어도 대부분은 곧바로 메시아 편에 서리라고 생각했을 것이다. 그러나 그렇지 않았다.

셋이자 하나인 문제(9:30-10:4)

하나님이 주권적으로 보이시는 놀라운 일이 하나의 요소라면, 나머지 요소는 인간의 반응이다. 로마서 9-11장의 이 지점에서 뵈뵈의 시선이 여전히 약한 자들에게 고정되어 있음을 기억하라. 뵈뵈는 그들에게 무슨 말을 하는가? 다음 장에서 뵈뵈는 셋이자 하나인 문제three-in-one problem를 역설할 것이다. (1) 이스라엘, 행위들works, 경계표지인 토라, (2) 믿음과 메시아, (3) 이방인들과 믿음. 이 세 요소가 약한 자들과 강한 자들 사이에 있는 분열의 이면에 있으며, 평화를 가져올 해결책이 필요하다. 바울은 첫째 문제부터 시작한다. 9장 30-33절에서 도보 경주에 빗댄 강력한 표현들은 강조를 위해 몇 차례 반복되면서 이스라엘이 하나님과 바른 관계에 이르지 못한 이유에 답한다. 바울의 답은, "이는 그들이 믿음을 의지하지 않고 행위(들을) 의지함이라"이다. 다시 말해, 그들은 신뢰가 아니라 분투striving를 의지했으며, 신뢰는 그리스도를 향하는 반면에 분투는 토라를 향한다. 이 단락(9:33-10:21) 전체가 이 표현의 해석에 영향을 미치지 않는다면, 우리는 도보 경주 은유를 지나치게 단순화하여 읽어 버릴 위험이 있다. 오늘날에는 일반적으로 행위들을 유대인과 이방인을 구분하는 경계표지로 이해하며, '율법의 행위들'이라는 표현을 어떤 의미로 생각하든 간에 유대인의 토라 준수 때문에 분열이 일어났다는 데는 논쟁의 여지가 없다. 우리가 살펴보는 단락에서 강한 자들과 약한 자들의 사례가 바로 그 사실을 보여 준다. 다시 말해, '행위들'이라고 하면 토라 아래 사는 삶의 독특한 표현방식들로서 음식규례, 안식일, 할례에 관한 일반적인 관습이 떠오른다. 예수를 믿는 유대인 신자들과 유대인들은 이러한 관습을 지킬 때 자기네 문화권에서 지위와 가치와 명예를 얻었다. 바울은 그러한 종류의 지위 형성을 전복시킨다(바울은 또한 로마서 1-8장에서 도덕적 변화와 교회 공동체의 환대를 향한 길은 토라가 아니라 은혜와 믿음과 사랑을 통해서라고 주장한다).

더욱이, **로마서에서 그 본문에 뒤따르는 내용을 고려하면** 행위들을 경계표지로 읽는 것이 지혜롭다. 바울은 '행위들이 아니라 믿음'에서 곧바로 인간의 교만과 인간의 수고로 넘어가지 않고, 메시아로 눈을 돌린다. 샌더스E. P. Sanders의 말을 반향하자면, 메시아

거꾸로 읽는 로마서

는 복음을 계시하시며, 그 복음은 토라가 구속과 변화와 교회의 환대의 길로서 불완전함을 계시한다. 거듭 말하지만, '행위들이 아니라 믿음'에서 메시아로 옮겨가는 것은 논리적으로 흥미로운 이동이다. 우리에게는 종교개혁에서 비롯된 충동 때문에 '행위들이 아니라 믿음'이라는 주제를 자기 스스로 의로워지려는 욕구와 연결하여 이해하려는 욕구가 일어나는 반면에, 바울은 기독론으로 눈을 돌린다. '그들은 걸림돌에 걸려 넘어진 것'(9:32, 새번역)이며, 여기에서 바울은 토라를 준수하는 이스라엘을 '그들'이라고 말한다. 바울은 이사야 28장 16절을 (그리고 8장 14절도) 인용하면서 이 내용을 뒷받침한다. 하나님의 계획은 시온에 메시아라는 걸림돌Messiah-Stumbling-Stone을 놓는 것인데, 그 메시아가 걸려 넘어짐과 믿음의 근원이 동시에 될 것이다(롬 9:33). 이처럼 '행위들이 아니라 믿음'이라는 주제가 메시아와 짝을 이루어서, 바울이 제시하려는 정확한 논점을 드러내 준다. 즉, 이스라엘이 행위에 걸려 넘어짐은 메시아로 인한 넘어짐이며, 이렇게 넘어지는 이유를 바울이 중요한 용어를 사용하여 10장 1-3절에서 설명한다. 즉 제대로 깨닫지 못한[올바른 지식을 따른 것이 아닌] 열심, 의를 이루는 하나님의 방식에 대한 무지, 하나님 앞에서 자기중심적으로 의를 이루려 함이다. 다시 말해, 이들은 메시아 예수가 '율법의 마침'이며, 따라서 하나님과 관계에서 올바른 지위는 이스라엘뿐 아니라 '모든 믿는 자'를 위한 것일 수 있음을 이해하지 못했고, 거기에는 믿음의 공동체 안에서 약한 자에게 특권이 있다는 암시가 조금도 포함되어 있지 않음을 이해하지 못했

약한 자들에게

다. 그들은 믿음으로써 이 올바른 지위를 얻는다(10:4). 그러므로 행위들은 메시아를 거부함과 짝이 되고 믿음은 토라의 마침이신 메시아와 짝이 되어야 한다.

그러나 셋째 요소를 덧붙여야 한다. 이방인들이 제대로 반응하여 올바른 지위를 **성취했다**는 점이다. 이들은 메시아를 믿었고 왕이신 예수께 충성을 맹세했기에 메시아에게 걸려 넘어지지 않았다. 바꾸어 말하면, 하나님 앞에서 이방인들의 지위는 선택받은 특권이나 율법 준수를 근거로 하지 않고, 하나님이 그리스도 안에서, 오직 그리스도 안에서 이들을 위해 성취하신 의를 근거로 한다. 오직 믿음, 오직 그리스도이다. 이것은 이스라엘이 순종에 실패했다는 뜻이라기보다는(바울 자신의 삶이 그 순종적인 모습을 분명히 보여 준다[빌 3:3-11]) 이스라엘이 메시아를 알아보지 못한 일과 대신 자기들의 지위를 지키려 한 일이 결합되었다는 뜻이다. 여기에서 바울의 말을 이해하는 유일한 방법은, **그리스도 안에 있는 하나님의 급진적 계시를 새 창조의 시작점으로 받아들이는 것**이다. 따라서 이스라엘이 신실하지 못하게 된 이유는, 단지 토라에 순종하지 않은 몇몇 행동 때문이 아니라, 하나님이 메시아 안에서 계시하신 의 때문이며, 또 그들이 그 메시아를 거부했기 때문이다. 신실하지 않음이라는 말이 이제 그리스도 중심으로 새로이 정의된다.

이스라엘과 행위들, 메시아, 이방인들과 믿음. 이것들은 바울이 제국의 중심에서 평화를 일구려는 목적으로 해결하고 있는 '셋이자 하나인 문제'다. 존 바클레이John Barclay가 이것을 아주 잘

거꾸로 읽는 로마서

정리했기에 인용하고자 한다. "따라서 바울의 신학과 대조되어 바울의 신학을 돋보이게 해 주는 배경은 구원을 얻으려는 인간의 자기 의가 아니라, 하나님이 구원하는 은혜를 베푸실 때는 우리가 보기에 자격 있고 적합한 사람들에게 선물을 나눠 주신다는 자연스러운 전제다."[3] 선택받은 특권과 지위가 아니라 하나님의 은혜가 중요하다. 거듭 말하지만, 9장 30-32절에서 들릴 듯 말 듯 언급하는 자기 의가 문제의 핵심이라고 치부해 버리기가 너무나 쉽다. 바울은 이스라엘이 토라 준수에 실패한 일이 아니라, 의를 향한 열심 있는 경주에서 걸려 넘어진 일에서 출발하며, 이스라엘이 예수를 메시아로 보는 데 실패한 것이 그 걸림돌이다. 이 실패 때문에, 그들의 과거와 현재의 토라 순종이 무의미해지고, 그들의 열심이 무의미한 열심으로 바뀌며, 그들의 의가 무의미한 의와 지위로 바뀐다. 자신들이 역사적으로 누려온 특권을 이스라엘이 계속 고집한다면, 실패할 것이다. 반대로, 이들이 구속의 중심지인 메시아를 의지한다면, 자기네 특권을 이방인들과 함께 다시 발견할 것이다. 사실, 바울이 로마서 9장 1-29절에서 개략적으로 설명하는 역사를 보면, 하나님은 언제나 은혜를 기초 삼아 행동하셨지, **결코 공로나 지위를 기초 삼아 역사의 진로를 정하지 않으셨다.** 일견 유대교에 대한 논박으로 보이는 것은 사실 강한 자들도 토라를 준수해야 한다는 약한 자들의 주장에 대한 논박에 훨씬 가깝다. 로마서를 그 맥락에 비춰 읽으면, 즉

John M. G. Barclay, *Paul and the Gift* (Grand Rapids: Eerdmans, 2015), 541.《바울과 선물》(새물결플러스, 2019),

자들에게

로마서를 거꾸로 읽으면, 유대교 자체에 대한 신랄한 비난이 아니라 약한 자들에 대한 논박이 전면에 나타난다.

구원에 관한 이론적 신학체계에 빠져서 길을 잃어서는 안 된다. 오히려 여기서 뵈뵈는 약한 자들 즉 유대인 신자들을 응시하고 있는데, 약한 자들은 강한 자들인 이방인 신자들을 비난하고 있다. 하나님의 계획 가운데서 선택받았다는 (성경을 기초로 하는!) 특권 의식을 약한 자들에게 부여해 주는 토라의 바로 그 요소들을 강한 자들이 무시하고 있다는 이유였다. 그뿐만 아니다. 약한 자들은 강한 자들이 도덕적으로 성장하려면 토라를 준수해야 한다고 믿는다. 그리하여 바울이 여기서 약한 자들이 물려받은 성향, 곧 자기들이 토라 준수로 얻은 지위가 자기들에게 특권을 준다고 생각하는 성향을 비판한다. 동시에 뵈뵈는 강한 자들에게 위로의 말을 전한다. 이 일 하나만 보면 강한 자들이 옳았으며, 뵈뵈는 바울이 강한 자들의 편임을 알리고자 한다. 교회 안에 평화가 올 테지만, 그 평화는 토라를 통해서가 아니라, 성령으로 향하는 믿음을 통해서 올 것이다.

새 언약 갱신(10:5-13)

이제 그리스도께서 오셨기에, 오로지 그리스도께서 오셨다는 이유 때문에, 바울은 모세 자신도 하나님과의 바른 관계를 토라 준수에 근거한 지위와 서로 관련 짓는 것에 대해 이미 우려했음을 감지하게 되었다. '율법으로 말미암는' 의(10:5)는 (바울이 보기에

거꾸로 읽는 로마서

는 이스라엘이 특권을 고수하고 메시아를 거부하는 가운데 이 의를 추구하며) 바울의 성경에서는 레위기 18장 5절의 지지를 받는다(롬 10:5). 그러나 바울은 뒤이어 신명기 30장 12-14절의 창조적 읽기로 눈을 돌려서(롬 10:6-8), 자기가 레위기 18장 5절에 관해 말하는 내용을 (반박하지는 않지만) 새롭게 다듬는다. 하나님이 이스라엘에게 주신 새 언약의 계명은, 모세의 말대로, "네게 어려운 것도 아니다"(신 30:11). 그것을 찾으려고 하늘에 올라가거나 바다를 건널 필요가 없다(신 30:12-13).

이 부분은 바울의 글 전체에서 까다로운 본문 중 하나다. 내가 보기에는 매튜 베이츠Matthew Bates의 해석이 가장 설득력이 있어서, 베이츠의 접근법을 여기서 풀어내 보겠다.[4] 베이츠의 생각에 따르면 로마서 10장 6-9절에서는 화자 여러 명이 서로 대화를 주고받고 있으며, 그들이 각각 누구인지를 아는 것이 바울이 무슨 말을 하고 있는지 밝힐 실마리가 된다. 화자는 셋으로, 바울, 건방진 자, 바울이 믿음으로 말미암은 의Righteousness by Faith라고 부르는 인물이다. 나는 그 건방진 자를 약한 자들의 대표격으로 보고 싶은데(로마서 2장의 판단자Judge), 베이츠에 따르면 이 사람은 로마서 10장 6절에서 신명기 30장 12절을 고쳐서 이렇게 묻는다. "누가 하늘에 올라가겠느냐?" 이 말은 "그렇게 해서 우리가 계명을 실행할 수 있게 하겠는가?" 하는 뜻을 암시한다. 바울은 이 건

방진 (약한) 자의 말을 끊고 다시 해석하여 "이 말은 그리스도께서 땅으로 내려오심에 대한 것이라[그리스도를 모셔 내리려는 것이요]"고 한다. 그 건방진 (약한) 자는 곧바로 "누가 무저갱에 내려가겠느냐?" 하고 응수한다. 이 말은 토라를 얻어서 우리가 토라를 행할 수 있게 한다는 뜻을 암시한다. 다시금 바울은 "이것은 그리스도의 부활에 대한 것이라[그리스도를 죽은 자 가운데서 모셔 올리려는 것이다]"는 말로 그 말을 끊는다.

이 지점에서 베이츠는 소위 가상의 등장인물인, 믿음으로 말미암은 의로 하여금 말하게 한다. "네 마음속으로 그런 것들을 말하지 말라!"[네 마음에… 하지 말라](롬 10:6, 신 9:4를 인용), "그 발언[말씀]이 네게 가까워 네 입에 있으며 네 마음에 있다(롬 10:8, 신 30:14를 인용)는 것을 모르는가?" 여기서 바울은 중간에 끼어들어 이 인물의 말을 긍정한다. "네가 만일 네 입으로 예수를 주로 시인하며 또 하나님께서 그를 죽은 자 가운데서 살리신 것을 네 마음에 믿으면 구원을 받으리라"(10:9). 이 말 덕분에 지금까지 오간 대화는 물론이고 바울이 믿는 바가 무엇인지도 이해가 된다. 여기서 바울은 모세를 그리스도에 비추어, 또 신명기 30장에서 예견하는 새 언약 갱신에 비추어 읽고 있다. 바울은 신명기 30장을 매우 대담하게 다룬다. 어떤 의미에서 대담한가? 바울은 신명기 30장을 그리스도에 대한 말씀이 되게 하며(여기가 대담한 지점이다), 그리스도는 마음에 할례를 받은 자들(신 30:6)을 위한 새 언약의 기대를 성취하시는 분이다. 신명기가 바울에게 들려주었듯이 (레위기 18장 5절에 나오고 로마서 10장 5절에서 인용하는) 율법이 새 언약 아

거꾸로 읽는 로마서

래에서 행할 수 있는 것이 되겠고, 바울은 이 일이 그리스도 안에서 성령을 통하여 일어난다는 것을 안다. 바울은 신명기 30장 12-13절이 하나님의 새 언약의 은혜, 곧 이제 그리스도의 삶과 죽음, 그리고 부활 안에 충만하게 현존하는 그 은혜를 가리킨다고 읽는다. 또 바울은 30장 14절("말씀이 네게 가까워")이 신앙 고백을 기초로 해서 마음에 올바른 관계로 새겨진 새 언약을 가리킨다고 읽는다. 그렇다면, 정말 그렇다면, 레위기 18장 5절과 신명기 30장 12-14절은 서로 결합되어, 믿음으로 말미암은 올바른 관계와 더불어 하나님의 토라 성취를 누리고 있는 이들에게 언약적 순종을 가르쳐 주는 것이다. 대담하고, 반직관적이며, 아주 바울적이다(이게 바울이 아니면 누구겠는가).

이제 우리는 셋이자 하나인 문제인, 이스라엘과 행위들, 걸림돌이거나 믿음의 대상인 메시아, 믿음 있는 이방인들로 돌아온다. 믿음은 예수를 주님으로 고백하는 것과 하나님이 예수를 죽은 자들 가운데서 살리신 것을 믿는 것으로 정의된다. (만약 당신이 신명기 30장 14절에 나오는 '입술'과 '마음' 사용을 읽는다면, 그리스도적으로 구성된 Christ-shaped 바울의 모세 읽기를 다시 한번 보게 될 것이다.)

구원은 행위들이 아니라 믿음으로 말미암는다. 그리고 이것은 이방인과 믿음이라는 주제가 다시 한번 등장할 시간이라는 뜻이다. '차별이 없음이라'와 '모든 사람'(롬 10:12, 13)에 주목하라. 약한 자들은 선택받았다는 특권에 의지할 수 없고, 그리스도 안에서 의를 세우시는 하나님의 놀라운 행보를 알아볼 수 있어야 하며, 그 의는 토라가 아니라 믿음을 통하여 온다. 이 말은 강한 자들이

약한 자들에게

약한 자들의 (동등한) 형제자매라는 의미다.

그러므로, 선교다(10:13-21)

셋이자 하나인 문제는 일단 예수를 주로 고백하고 그분의 부활을 인정하자 해결되었다. 구속은 행위들이나 이스라엘이 선택받았다는 지위나 특권으로 말미암지 않고, 메시아는 바로 예수이며, 이 이방인 신자들(강한 자들)에게서 나타나는 믿음이 곧 필요한 것 전부이다. 이것은 일련의 질문과 응답으로 이어진다. 바울은 독자들과 로마 가정교회들의 많은 이들이 방금 막 무슨 일이 일어났는지 어리둥절해 하도록 놔둔 채로 신속하게 움직인다.

로마서 10장 13절에서는 요엘 2장 32절("누구든지 여호와의 이름을 부르는 자는 구원을 얻으리니") 인용하여서 일종의 경첩처럼 이전의 단락을 마무리하고 다음 단락을 시작한다. 되풀이하여 말하지만 하나님의 백성을 구성하는 이들은 믿는 자들, 곧 유대인이든 이방인이든 메시아를 믿는 가운데 서로 형제자매가 되는 이들이다. 이 경첩의 양면은 믿음의 충분성과 이 메시아가 베푸시는 구속을 세상에 전해야 할 필요성이다. 그러므로 모든 사람들에게 복음을 전할 선교사들을 찾아보자! 로마서 10장 13-15절에는 연결고리가 연이어 등장한다.

(누구든지 주의 이름을 **부르는** 자는 구원을 받으리라)

그런즉 그들이 믿지 아니하는 이를 어찌 부르리요.

듣지도 못한 이를 어찌 **믿으리요**.

전파하는 자가 없이 어찌 **들으리요**.

보내심을 받지 아니하였으면 어찌 **전파**하리요.

기록된 바 아름답도다 좋은 소식을 전하는 (**보냄** 받은) 자들의 발이여 함과 같으니라.

(여기서 이사야 인용문은 '좋은 소식을 전하는 자들'이 '보냄 받았다^{sent}'는 것을 전제로 한다. 그러나 이사야는 '보냄 받았다^{sent}'는 용어를 사용하지 않는다.)

야심차게 바울은 유대인과 이방인이 모두 세상의 참된 통치자, 예수를 받아들이기를 바란다. 이 메시지를 전하는 선교사들은 모두 바울에게 최고의 친구다.

로마서 거꾸로 읽기는 바울의 수사에서 갑작스럽고 변덕스러워 보이는 논리 전환에 세심하게 반응하는 데 도움이 된다. 바울은 일부 이론적 논쟁이 아니라 약한 자들을 주시한다. 그리하여 바울은 이스라엘로, 행위들로, 메시아를 거부하는 것으로 다시 돌아간다. "그러나 모든 이가 순종한 것은 아니었다"[그들이 다 복음을 순종하지 아니하였도다](롬 10:16). 로마서 10장의 끝을 향해 가면서 바울은 이 셋이며 하나인 문제를 짧게 반복하고, 그러면서 앞뒤를 오가며 성경을 인용하고 간단히 해설한다. 이스라엘에게는 메시지를 듣고 이해했지만(10:18, 시 19:4에서 인용) 거부해 버린(10:21, 사 65:2에서 인용), 놀랍지도 않은, 혹은 놀라운 역사가 있다. 그리고 선지자들은 이 모든 일을 예견했다. 사실 하나님은 그 동일한 메시지를 이방인들이 받아들임을 이용하셔서 이스라엘의 시기심을 일으키실 것이다(롬 10:19-20, 신 32:21과 사 65:1에서 인용).

바울은 이제 하나님이 역사에서 일하시는 방식들이 종종 놀랍고 주권적이지만, 그에 따르는 인간 측면의 상관관계들도 있음을 설명하였다. 뵈뵈는 여전히 로마의 약한 자들에게 관심을 두고 있고, 로마서 11장에 나오는 다음 본문을 통과하기까지 계속 그들을 바라보며 이야기를 할 것이다. 바울은 약한 자들에게 하나님의 놀라운 주권에 대한 인간의 상관관계를 설명한다. 약한 자들은 토라의 행위를 통해 지위를 유지함으로써 하나님과 바른 관계에 있기를 원한다. 그러나 강한 자들은 믿음을 기초로 그리스도를 통해서만 하나님과 바른 관계를 발견하며, 그 모든 일의 중심에 메시아이신 예수가 있다. 일단 예수를 메시아로 받아들이면, 이스라엘의 이야기 전부가 새로운 모습을 띤다. 이제는 토라가 아니라 메시아를 믿는 믿음이 이스라엘의 이야기를 구성한다.

그러나 약한 자들은 아주 굳건한 신념, 즉 하나님이 이스라엘과 언약을 맺으셨고 하나님이 그 언약을 신실히 지키기로 약속하셨다는 신념을 포기하지 않는다. 그래서 로마의 약한 자들에게는 질문이 하나 남는다. 하나님은 메시아 안에서 이방인들을 포함시키는 이 놀라운 행보를 통해 이스라엘은 거부해 버리셨는가? 이 질문의 밑바닥에 있는 확신에 따르면, 하나님의 토라는 곧 하나님의 뜻이며, 강한 자들(이방인들)은 토라 준수를 받아들임으로써만 형제자매가 된다.

거꾸로 읽는 로마서

남은 자가 있다(11:1-10)

약한 자들은 질문 하나를 떨쳐 버릴 수가 없다. 하나님은 이스라엘에게 신실하신가? 만약 행위들이 아니라 믿음이 하나님 앞에서 이방인들을 이스라엘과 같은 수준으로 올려 준다면, 하나님의 계획 안에서 이스라엘은 특권을 잃어버렸는가? 직설적으로 말하자면, 하나님이 이스라엘을 거절해 버리(지 않으)셨는가? 이것이 로마서 11장 1절에 나오는 바울의 질문이자 뵈뵈가 약한 자들을 응시하며 읽어 주는 질문이다. 이러한 종류의 질문이 로마서 9장 6절부터 11장 10절에서 지배적으로 나타나며, 바울은 다메섹에서 일루리곤에 이르기까지 어느 회당에서든지 또 자기가 개척한 어느 가정교회에서든지 이러한 질문을 들었다. 그렇다면 로마서에 나오는 이러한 질문은 즉석 질문이 아니라 로마의 약한 자들이 물어보리라고 예상하고서 바울이 재사용한 질문이다. 그렇게 물어볼 만했다!

가장 중요한 질문은 이것이다. 하나님이 자기 백성을 버리셨는가(11:1)? 역사 속에서 보이신 하나님의 놀라운 행보들을 능숙하게 반복한 긴 단락을 뒤로 하고(9:6-29), 바울은 이제 그 질문을 예시 두 가지와 기본 용어 셋을 이용하여 답한다. 이제부터 그것을 논의하겠다.

두 가지 예시

첫째 예시는 **바울 자신**이다. 바울은 "나도 이스라엘인이요"(11:1) 하는 말로 약한 자들이 던진 질문에 답하기 시작한다. 바울은 이스라엘의 특권(9:1-5)의 체현이다. 이스라엘인이고, 언약에 있어서 으뜸인 아브라함의 자손이며, 자기도 알듯이 베냐민 족속이다(참조. 빌 3:4-6). 이스라엘에 대한 하나님의 신실하심을 바울이 체현한다는 점에서 보면 하나님은 이스라엘을 버리지 않으셨다. 여기서 더 캐낼 것이 많지만 논의하는 범위를 넘어갈 것이다. 바울은 보기에 자신은 메시아를 믿는 유대인의 예이고, 동료 유대인들에게 자기와 함께 메시아를 믿으라고 촉구하는 도전이며, 강한 자들과 약한 자들의 교제에서 따라야 할 모범이다(참조. 롬 14:2, 14, 20; 15:1).

둘째 예시는 **엘리야**다(11:2b-4). 오늘날 유행은, 구약이 명시적으로 말하지 않는 것을 중요하게 여기면서 많은 이들이 구약이 전제로 하고 있다고 생각하는 것을 도출해 내는 것이다. 이러한 방법론이 뿌리 내리고 있는 확신에 따르면 바울 같은 이는 성경을 잘 알고 있었고(실제로 그랬다), 바울의 청중은 바울이 전제로 하는 내용을 어느 정도는 알아챘을 것이다. 이러한 방법론은 합리적으로 보인다. 이 경우, 엘리야는 일종의 전형적paradigmatic 선지자로, 일부 유대인은 역사의 끝에 엘리야가 돌아올 것이라고 믿었기에 전형이 되는 엘리야에게는 종말론적 함의가 있다. 그렇다. 이러한 것이 바울의 전제였을 수도 있다. 그러나 전제가 아니면서 우리 본문에 표면상 나타나는 사항은 로마의 약한 자들처럼 엘리야도 하나님이 이스라엘과 맺으신 언약에 신실하신지 의심하고 있다는 점이다. 이것이 엘리야가 한 말에 잘 나타난다.

거꾸로 읽는 로마서

"주여 그들이 주의 선지자들을 죽였으며 주의 제단들을 헐어 버렸고 나만 남았는데 내 목숨도 찾나이다"(롬 11:3, 왕상 19:10을 인용). 바울의 말에 따르면 이것은 엘리야의 **탄원**plea [고발](롬 11:2b)이며, 단순한 탄원이 아니라 "그는 이스라엘에 **맞서서** 하나님에게 탄원"했던 것이다. 엘리야를 향한 하나님의 답변은 곧 약한 자들을 향한 바울의 답변이다. "너는 혼자가 아니다, 칠천 명의 신실한 자들이 있다!"(11:4).

바울은 자신을 엘리야와 같은 인물로 여겼을까? 예시들의 순서에 따르면 우리는 그런 추론에 도달하지 않는가? 첫째 예시는 바울, 둘째 예시는 엘리야다. 엘리야도 탄원하고 바울도 탄원한다(9:1-3, 10:1). 그런 것처럼 보이지만, 그것이 전부는 아니다. 바울은 하나님이 이스라엘과 맺으신 언약을 체현하고 메시아 안에 있는 유대인 신자들을 체현하므로, 이제 약한 자들과 연결된다. 그러나 바울은 또 좀 더 밀고 나가서 강한 자들의 실천을 자신의 믿음 안에서 체현한다. 따라서 엘리야는 약한 자들에게 일종의 경고 역할을 한다고 생각하는 것이 타당해 보인다. 약한 자들도 하나님에게 탄원하고 있고 하나님이 신실하시지 않다고 불평하고 있으리라는 점에서, 야훼가 엘리야에게 하신 말씀이 바울의 메시지에서는 약한 자들에게 하신 말씀이 된다.

세 가지 용어

택하심election이 첫째 용어다. 하나님은 이스라엘인을 택하심으로써 이스라엘에게 신실하시다. 이 선택은 가치나 지위를 기초로 하지 않는다. 다시 말해, 선택받은 특권이나 토라의 행위들을 기초로 하지 않는다는 말이다. 택하심은 '그가 미리 아신 자들'(11:2)과 '택하심을 입은 자들'(11:7)에 대한 것이다. '미리 아셨다foreknew'는 용어는 이 문맥에서 '택하심을 입은elect'이라는 용어와 연결되어야 하며, 하나님이 장차 누가 믿을지에 대한 예지foreknowledge를 근거로 선택하셨다는 말로 축소되어서는 안 된다. 그렇게 하면 하나님께서 행위를 근거로 선택하신다는 말이나 다름없기 때문이다. 로마서 8장 29절이 분명히 하듯이, 예지와 예정과 선택은 영광으로 가는 신적 방향에 함께 묶여 있다. 내가 이해한 바로는, 하나님은 모든 이가 믿게 되지는 않을 것을, 모든 이가 신실하다고 증명되지는 않을 것을, 모든 이가 순종하지는 않을 것을 미리 아신다. 그럼에도 하나님은 **어떻게든 놀라운 방법으로** 이스라엘에게 여전히 신실하시며, 그중 분명 가장 놀라운 방법은 메시아이신 예수, 곧 이방인들을 하나님의 가족 안으로 끌어들이시는 예수이시다. 믿는 자들과 신실한 자들과 순종하는 자들은 하나님이 미리 아신 자들이며 택하심을 입은 자들이다.

택하심을 입었다는 의미는 둘째 용어인 **남은 자**(11:5)로 이어진다. 바울은 이 용어를 이용해서 자신의 두 가지 예시를 나타낸다. 바울 자신이 신실한 이스라엘의 남은 자의 일원이며, 엘리야와 칠천 명도 그러했다. 택하심에서 남은 자가 나오고, 둘 다 **은혜**의 결과이다(11:5-6). 이 은혜가 셋째 용어다. 여기서 '은혜'는 택하심이 하나님의 역사이며(우선성priority), 구속에 있어서 충분성과 효력이 풍성하며(초충만성superabundance), 한 사람의 지위나 토라 준수와 상응하지 않는다는(비상응성incongruity) 의미다.[5] 이 문맥에서는 우선성과 결합된 비상응성을 강조한다. 바울에게 분명한 사실은 행위들에 기초하였다면 그것은 은혜가 아니라는 것이다(11:6b). 행위들은 한 사람의 지위와 가치를 정하지만, 은혜는 약한 자들의 명예 규칙을 폐지하고 모든 인간이 하나님의 자비를 동등하게 받게 한다. 하나님은 구속을 베푸시기 위해 유일무이한 기쁨과 자비로 일하시고, 또 역사 속에서 구속 계획을 이루시기 위해 택하신 이스라엘 사람들에게 역사하신다. 하나님이 바울과 엘리야를 선택하신 것은 이들의 공로나 토라 준수와 관련된 지위 때문이 아니다. 하나님의 선택에는 그 자체의 이유가 있으며, 인간들은 하나님의 자유로우심을 다 알 수 없다. 이 본문에서 은혜로 말미암은 하나님의 선택이 규명해 주는 사실은, 하나님은 언약에 계속 신실하시며 이스라엘을 버리지 않으신다는 것이다.

약한 자들은 오늘날의 성서신학자들처럼 성경에서 나온 증거를 원하고, 바울은 여러 상황에서 그러한 증거를 요구받았다. 그래서 바울은 약한 자들이 손을 치켜들기 전에 신명기 29장 4절, 이사야 29장 10절, 시편 69편 22-23절을 인용한다. 각 구절은 비슷한 논점을 확증해 준다. 즉 하나님의 놀라운 행보는 믿음을 일깨우면서 동시에 불순종하는 자들을 우둔하게 하는 것으로 심판하신다. 이 용어들의 새로운 조합 속에서 믿음이나 행위들(참조: 9:30-33)은 하나님의 역사가 된다. 바울은 동료 유대인들의 메시

5　Barclay, *Paul and the Gift*, 185-186쪽에서 인용한 용어.

아 배척을 다른 방법으로는 설명할 수가 없으며, 이 설명은 이방인 선교 경험에서 겪은 강렬한 좌절감에서 비롯된 것이다. 즉 바울처럼 믿는 이들은 선택된 자들이지만, 예수를 메시아로 받아들이지 않고 돌아선 이들은 우둔해진다. 그러나 곧이어 강한 자들에게 바울은 우둔하게 됨이 최종 선언은 아님을 말할 것이다 (11:25-32).

결론

바울의 말은 로마의 약한 자들을 향해 표현되었으며, 위로를 겸하여 경고를 하려는 말이었다. 위로는 약한 자들이 택하심을 입은 자들, 남은 자들, 은혜의 수혜자들이며, 또 하나님이 이스라엘과 맺으신 언약에 신실하심을 아는 자들임을 깨닫게 하는 것이다. 반면에 경고는 하나님의 방법들이 놀랍도록 주권적이기 때문에 그들이 믿고 신실하게 남아 있어야만 한다는 것이다. 이것이 바울이 약한 자들에게 말하는 주요 주제였다. 즉 바울이 약한 자들에게 알리고 싶었던 것은, 하나님은 이방인들(즉, 강한 자들)을 포함시키기 위해 메시아 안에서 놀랍게 일하시며, 그것은 하나님이 역사를 결정지으시는 방식을 보여 주는 또 다른 사례일 뿐이라는 것이다. 바울은 구원이 행위들이 아니라 믿음으로 말미암기에, 약한 자들 편에서 강한 자들에게 토라를 받아들이라고 아무리 강요해도 그것이 **하나님 앞에서 올바르게 서는 것과는 아무 상관이 없으며, 제국의 중심에서 일구는 평화로 이어질 수 없다**는 것

거꾸로 읽는 로마서

을 그들이 알기 원했다. 바울은 올바르게 서는 것은 다름 아닌 하나님의 은혜이고 은혜에 대해 인간은 행위들이 아니라 믿음으로 응답해야 한다는 것을 약한 자들이 알기 원했다. 행위들이 아니라 믿음으로 말미암기 때문에, 이방인들은 신앙 공동체에서 약한 자들과 마찬가지로 환대받으며, 이 말은 약한 자들이 강한 자들을 환대하는 법을 배우고, 더불어 식사하면서 이방인들이 부정한 음식*traif*을 먹게 하고, 그리스도를 믿는 모든 이를 형제자매로 포용해야 한다는 의미다. 묘하게도, 바울이 생각하기에 하나님의 놀라운 은혜와 선택이라는 이 신학은 약한 자들에게서 특권을 빼앗지도 않고, 약한 자들과 하나님의 언약을 지워 버리거나 대체하지도 않는다. 오히려 그 신학은 그 언약을 증명하고 확장한다. 바로 이것이 바울의 다음 행보로, 하나님의 놀라우신 방식을 하나 더 보여 준다.

약한 자들에게

12

강한 자들에게
(11:11-36)

뵈뵈가 로마서를 상연하다가 이 시점에서는 강한 자들, 즉 지위
가 높은 이방인 예수 신자들에게 시선을 고정한다. 강한 자들
은 토라 준수에 매이지 않았고, 약한 자들이 토라 준수를 포기
하여 가정교회들에서 온전히 동등한 형제자매가 되기를 기대했
다. 로마서 11장 13절에서 바울은 자기가 강한 자들에게 말한다
는 점을 분명히 밝히지만, 여기에서 바울이 말한 내용에는 11장
11-12절이 필요하기 때문에, 그 구절도 포함시켜야 한다. 통합
적인 주제가 다섯 가지 등장한다.

시기나게 함

메시아는 이스라엘에게 '걸림돌'(11:9; 참조: 9:33)이었지만, 사도는
자신의 선교 경험을 기초로 하나님의 의도, 즉 '이스라엘로 시기
나게 함'을 분별해 낸다(11:11). 바울은 이것을 모세에게 배워서
(10:19, 신 32:21에서 인용), 개인 전략으로 차용했다. "내가 이방인인
너희에게 말하노라. 내가 이방인의 사도인 만큼 내 직분을 영광

스럽게 여기노니 이는 혹 내 골육을 아무쪼록 시기하게 하여 그들 중에서 얼마를 구원하려 함이라"(11:13-14). 바울은 이방인들에게 전해서 그들을 이스라엘의 메시아이신 예수께 회심시켰고, 그분이 이방인들에게 우주적 주이시다. 그리고 바울이 믿기에는 이것 때문에 그의 동시대 유대인들이 시기하거나 시기할 것이다.

영어에서 '시기jealousy'라는 단어는 사회에서 자신의 명예와 신분에 대한 보존과 보호와 열망과 관련이 있다. '질투envy'라는 용어는 다른 이가 가진 것을 바라는 것과 관련이 있다. 바울은 어휘 목록에 히브리 역사를 한 가득 채워 넣고서 그리스어로 글을 쓰고 있으므로, 우리는 '시기'라는 이 용어에서 보이는 것에 조심스럽게 접근할 필요가 있다. 먼저, 하나님은 이스라엘 역사에서 때로는 '시기하는Jealous[질투하는] 하나님'이라는 이름으로 나온다 (출 20:5, 34:14; 신 5:9; 32:16, 21; 수 24:19). 그리고 하나님의 시기[질투]는 우상숭배, 불순종, 불신실함 등에 대한 하나님의 반응이고, 동시에 불순종하는 이들을 향한 하나님의 심판도 촉발한다. 이스라엘의 역사에는 하나님의 영광을 지키려는 하나님 백성의 열심 zeal 또한 작동하여서 죄를 정죄하는 행동으로 나타나며, 이것은 본질적으로 비느하스(민 25:11-13; 시 106:29-31),[1] 엘리야(왕상 19:10, 14), 예후(왕하 10:16-17, 30), 마카베오가※의 이야기다. 그러므로 사도행전에서 예루살렘의 지도자들이 예수 운동이 성공하자 '열

---

1 시편 106:31은 비느하스의 열심을 가리켜서, "그것이 그에게 의로 여겨졌다"[이 일이 그의 의로 인정되었으니]고 말한다.

심'이나 '시기'로 행동했다는 사실이나(행 5:17), 비시디아 안디옥이나 데살로니가에서 유대 지도자들이 똑같이 행동했다는 사실(행 13:45; 17:5)은 놀랍지 않다. 로마서 13장 1-7절에 대한 우리의 해석을 인정한다면, 로마의 약한 자들은 이 열심 전통에 속해 있다. 그러나 현재 본문에서 바울은 무엇을 염두에 두고 있는가? 고린도후서 11장 2절에 답이 하나 나온다. "내가 너희를 위해 신적인 시기divine jealousy를 느낀다. 내가 너희를 한 남편에게 결혼시키기로, 너희를 그리스도께 정숙한 처녀로 드리기로 약속했기 때문이다"[내가 하나님의 열심으로 너희를 위하여 열심을 내노니 내가 너희를 정결한 처녀로 한 남편인 그리스도께 드리려고 중매함이로다]. 그러므로 바울이 염두에 두고 있는 것은 바로 이것이다. 즉 바울은 동료 유대인들이 메시아를 거부한 일을 회개하고, 예수를 하나님의 메시아로 받아들이며, 복음에 순종함으로써 하나님의 명예를 열심히 수호하기를 원한다.

바울의 논리는 바로 자기가 선교를 하며 배척당한 경험에서 도출한 단계를 따라 전개된다. 바울의 복음 전파에 이스라엘은 메시아 예수 거부로 대응하고, 그리하여 예수에게 걸려 넘어진다.[21] 이스라엘이 넘어진 덕분에 이방인들이 예수를 믿게 되고, 이방인들의 믿음은 이스라엘 사람들의 열심을 유발한다. 이 열심/시기zeal/jealousy 때문에 이스라엘 사람들이 회개하고 예수를 메시아로서 믿는 믿음으로 돌아서게 되어서, 마침내 하나님이

---

2 이것이 회당에서의 거절과 관련한 바울의 경험을 반영하며, 그의 선교 교회들이 형성되어온 곳마다 회당에서 소외되었음을 가리키는 것이 거의 확실해 보인다.

거꾸로 읽는 로마서

이스라엘과 맺으신 언약에 신실하심이 확증된다.

예루살렘에 있는 가난한 성도를 위한 연보(바울이 이방인 신자로 구성된 수행단과 함께 예루살렘으로 가지고 갈 기금) 때문에 예루살렘에 있는 믿지 않는 유대인들이 시기하게 되어 메시아를 받아들이게 하려는 의도가 바울에게 어느 정도 있지 않았을지 고민해 볼 만하다. 바울의 선교에서 이 시기에 연보의 중요성과, 이 연보가 로마서 15장 25-29절에 나온다는 점을 고려하다 보면 이러한 의견이 떠오른다. 단어 하나를 살펴보면 이것은 단지 암시적이지만은 않다. 바울이 로마서 15장 29절에서 연보에 대해 말하면서 연보를 '그리스도의 충만한 복'으로 간주하며, 또 로마서 11장 12절이 내 번역으로는 "그들의 충만함은 얼마나 풍성할까!"[하물며 그들의 충만함이리요]이고, 또 11장 25절에서도 일관되게 '이방인의 충만함[충만한 수]'이라는 번역어가 등장한다. 따라서 아마 연보는 시기jealousy라는 주제와 연결될 것이다.

자신이 어디에 서 있는지 안다면, 또는 (비유를 달리해서) 무엇을 찾고 있는지 안다면, 바울의 시각으로 이스라엘의 불신앙 현황을 바라볼 수 있고, 그것을 아브라함 언약의 성취인 메시아의 사역에 비추어 설명할 수 있다. 다른 말로 하자면, 바울은 이방인의 믿음뿐 아니라 유대인의 불신앙도 이스라엘을 구속하시는 하나님의 신의를 없애지 않음을 알고 있다.

상관관계

시기라는 이 주제 안에 내가 '상관관계correlation'라고 부르는 주제
가 하나 더 들어있다. 이스라엘의 거부는 이방인의 포함을 뜻하
고, 이방인의 포함은 이스라엘의 궁극적인 충만함을 뜻한다. 이
방인을 포함시킴으로 말미암은 평화, 그리고 후에 온 이스라엘
을 포함시킴으로 말미암은 평화다. 바울은 강한 자들에게 그 주
제를 이렇게 말한다(바울은 강한 자들과 신실하지 않은 이스라엘을 3인칭으
로 이야기한다). "그들이 넘어짐으로 구원이 이방인에게 이르러 이
스라엘로 시기나게 함이니라"(11:12). 그뿐이 아니다. "그들의 넘
어짐이 세상의 풍성함이 되며 그들의 실패가 이방인의 풍성함이
되거든 하물며 그들의 충만함이리요"(11:12). 이러한 상관관계가
11장 15절에서 확장된다. "그들을 버리는 것이 세상의 화목이
되거든 그 받아들이는 것이 죽은 자 가운데서 살아나는 것이 아
니면 무엇이리요."

　강한 자들에게 그 상관관계를 명확하게 설명하기 위해서 거
룩한 떡덩이와 가지들이라는 두 이미지가 쓰인다. 로마서 11장
16절은 "제사하는 처음 익은 곡식 가루가 거룩한즉 떡덩이도 그
러하다"고 말한다. 그리고 나서 바울은 나무로 넘어가서, "뿌리
가 거룩한즉 가지도 그러하다"고 한다. 이 구절은 이어서 나무와
가지 이미지로 더욱 폭넓게 전개되고, 바울은 강한 자들에게 그
들이 이미 존재하는 나무에 접붙임을 받았음을 분명히 밝힌다.
"또한 가지 얼마가 꺾이었는데 돌감람나무인 네가 그들 중에 접

붙임이 되어 참감람나무 뿌리의 진액을 함께 받는 자가 되었은 즉"(11:17). 가지치기에는 접붙임이 따라오며, 접붙임은 온 이스라엘을 포함하는 온전한 나무를 함의한다(11:23-24). (곧 나타날 경고를 암시하는) 가장 중대한 상관관계가 바울이 나무와 가지들, 가지치기와 접붙임이라는 이미지를 전개한 직후에 등장한다. "그리하여 온 이스라엘이 구원을 받으리라"(11:26a). 이 상관관계는 11장 28절에서 더욱 생생해지며, 강한 자들을 이제 2인칭으로 호명한다. "복음으로 하면 그들이 **너희로** 말미암아 원수된 자요." 마지막으로 "**너희가** 전에는 하나님께 순종하지 아니하더니 이스라엘이 순종하지 아니함으로 이제 긍휼을 입었는지라. 이와 같이 이 사람들이 순종하지 아니하니 이는 **너희에게** 베푸시는 긍휼로 이제 그들도 긍휼을 얻게 하려 하심이라"(11:30-31)고 말한다.

바울이 이것을 아는 까닭은, 예수가 이스라엘의 메시아이심을 알기 때문이고, 하나님이 이스라엘과 맺으신 언약에 신실하심을 알기 때문이며, 강한 자들인 이방인들이 지금 하나님의 백성 안으로 들어오고 있어서 이스라엘이 자극받아 예수를 믿는 것을 배우게 됨을 알기 때문이다. 그리고 바울은 이 모든 일을 알기 때문에, 이러한 상관관계가 하나님의 신실하심과 이스라엘의 구속으로 귀결된다는 것을 안다. 마치 털실뭉치를 날카로운 칼로 세게 내려친 것과 같다. 실이 풀려 사방으로 흩어져 나와도 그 물체의 정체성은 뚜렷이 남아 있다. 풀린 실밥같이 미진한 부분은 다음 세 가지 주제를 진행하면서 어느 정도 명료해질 것이다.

이들 용어는 서로 단단히 밀착되어 있다. 바울은 강한 자들이 이스라엘이라는 원 나뭇가지에 접붙임을 받았으며 그들의 접붙임도 이스라엘처럼 취소될 수 있음을 깨닫기를 원한다. 바울이 사용하는 이미지가 완전히 분명하지 않지만, 세부사항을 정확하게 분류해 내기는 가능하지도 않고 굳이 할 필요도 없다. '뿌리'(11:17)는 하나님의 은혜와 부르심, 또는 이스라엘이 야훼와 맺은 아브라함 언약상의 관계, 또는 심지어 (가능성이 더 낮긴 하지만) 메시아일 수도 있다. 주목해야 할 점은, 이스라엘은 뿌리가 아니라 가지들이며, 그러므로 이스라엘 사람들이 아닌 '뿌리'가 무엇인지 탐색해야 한다는 것이다. 내가 보기에는 하나님의 언약의 은혜가 최선의 답인 듯하다.

대목臺木에서 이스라엘의 위치는 이스라엘의 신실함으로 정해지며, 신실하지 않으면 이스라엘의 하나님이 내리시는 징계나 '준엄하심'(11:22)이 이어질 수 있다. 이것은 놀라운 일이 아니며, 가지 일부에 대한 이러한 심판은 신적 징계의 역사에서 매우 흔히 보인다(신 28장). 바울은 이 본문에서 이스라엘이 신실하지 않음을 굳이 세 차례나 지적한다. "그들은 믿지 아니하므로"(11:20), "그들도 믿지 아니하는 데 머무르지 아니하면"(11:23), 그리고 11장 17절로 돌아오면 그들이 믿지 않은 결과로 '꺾인' 것이 보인다. 바울이 넘어짐과 거부로 표현했던 내용이 여기서 불신앙으로 지칭된다.

그들은 완고한 불신앙과 메시아에게 걸려 넘어진 것 때문에 신적 징계를 받게 되었으며, 그 때문에 이번에는 이방인 신자들이 대목에 접붙임 받을 여지가 생겼다. 그렇다면 강한 자들은 자기들이 예전에는 '돌감람나무' 가지였으나(11:17) 하나님의 은혜라는 대목에서 솟아나온 줄기에 들어와 신적 돌봄을 받아서 이제는 믿는 유대인들과 '풍성한 뿌리를 공유'하게 되었음[뿌리의 진액을 함께 받는 자가 되었은즉]을 이해해야 한다. 11장 17절에서 '공유하다'라는 사소한 단어를 너무나 쉽게 지나칠 수 있다. 이 단어는 그리스어로 쑹코이노노스*sunkoinonos*이며, 바울이 그리스도 안에서 형제자매인 교회의 관계를 가리키는 데 애용하는 용어 중 하나다. 이 '공유'가 로마의 약한 자들과 강한 자들 사이의 긴장 대부분을 완전히 해소해 버린다. 우리가 앞으로 보겠지만, 강한 자들은 다른 이들과 더불어 하나님의 은혜 안에서 한 자리를 **공유**할 뿐이다. 그들은 나무 자체도 아니고 뿌리도 아니며 가지들 전체도 아니다.

그러는 가운데 하나님이 계속 언약에 신실하신 까닭은, 이방인들이 처음부터 다시 시작한 것이거나 완전히 새로운 것이 아니기 때문이다. 오히려 이방인들은 이스라엘을 우선적으로 창조하신 하나님의 동일한 은혜 안에 아름답게 접붙여졌을 뿐이다(또 우리가 보겠지만, 그 은혜가 이스라엘을 폐기하지 않는다). 이것이 이스라엘과 교회 사이의 관계를 명료하게 표현한다는 점에서 엄청난 의미가 있지만, 지금으로서는 이스라엘이 버려진 것이 아니라 확장된 것이라고 말할 수 있을 뿐이다. 메시아 백성은 (로마에서든 다른 곳에서든 갈수록 더 이방인 신자들로 구성되어 가고 있지만) 이스라엘 백성이다. 교회가 이스라엘을 대신하거나 대체하지 않는다. 오히려, 이스라엘이 확장되어 이방인들을 포함하며, 그 과정에서 이스라엘의 하나님이 가지치기를 하셔서 전에 이스라엘 사람을 구성하던 가지 일부를 잘라 버리시기는 한다. 이것은 다시금 로마서 14-15장에 나오는 약한 자들과 강한 자들의 친교에 관한 권면을 암시한다.

우리는 이제 바울의 수사상 전환, 곧 일종의 경고가 되는 수사 전환을 맞이할 준비가 되었다. 불순종이 일부 이스라엘 사람의 가지치기를 초래했듯이 강한 자들인 이방인 신자들에게도 마찬가지로 그럴 수 있다. 바로 여기서 강한 자들을 향해 바울이 가장 분명하게 말한다. 강한 자들이 오만하다는 것이다. 바울이 사용하는 두 용어는 자랑(11:18)과 거만[높은 마음](11:20)이다. 자랑과 거만은 결국 로마 교회에 있는 약한 자들을 향한 오만함과 우월감이 된다. 여기서 로마서 14-15장에서 본 장면이 되풀이 되는 것이 보인다. 신분이 높은 이방인 신자들은 동료 유대인 신자들을 깔아뭉개고, 유대인 신자들 생각에 먹으면 불순종인 음식을 먹으라고 강요하며, 유대인 신자들의 절기 준수를 존중하지 않고, 할례는 아무한테도 유익이 없다고 생각한다. 바울은 이러한 오만함을 반대한다. 침묵이나 돌려서 비난하는 관용은 대안이 아니다. 그보다는 포용하고, 존중하고, 모든 일을 서로 섬김으로써 하는 것이 대안이다.

그들의 자랑 때문에 바울이 분명하게 "하나님이 원 가지도 아

거꾸로 읽는 로마서

까지 아니하셨은즉 너도 아끼지 아니하시리라"(11:21)고 경고하기에 이른다. 더 중요한 것에서 덜 중요한 것을 도출하는 논리로, 이 논리를 사용하면서 바울은 곧 튀어나오게 될 주제를 무심코 드러낸다. 즉 이스라엘이 하나님의 원 백성이고, 하나님이 이스라엘과 언약을 맺으셨으며, 만약 하나님이 그분의 언약 백성 중에서 신실하지 않은 자들을 가지치기하실 수 있다면, 분명 이방인 신자들에게도 그러실 수 있다는 것이다.

그들의 악한 자랑을 폭로하고 가지치기의 가능성을 경고했기에, 목회자 바울은 하나님의 은혜의 대목에서 이방인 신자들이 가지치기 당하지 않게 해 줄 행동을 분명히 이야기하기에 이른다. 만약 불신앙이 이스라엘 사람들의 가지치기로 이어졌다면, 이방인들은 믿음에서 불신으로 돌아서 버리는 비슷한 습관에 빠지지 않도록 스스로 지켜야 한다. 강한 자들은 자기들이 대목 안에 '서' 있는 것은 '오직 믿음을 통해서[믿으므로]'(11:20)이기에 인내로 머물러 있어야 한다고 듣는다. "너희가 만일 하나님의 인자하심에 머물러 있으면"(11:22). 다른 말로 하면, 강한 자들은 하나님의 백성 안에서 자기들이 누리는 특권적 위치에 대해 더욱 겸손해야 하고 로마에서 자기들이 누리는 지위와 힘을 다른 이들, 특히 약한 자들을 위해서 사용해야 한다.

어쨌든 하나님은 강한 자들을 손쉽게 제거하시고서 이전에 제하셨던 이스라엘 사람들을 다시 하나님 은혜의 대목에 접붙이실 수 있다. 따라서 "(심지어 이스라엘 사람들도) 믿지 아니하는 데 머무르지 아니하면 접붙임을 받으리니 이는 그들을 접붙이실 능력이 하나님께 있음이라"(11:23). 바울은 아포르티오리 논리a fortiori logic 를 사용하여 "네가 원 돌감람나무에서 찍힘을 받고 본성을 거슬러 좋은 감람나무에 접붙임을 받았으니 원 가지인 이 사람들(이스라엘)이야 얼마나 더 자기 감람나무에 접붙이심을 받으랴"(11:24)고 말한다.

풀린 실밥같이 미진한 부분을 무시할 수 있는 까닭은, 바울이 이미 많은 부분 안팎을, 혹은 위아래를 뒤집어 버린 것처럼 보이기 때문이다. 곧이어 바울은 이스라엘의 거절은 단지 한시적일 뿐이며 이스라엘이 장차 구속받으리라고 주장하려고 한다!

일시적 불신앙

매듭을 지은 실밥 하나는 바로 이스라엘의 불신앙이 계속되지는 않으리라는 것이다. 메시아 거부에서 메시아 받아들임으로 변하리라는 암시는 이미 시기 주제에, 상관관계 주제에, 확장과 경고 주제에 나타났다. 그렇기 때문에 뵈뵈가 이스라엘의 불신앙과 거부가 한시적인 것임을 그들에게 알려 주었을 때 강한 자들이 아연실색하지는 않았을 것이다. 11장 12절에서 바울이 '그들의 충만한 들어옴'을 말할 때, 일부 독자들은 깜짝 놀랐을 수도 있다. 바울이 이스라엘을 넘어짐과 실패와 연관지어 왔기 때문이다. 그러고 나서 바울은 11장 14절에서 시기나게 함과 동료 유대인 일부를 구원하는 것을 말하고, 그들을 '받아들이는 것'(11:15)을 덧붙인다. 뿌리와 가지, 접붙임이라는 이미지를 제시하면서,

거꾸로 읽는 로마서

바울은 또 이스라엘이 도로 접붙임 받는 것을 말한다(11:23-24). 현재 이스라엘은 믿지 않고 있지만(11:28-32), 이것이 이스라엘에 대한 최종 선고는 아니다.

이 말은 일시적으로 우둔해짐, 일시적 거부, 일시적 불신앙이 바울이 지금 강한 자들에게 간단히 묘사해 주는 내러티브 안에 서로 엮여 있다는 의미다. 이 모든 것은 그들이 신실하도록 압박을 가하는 노력의 일환이다. 바울의 말에 따르면, 그 우둔해짐은 "이방인의 충만한 수가 들어오기까지"(11:25) 지속된다. 그리하여 "온 이스라엘이 구원을 받을 것"이며(11:26), 그 구원은 구속자 메시아로 말미암을 것이다(11:26, 사 59:20-21에서 인용). 상관관계 주제가 다시 등장한다. "너희가 전에는 하나님께 순종하지 아니하더니 이스라엘이 순종하지 아니함으로 이제 긍휼을 입었는지라. 이와 같이 이 사람들이 순종하지 아니하니 이는 너희에게 베푸시는 긍휼로 이제 그들도 긍휼을 얻게 하려 하심이라"(11:30-31).

이스라엘이 믿음으로 돌아옴을 뒷받침하는 것은 이스라엘의 하나님이 베푸시는 신실하심과 은혜다. 이스라엘의 하나님의 '은사와 부르심'이 그 나무의 뿌리이고, '결코 취소될 리 없다[후회하심이 없느니라]'(11:29). 이스라엘의 하나님은 사랑과 은혜와 자비이시다(11:29-32). 하나님은 "그들의 조상들의 낯을 봐서[조상들로 말미암아]"(11:28) 신실하실 것이다. 바울은 감싸는 방식으로 이야기를 전개하면서, 과거 이방인들의 불순종이 현재 이스라엘의 불순종에 필적하지만, 여기에 신적 의도가 있다고 말한다. "(그리하여) 모든 사람에게 긍휼을 베풀려 하심이로다"(11:32).

모든 인간이 저지른 불순종 때문에 은혜의 하나님이 우선성과 초충만성과 비상응성을 다하여 그분의 사랑을 드러내실 기회가 생긴다.

그렇다면 바울의 고통이 끝없이 계속되지는 않는다. 그것이 최종 선고도 아니다. 이스라엘과의 관계에서 하나님의 최종 선언은 은혜와 자비와 구속이다. 바울로서는 때로 그 점을 헤아리기 힘들고 이해할 수 없지만, 여기에서 자신의 고통에 대한 해결책 하나를 발견한다. 이스라엘의 불신앙은 최종적인 것이 아니다. 하나님이 이스라엘과 이방인들, 약한 자들과 강한 자들을 대하신 놀라운 방법의 불가해성에서, 하나님의 '깊이'에 대한, 하나님의 판단이 얼마나 '헤아리지 못할 것'인지에 대한 (욥이 했을 법한) 찬송이 불쑥 튀어 나온다(11:33-36).

이스라엘을 구속하는 미래

만약 이스라엘이 메시아를 거부한 이유가 하나님의 뜻이면서 일시적일 뿐인 우둔해짐 때문이라면, 하나님의 놀라운 행보 중 하나가 육신의 이스라엘을 확장된 이스라엘로 전환하신 일이라면, 이스라엘의 불신앙이 일시적이라면, 이스라엘의 미래에는 최종적인 받아들임과 신앙이 있다. 다시 말하자면, 이것은 예견되고 나서 분명하게 진술된다. 이미 언급했듯이, 그러한 예견에는 11장 12절('그들의 충만한 들어옴'[그들의 충만함]), 11장 14절('그들 중에서 얼마를 구원'), 11장 15절('받아들이는 것'), 11장 23-24절(다시 접붙이심)이

들어간다. '거룩한 떡덩이'가 무슨 뜻인지 완전히 명확하지는 않으나, 내가 보기에 '첫 열매로 드린 떡덩이'[제사하는 처음 익은 곡식 가루]는 아무리 좁게 잡아도 이스라엘의 조상 정도는 뜻하는 듯하다. 그것이 하나님의 은사와 부르심으로 거룩하게 되었으므로, '떡덩이 전체'(이스라엘)도 거룩하다(11:16). 바울은 은유를 바꾸어서 같은 논점을 강조한다. "만약 뿌리(하나님의 은사와 부르심)가 거룩하면, 가지들(이스라엘)도 거룩하다"[뿌리가 거룩한즉 가지도 그러하니라](11:16).

이 모든 내용이 11장 26절에서는 놀라운 언급으로 이어진다. "그리하여 온 이스라엘이 구원을 받으리라." 이것을 어떻게 해석해야 하는가? 이스라엘이라는 말이 바울 서신에서 대체로 하나같이 육신상의 이스라엘을 의미하기는 하지만, 몇 가지 선택지가 있으니, 솔직하게 논의하려면 그 선택지를 밝혀 두어야 하겠다. 민족으로서의 이스라엘(즉, 이삭을 통한 아브라함의 육신상 후손들 전체), 육신상의 이스라엘 더하기 아브라함의 믿음의 후손, 이방인들을 포함하는 데까지 확장된 이스라엘(즉, 믿음으로만 아브라함의 믿음의 후손인 사람들, 다시 말해 유대인 남은 자 더하기 이방인 예수 신자들), 교회를 가리키는 은유로서의 이스라엘(이는 교회가 어떤 면에서는 이스라엘을 새롭게 구성하였다는 의미이고, 어떤 이들은 갈라디아서 6장 16절에서 그 근거를 찾는다)이 있다.

분명 성경 독자들은 직감적으로 육신상의 이스라엘을 가리킬 것인데, 왜냐하면 이스라엘이라는 용어를 모세에서 바울에 이르기까지 그러한 의미로 사용하는 경우가 너무나 많기 때문이다.

강한 자들에게

따라서 나는 직감적 차원에서 볼 때, 넷째 의미를 선택하기는 불가능하다고 주장한다. 육신상의 이스라엘을 그렇게 빨리 지워버릴 수는 없다. '이스라엘'이라는 용어를 사도 바울이 사용했으니, 사도 바울의 용법을 존중해야 한다.[3] 바울의 용법에서 바로 관찰할 수 있듯이 바울은 육신상의 이스라엘을 확대하거나 축소해서 믿음으로 말미암은 이스라엘이 되게 한다. 그래서 로마서 9장 6절은 "이스라엘에게서 (육신으로) 난 그들이 다 (믿음으로 말미암은) 이스라엘이 아니요"라고 진술한다. 육신상 이스라엘의 수는 엄청 많을 수 있지만 남은 자만 머무르며(9:27), 그 남은 자는 믿음으로 말미암은 이스라엘이자 하나님이 미리 아신 이들이다(11:2). 그러나 바울은 '이스라엘'을 육신상의 이스라엘을 의미하는 말로도 사용한다(9:31; 10:19, 21; 11:7; 고전 10:18; 고후 3:7, 13; 엡 2:12; 빌 3:5). 육신상의 이스라엘은 일시적으로 우둔하여졌으나(롬 11:25), 장차 "온 이스라엘이 구원을 받을 것이다"(11:26). 이것은 육신상의 이스라엘과 믿음의 이스라엘 중에 어느 이스라엘인가?

그 결정은 거부와 믿음 주제를 살펴보는 것으로써 내려진다. 충만한 들어옴과 구원에 대해서 말할 수 있지만, 그 구속에 대해서는 이스라엘을 시기나게 하여 믿음으로 응답하게 하는 것을 동시에 말할 때만 가능하다. 그러므로 '받아들이는 것'(11:15)과 대목(臺木)에 계속 머무르는 데는 믿음이 요구되며 계속 그 믿음 안에 있어야 한다(11:20, 22). 그러므로 이스라엘도 "믿지 아니하는

---

3 로마서 9:6, 27, 31; 10:19, 21; 11:2, 25-26. 또한, 고린도전서 10:18, 고린도후서 3:7, 13; 갈라디아서 6:16; 에베소서 2:12; 빌립보서 3:5.

거꾸로 읽는 로마서

데 머무르지 아니하면"(11:23) 대목에 다시 접붙임을 받으며, 따라서 속량과 구원을 받는다. 더구나 그 속량을 얻으려면 '구원자 Deliverer', 즉 이사야 59장 20-21절을 인용함으로써 바울의 편지에 들어오는 구원 행위자agent를 거쳐야 한다.[4] 바울의 신학에서 이 행위자는 하나님이 구속을 위해 보내시는 예수 메시아다. 여기서 바울이 미래의 사건을 언급하고 있을 가능성이 아주 높으며, 필시 재림의 측면에서 생각하고 있을 것이다. 바울의 생각 속에는 미래의 구속이 있으며, 그 구속은 이스라엘의 메시아이신 예수로 말미암는다.

이제 '온all'이라는 말에 전체 무게가 실린다(11:26, "온 이스라엘이 구원을 받으리라"). 거부에서 돌이켜 메시아이신 예수께 돌아간 이스라엘 사람만 구속을 받는다면, 그것이 어떻게 '온' 이스라엘일 수 있는가? 내가 갈라디아서 6장 16절에 대해서도 마찬가지로 주장하겠지만, 틀림없이 여기에서 '온'은 육신상의 이스라엘인 동시에 메시아를 믿는 믿음으로 말미암은 이스라엘이다. 믿음으로 말미암은 이 이스라엘이 이방인들과 함께한다. 강한 자들과 약한 자들은 이제 하나님의 한 가족인 교회 안에 있다. 그것을 어떻게 부르든 상관없다. 바울은 그리스도 안에 있는 하나님의 은혜와 부르심의 테두리 밖에서 구속을 얻을 수 있다고는 생각하지 않는다.

---

4 이사야 27:9과 예레미야 31:33, 34도 반향한다.

결론

약한 자들에게 바울은 하나님이 아브라함의 언약에 신실하시다고 말한다. 하나님은 놀라운 방식으로 신실하시며, 그 방식에는 메시아인 예수도 들어 있다. 하나님은 이스라엘 역사의 각 순간에서 계속 신실하게 있는 남은 자를 일으키시는 데도 신실하시다. 하나님은 구속을 바라고 이스라엘의 메시아에게 돌아오는 이방인들을 포함시키는 데도 신실하시다. 이방인인 강한 자들이 약한 자들의 형제자매라는 뜻이다.

강한 자들에게 바울은 하나님이 이방인들을 포함시키시는 데는 물론이고 이스라엘을 위한 미래의 속량을 약속하시는 데도 신실하시다고 말한다. 강한 자들이 오만해져서 자기들에게만 특권이 있다고 생각할 수 없는 이유는, 강한 자들의 하나님이 이스라엘의 하나님이시며 언약에 신실하시기 때문이다. 사실, 이스라엘에 대한 하나님의 부르심은 취소 불가능하다. 그러나 이 취소 불가능성은 메시아를 포함하고 이방인의 들어옴을 포함하고 장차 이스라엘이 메시아이신 예수께 돌아오게 될 것을 포함하는 방향으로 놀랍게 전환한다. 하나님이 이스라엘에게 신실하시기 때문에, 강한 자들은 약한 자들을 그리스도 안에서 형제자매로 받아들여야 한다.

거꾸로 읽는 로마서

III

평화를 가로막는 토라

로마서 1-4장

4

13

편지 서두
(1:1-17)

우리는 편지의 끝에서 출발해서 이제 편지의 시작부분인 1-8장에 이르렀다. 대다수는 이 부분을 로마서의 '신학적' 혹은 '이론적' 부분이라고 여긴다. 로마서가 세 부분이나 네 부분, 즉 1-8장과 9-11장과 12-16장, 또는 1-4장과 5-8장과 9-11장과 12-16장으로 나뉜다고 주장할 수도 있다. 어느 쪽을 따르든, 로마서 1-4장과 5-8장은 함께 작동한다. 따라서 로마서 1-4장으로 시작하겠다.

우리는 로마서를 목회신학으로, 로마의 특정 가정교회들이 직면한 특정 쟁점을 다루는 편지로 읽기에 몰두하고 있으므로, 그러한 상황을 늘 전면에 놓아야 한다. 그러니 약한 자들과 강한 자들과 관련한 상황을 상기해 보자.

로마서의 정황을 상기

로마서를 어느 신학자가 신학자들을 대상으로 저술한 이론신학으로 간주해 버리기가 너무나 쉽고, 또 그동안 역사가 보여 주었듯이 로마서의 구원론적 읽기가 로마서의 교회적, 목회적 맥락을 축소하고 심지어 무시하므로, 이제 그 정황의 세 가지 중요 요소인 약한 자들과 강한 자들, 뵈뵈, 삶의 신학을 상술하겠다.

약한 자들과 강한 자들

로마서 12-16장의 논의 끝부분에서 약한 자들에 관해 말한 내용을 로마서 9-11장 읽기 다음에 추가할 수 있다. 추가 요소는 진한 글씨로 표시한다.

약한 자들은 유대인 신자로, 하나님의 선택이라는 흐름 속에 있고 **자기들의 택하심에 대해 확증 받아야 하는 이들이지만, 하나님이 그 선택에 신실하신지 의문이 있고, 따라서 하나님이 이스라엘의 역사를 통틀어 보이신 놀라운 행보를 받아들여야 하는 이들이다.** 약한 자들은 토라를 알고, 토라를 행하지만, 지위나 특권이나 힘이 없으면서도 이방인들, 특히 로마에 있는 그리스도인 공동체 안에서 강한 자들을 판단한다. 심지어 약한 자들은 유대의 열심 전통을 근거로 해서 로마에 납세를 거부하려는 유혹을 받았다. 더욱이 **약한 자들은 '그리스도를 믿음**faith in Christ**'을 그들 자신에게 더욱 철저하게 적용해서 자기들이 이스라엘의 '남은 자'의 새로운 사례임을 발견해야 한다. 또 약한 자들은 믿음의 충분성**sufficiency of faith**이 의미하는 바가 그리스도 안에 있는 이방인 신자들도 형제자매라는 것임을 이해해서, 토라 준수가 자기들이나 로마의 강한 자들이 변할 수 있는 방법이 아님을 깨달아야 한다.**

강한 자들에 대해서도 되새겨 보자면, 이들 대부분은 예수를 메시아 또는 왕으로 믿는 이방인들로 구성되며, 토라를 자신들을 향한 하나님의 뜻으로 준수하지 않고, 아마도 유대인들, 특히 예수를 믿는 유대인 신자들을 업신여기며 멸시하는 태도를 보이는 이들이며, 이 모든 것은 로마에서 강한 자들이 누리는 우월하고 더 높은 지위로 마무리된다. 바울을 포함하여 토라 준수가 필수사항이 아님을 받아들이는 유대인 신자들도 강한 자들에 속한다. 따라서 강한 자들은 민족 구성만큼이나 신분과 토라 준수에 대한 입장으로도 알려져 있는 셈이다. (로마서 1-8장, 특히 5-8장을 읽어 나가면서 강한 자들에 대해서 더 많이 알게 될 것이다.)

뵈뵈

되새겨 보면, 뵈뵈는 로마서의 낭독자이며, 바울이 뵈뵈에게 이 편지를 맡겨서 로마에서 전하게 했기에 뵈뵈가 여성의 목소리로 바울을 대신하여 말한다. 뵈뵈는 이 편지를 읽는 모든 장소에서 바울의 현존presence이다. 뵈뵈는 청중이 실망한 표정일 때면 '즉석에서' 대응해야 하는 사람이고, 각 문장에서 무엇을 강조할지 알 사람이다. 뵈뵈는 특정 집단(강한 자들과 약한 자들)에게 말할 때 누구를 바라보아야 하는지 알 텐데, 이것은 중요하다. 로마서를 소리 내어 읽는 데 얼마나 걸릴까? 사람들이 질문을 하며 끼어들거나 바울이 무슨 뜻으로 말했는지 캐묻기 위해 끝까지 기다릴 수도 있다면, 로마서를 상연하는 데 얼마나 걸릴까? 수 시간이 걸릴 것이다. 뵈뵈의 역할은 이 편지를 로마의 각 가정교회에서 상연하는 것이었고, 대체로들 생각하기로는 로마에 그와

거꾸로 읽는 로마서

같은 가정교회 환경이 최소 다섯 곳은 있었다. 아마도 더 있었을 것이다. 뵈뵈가 이 편지를 가지고 일주일 동안 매일 한 가정에서 다른 가정으로 옮겨가며 낭독하고 대화를 나누는 장면을 생각해 보라. 아마 뵈뵈는 로마서를 딱 한 부만 들고 로마에 갔겠지만, 어떤 이들은 아침이나 늦은 밤 시간을 들여서 로마의 교회들에게 사본을 하나라도 만들어 주려고 했을 가능성도 있다.

삶의 신학

삶의 신학이 로마서 9-11장에서 소리가 줄어들기는 했지만 여전히 거기 있다. 어떻게 그런가? 바울은 9장 1절-11장 10절에서 약한 자들이 강한 자들을 판단하기를 그만두는 모습을 보려는 바람에서 약한 자들에게 더 강하게 이의를 제기하고, 또 11장 11-36절에 있는 경고에서 복음의 가르침에 대한 강한 자들의 신실함을 염려하고 있음을 드러낸다. 그 가르침은 무엇인가? 로마서 12-16장의 삶의 신학을 요약해서 우리는 그리스도 닮기라는 중심 용어에 도달했다. 그리스도 닮기는 체현된 하나님 지향, 그리스도의 몸 지향, 공적 영역 지향에서 열매를 맺는다. 그리스도 닮기의 기본 핵심은 이렇다. "그대들은 그리스도 안에 있으니, 특권이나 힘, 혹은 선택받은 신분이나 역사에 따라 행동하지 말고 오히려 그대의 몸 전체를 날마다 하나님에게 드림으로써 이웃을 사랑하고, 서로 환대하고 서로 식탁에서 함께 먹으며 서로 안에 거함으로써 모든 다른 그리스도인들과 형제자매로 살아가야 합니다. 또 그대들은 정중하게 일부러 자비를 베푸는 행동으로 이웃 로마인을 그대 자신처럼 사랑해야 합니다. 오직 이러한 방법으로만 로마에 평화가 존재할 수 있습니다." 이것이 로마 그리스도인들을 향한 바울의 삶의 신학이고, 로마서 1-8장이 말하는 내용이 등장하는 까닭이다. 로마서 1-8장이 그리스도를 닮는 평화에 대해서 말한다고 설정하지 않는다면, 로마서 1-8장을 오해할 수밖에 없다. 로마서 1장 1-7절부터 시작하자.

편지 서두

바울은 자아정체성에서 아마도 가장 중요했을 용어로 자신을 묘사한다. 바울은 예수 그리스도의 노예[종]인데, 이 용어는 육신적 면에서 (특히 로마 제국이라는 육신적 면에서^{Roman-empire Flesh}) 바울의 신분을 낮추는 동시에 바울을 세상의 진정한 통치자와 연결함으로써 신분을 높인다. 바울 자신에 대한 둘째 묘사는 그가 **사도**라는 점으로, 이것은 문맥상 거의 '노예'에 해당하는 역할을 한다. 예수께서 친히 바울을 부르시고 선교를 위해 파송하셨다는 내용은 사도행전 9, 22, 26장의 이야기와 공명한다. 그리고 바울은 "하나님의 복음을 위하여 구별되었다[택정함을 입었으니]." 바울은 로마의 가정교회들이 자신을 메시아의 노예로, 주 예수께서 자기에게 권한을 위임하신 것으로 보기를 원한다.

거꾸로 읽는 로마서

복음과 믿음의 순종

바울은 노예와 사도라는 두 용어를 통해서 자기에 대한 묘사에서 선교에 대한 묘사로 슬며시 넘어가지만, 바울의 이방인 선교는 '복음'이라는 용어를 통하여 로마서 1장 1-4절의 초점이 된다. 복음은 예수와 사도들에 대해 선포된 메시지이고, 여기서 바울은 복음을 '그의 아들에 관하여' 말한 것, 즉 "육신으로는 다윗의 혈통에서 나셨고 성결의 영으로는 죽은 자들 가운데서 부활하사 능력으로 하나님의 아들로 선포되신 우리 주 예수 그리스도"에 관한 메시지로 정의한다(1:3-4). 거의 동일한 용어가 디모데후서 2장 8절에 쓰인다. "내가 전한 복음대로 다윗의 씨로 죽은 자 가운데서 다시 살아나신 예수 그리스도를 기억하라." 로마서 1장 3-4절과 디모데후서 2장 8절을 고린도전서 15장 1-8절과 연결하면, 복음은 오랫동안 기다린 다윗 혈통의 메시아적 왕이신 예수에 대한 ('그의 아들에 관하여') 공적 선포로 정의된다. 이 예수는 이스라엘의 이야기/성경을 성취하시고("하나님이 선지자들을 통하여… 성경에 미리 약속하신 것이라"), 사셨고 죽으셨고 일으킴을 받으셨다. 부활이 그분을 세상의 참된 주님으로 효과적으로 선언한다('하나님의 아들로 선포되셨으니'). 이 선언에 '능력'과 '성결의 영'이 작동한다(1:4). 사망을 꺾어 버리는 것이 그리스도 안에서 구속의 목표이며, '성결의 영'은 셈어적 표현으로서 (아마도) '성령'을 의미할 것이다.[11] 바울은 1장 9절에서 거의 똑같은 말을 한다. "내가 그의 아들의(아들에 관한) 복음을 선포함으로써"[내가 그의 아들의 복음 안에서]. 이 문맥에서 '아들'은 '메시아/그리스도'와 거의 동의어로, '왕'이라는 의미다(삼상 7:14). 바울이 전파하는 복음은 약한 자들에게는 유대교의 용어와 범주를 이용하여 호소하고, 강한 자들에게는 이스라엘의 가지로 접붙임 받았음을 받아들이라고 촉구한다. 동시에, 그 복음은 예수의 왕 되심과 다스림의 영역 바깥에서 이루어지는 어떠한 힘과 특권에 대한 주장도 모조리 전복한다.

주목해야 할 것은, 강한 자들이나 이방 세계 출신으로 믿음에 이르게 된 자들에게는 '메시아'(그리스도)라는 단어가 감흥을 일으키지 않았으리라는 것이다. 메시아라는 단어가 약한 자들과 특별히 강하게 연결되지만, '우리 주 예수 그리스도'라는 바울의 표현이 로마에 있는 교회 전체를 포괄하는 호칭이 아니었을지 생각해 보아야 한다. 즉 예수는 약한 자들에게는 '메시아'이며, 강한 자들에게는 '주'다.

이 복음 진술문(롬 1:3-4)은 사도적 전승이다(고전 15:1-8). 그러나 바울은 복음 전승의 골자를 확장한다. 이것은 복음의 핵심 전승부터 시작하여 열두 가지 특징으로 도식화할 수 있다.[2] 복음의 핵심 전승은 예수의 선재preexistence(1:3), 인간적 측면에서 다윗의 후손, 죄들을 위한 죽음, 장사지냄, 죽은 자들 가운데 있음, 부활, 최초의 현현, 그리고 하나님 보좌에 하나님의 아들로서의 등극이다. 이 복음의 핵심 전승에다가 바울은 예수께서 후에 다른

---

1   로마서 8:11도 성령을 예수의 부활과 연결한다.

2   Bates, *The Hermeneutics of the Apostolic Proclamation*, 59-108.

거꾸로 읽는 로마서

이들에게도 보이심(고전 15:6-7), 바울에게 보이심(고전 15:8), 바울을 사도로 임명하심(고전 15:7-11; 롬 1:5), 이방인들을 향한 바울의 선교(고전 15:11; 롬 1:5-6)를 더한다. 예수에 관한 핵심 복음이 예수에 **관해** 확장된 복음 전승, 곧 **바울의 선교를 통하여 이방인들을 위해** 확장된 복음 전승이 된다. 복음에 '이방인 선교'를 더하는 순간, 강한 자들과 약한 자들은 부동자세로 주의를 집중한다. 핵심 복음과 확장된 복음 전승 모두 근본적으로는 이스라엘의 이야기에서 유래했다.[3]

'그의 아들에 관한'(그 내용이 예수라는 인물인) 복음은 일종의 수행적 발화performative utterance이고 그 선포는 구속적이다. 바울이 이방인 선교로 부르심을 받았다는 것은 구속이 확장되었다는 의미다. 바울의 선교 목적은 특히 로마서 14-15장과 연결되어야 하며, "모든 이방인 가운데 믿음의 순종을 일으키는 것"[모든 이방인 중에서 믿어 순종하게 하나니]이다(1:5). '믿음'과 '순종'을 어떻게 연결하든 누군가의 귀에는 거슬리겠지만, 바울이 보기에는 은혜에서 믿음이 나오고. 믿음에서 순종이 나온다. 나중에 바울은 바로 이러한 어조로 이 편지를 마무리한다. "그리스도께서 **이방인들을 순종하게 하기 위하여** 나를 통하여 역사하신 것"(15:18), "나의 복음은… 영원하신 하나님의 명령을 따라서… **믿음의 순종을 일으키기 위하여서**… 모든 이방인에게… 이제는 나타나신 바 되었다"[나의 복음과… 이제는 나타나신 바 되었으며 영원하

---

3 복음과 이사야 40-55장 사이에 존재하는 광범위한 연결고리들을 여기서 다 논의할 수는 없다.

신 하나님의 명을 따라…모든 민족이 믿어 순종하게 하시려고]
(16:25-26). 로마의 강한 자들은 물론이고 약한 자들 사이에 있는
문제는 이 순종 가운데(16:19, "너희의 순종함이 모든 사람에게 들리는지라")
나타나는 불순종이며, 그 불순종 때문에 분열과 긴장이 일어났
다. 불순종은 분열로 이어지지만, 순종은 평화를 촉진한다. 로마
서 중간 부분에서 바울은 복음을 기초로 하는 이러한 순종에도
초점을 맞추었다(6:12, 16, 17). 로마서의 목적은 **삶의 신학**, 1장 7절
의 용어로는 '성도'(거룩한 자들)가 되는 것이다. 바울이 보기에 1장
5절에 있는 '믿음의 순종'은 강한 자들이 자기 힘을 포기하여 약
한 자들을 환대하고 그들에게 힘을 실어 주는 것과 관련이 있으
며(14:1, 15:1), 약한 자들이 선택받은 특권에 매몰되어 강한 자들도
토라를 준수해야 한다고 요구하기를 그만두는 것과도 관련이 있
다(14:10). 그렇다면, '믿음의 순종'은 그리스도 닮기의 또 다른 모
습이자 평화 유지를 위한 중요 기관vital organs을 의미한다고 말할
수도 있을 것이다.

바울의 선교는 이방인들을 향하며, 이 편지를 수신하는 로마
의 가정교회들 대다수가 이방인으로 구성되어 있는 것으로 보인
다. '너희도 그들 중에'(1:6)라는 말이 '모든 이방인 중에'(1:5)라는
말과 연결된다. 로마 가정교회들의 인적 구성을 놓고서 오늘날
논쟁이 치열하다. 이들은 대체로 유대인 신자인가? 대체로 이방
인 신자인가? 로마서 1장 18절부터 4장 25절에 이르는 긴 단락
을 논의하면서 그 질문에 답해 보겠다.

거꾸로 읽는 로마서

감사기도

바울의 감사기도는 흔히 과거와 현재와 미래를 바라보며, 편지 자체에 있는 여러 주제를 예견하기도 한다.[4] 로마서의 감사기도에 등장하는 몇 가지 주제를 살펴보겠다.

개인적 표현

로마서 1장 8-17절에 나오는 이 풍부한 개인적 표현은 (바울에게 알려진 회중인) 로마 그리스도인들을 향한 바울의 선교와 마음을 전하여서 그들에게 이 편지를 반가이 맞으라고 권유한다. 개인적 표현은 '나'라는 말에 나온다. "내가 감사한다, 내가 섬긴다, 내가 기억한다, 내가 어떻게 하든지 너희에게 나아갈 좋은 길 얻기를 구한다, 내가 너희에게 (어떤 신령한 은사를) 나누기 위하여 너희를 보기를 원한다, 내가 너희 중에서도 열매를 맺게 하려고… 여러 번 너희에게 가고자 한 것을[5] 너희가 알기 원한다, 나는 빚진 자다, 나는 복음을 부끄러워하지 않는다." 여기에 '내 하나님', '내 심령', '나의 증인', '내 기도', '나의 믿음', '내 열망'[나는… 원하노라] 같은 표현을 더해 보라. 바울의 '나-진술^{I statement}'에서 하나님과 로마 신자들이 바울의 양 옆에 있다. 하나님이 바울 쪽에 계셔서(1:9) 바울의 길을 인도하시고(1:10), 바울은 로마의 신

---

4 고린도전서 1:4-9; 빌레몬서 4-7; 골로새서 1:3-12도 보라.
5 이것(바울이 전에 로마에 가고자 한 계획이 성사되지 않은 것—옮긴이)은 주후 49년 유대인 그리스도인들이 로마에서 추방당한 사건 때문인 것으로 가장 잘 설명된다.

자들을 긍정해 준다. 이렇게 긍정하면서 "너희 믿음이 온 세상에 전파됨이로다"(1:8), "서로의 믿음으로 상호간에 위로를 얻게 하기 위함이다"[너희와 나의 믿음으로 말미암아 피차 안위함을 얻으려 함이라](1:12)라고 말하는 것을 보면, 바울은 약한 자들과 강한 자들을 모두 염두에 두고 있는 것으로 보인다. 이 상호성은 우리가 15장 14절("나도 [너희에 대해서] 확신하노라")에서 마주하는 것만큼 강한 감정표현은 아니지만, 그래도 뵈뵈의 입에서 흘러나오는 공적인 긍정이다. 바울의 소망은 "어떤 신령한 은사를 너희에게 나누어 주어 너희를 견고하게 하"는 것이다(1:11). 혹은, 다른 말로 하자면, "너희 중에서도… 열매를 맺게 하려 함"이다(1:13). 대체로 바울은 로마서 도입부를 개인의 감정이 묻어나는 방식으로 쓰고 있다.

선교

바울의 선교가 다시금 전면에 등장한다. "헬라인이나 야만인이나 지혜 있는 자나 어리석은 자에게 다 내가 빚진 자라"(1:14). 두드러지게도, 바울은 '이방인'이 아니라 '헬라인'이라고 쓰며, 단순히 민족적 배경이 아니라 사회적 지위 면에서 말한다. 지위가 하나님에게 중요하지 않듯이, 바울에게도 중요할 리가 없다. 이어서 로마에서도 복음을 전하고자 하는 열망으로 자신의 선교를 설명한다(1:15). 다시금 우리는 로마서 15장에서 읽은 내용으로 돌아간다. 거기서 바울은 자신의 계획에 담은 지도를 간략히 보여 주는데, 복음을 전하면서 (아마도) 지중해를 한 바퀴 도는 계획이었다(15:19-21).

왜 로마에 복음을 전하는가?

바울이 로마에 있는 교회 사람들을 신자들로 여겼다고 믿을
만한 이유가 있다. 바울은 그들을 "예수 그리스도의 것으로 부
르심을 받은 자"라고 말하며(1:6), "하나님의 사랑하심을 받고 성
도로 부르심을 받은" 자들에게 편지를 쓴다(1:7). 바울의 기도에
는 예수의 모습이 한껏 들어 있다. "하나님 우리 아버지와 주 예
수 그리스도로부터 은혜와 평강이 있기를 원하노라"(1:7). **그렇다
면 왜 바울은 1장 15절에서 "로마에 있는 너희에게도 복음을 전하기"
를 원한다고 말하는가?** 바울에게 '복음'은 단순히 예수께로 회심
을 촉구하도록 고안된 메시지 정도가 아니다. 바울은 단순히 회
심자를 얻으려고 복음을 전하지 않는다. 오히려 **바울 메시지 전체**
가 복음 전파다. 우리는 바울의 커다란 비전의 얼개를 살펴보았
고, 곧 로마서 5-8장을 다룰 때에도 그 비전에 주목할 것이다. 구
속의 목적은 사람들이 변화하여 그리스도 닮기에 이르는 것이
며, 그리하여 평화가 제국의 심장부로 침투하는 것이다. 그러므
로 그들에게 복음을 전하려는 바울의 열망은 곧 '믿음의 순종'이
라고 불리는 삶의 신학에 대한 열망이다.

부끄러워하지 아니하노니

바울의 가장 유명한 '나-진술'은 자신이 복음을 **부끄러워하지
아니한다**'는 것이다(1:16-17). 로마서 14-15장에 있는 로마의 두

집단이 이 놀라운 '부끄러워하지 아니한다'를 설명하는 데 도움이 된다. 약한 자들은 강한 자들이 거룩한 생활을 시작할 수 있는 도덕적 변화가 바울의 복음으로 인해 일어날 수 있을지 궁금해했을는지도 모르며, 로마서 6장은 강한 자들에 대한 약한 자들의 태도를 나타내거나, 혹은 더 나아가 강한 자들 나름의 용어를 나타내는 것일 수도 있다(이 부분에 대해서는 나중에 더 설명하겠다). '부끄러워하지 아니한다'는 표현은 약한 자들에게 말하고 있을 뿐 아니라, 신분과 특권과 힘이 있는 이들을 대놓고 비판한다. 예수와 연결되는 것은 곧 십자가형을 받은 인물과 연결되는 것이어서, 신분을 늘 의식하는 로마인들에게는 부끄러운 일이었다. 로마인의 세계관에서 보면 예수를 메시아이자 주님으로 부르는 것은 터무니없는 일이었다. 로마인의 육체Roman Flesh는 높은 지위를 갈구했으며, 군사력으로 움직였다. 바울은 로마인의 육체를 전복한다. 사실, 바울은 이른바 자신의 부끄러움 덕분에 새로운 특권과 이어졌으니, 바로 십자가에 달리신 주님의 사도가 된 것이다. 세상이 불명예라고 부르는 것을 바울은 명예라고 부른다. 세상이 부끄러운 것으로 분류하는 것을 바울은 높은 지위를 선사하는 것으로 분류한다. 세상이 무력함이라고 부르는 것을 바울은 구원을 주시는 하나님의 능력이라고 부른다! 다른 말로 하면, 로마서 1장 16-17절에 있는 '부끄러워하다'는 고린도전서 1장 23-24절에 나오는 바울의 유명한 말의 반복이다. 고린도전서에서 바울은 '십자가에 못 박힌 그리스도'가 "유대인에게는 거리끼는 것이요 이방인에게는 미련한 것이로되… 하나님의 능력이요 하나님

거꾸로 읽는 로마서

의 지혜"라고 말한다. 바울은 십자가에 못 박힌 예수의 주되심을 믿고 전파함으로써 로마 제국의 세속성을 전복한다. 바울은 그 복음을 조금도 부끄러워하지 않는다. 더욱이 그 복음은 로마에서 작은 가정교회들 안에, 가난하고 신분이 낮은 이들 가운데 뿌리내리고 있었으며, 이와 같은 종류의 그리스도 닮기가 로마인의 육체와 제국 이데올로기를 전복한다.

복음 주제

이러한 예수의 주되심 복음, 이러한 하나님의 아들 복음이 로마서 1장 16-17절에서 중요한 복음의 주제들에 도달한다. 그 복음은 구원/구출salvation/rescue을 위해 폭발적으로 터져 나오는 하나님의 능력이고, 구속은 믿음으로 말미암아 경험하며, 복음은 유대인들과 이방인들 모두를 위해 있고, 신정론식으로 말하면 복음은 하나님 자신의 의를 나타낸다. 각각에 대해 설명해 보자.

첫째, 복음은 구원한다. 이 복음은 (고린도전서 15장 1-8절[또는 15장 1-28절]에 개요가 있고, 사도행전에 나오는 여러 설교에서 전파되며, 디모데후서 2장 8절에서 동일한 용어로 재진술되는데) 예수가 하나님의 아들이심을, 그가 다윗 약속의 성취이심을, 복음이 예수의 부활로 입증됐음을 선포한다. 이 선포는 성령을 통하여 하나님의 '능력'이 쏟아지도록 하여 '구원'을 가져온다(1:16). 이는 복음이 아니라 하나님이 구원하신다는 의미다. 곧 그리스도께서 우리 인간의 상황 속에 들어오셔서 우리를 위해 죽으시고 우리를 의롭다 하시기 위해 일으킴을 받으셨는데(4:25; 5:12-21; 참조. 빌 2:6-11; 골 1:15-20), 그 그리스도 안에서 계시된 하나님이 구원하신다는 것이다. 바울의 신학에서 구원은 자격 없는 자들의 상황을 떠안으심[6], 그 상황을 해결하고 용서하심, 자격 없고 노예가 된 자들을 구출하심, 그들과 창조세계 그 자체가 성령께서 낳으시는, 하나님나라의 새로운 창조가 되게 하심과 관련 있다. 그리하여 그들이 바로 아들의 형상을 닮을 수 있게 된다(8:31-39). 그와 같은 이들이 이제 타인에 대한 다정한 환대와 삶 전체에서 흐르는 거룩함으로 구원의 선물에 화답한다. 사실상 그들은 체현된 제사가 되고(12:1-2), 타인을 지향하며 살게 되며, 하나님과 의의 종이 된다(6:15-23). 새 하늘과 새 땅에서 완성되는 이 구속 과정은 바울이 그것을 하나님의 '능력'이라고 부르는 이유이기도 하다. 그것은 새로운 창조세계를 창조하시는 능력이다.

둘째, 믿음은 이 구속에 우리를 참여시킨다. '믿는 것 to believe'이나 '믿음을 갖는 것 to have faith'(이 두 용어에는 동일한 그리스어 어근, 피스트 pist가 있다)은 행위가 아니라 신뢰하고 복종하고 충성하는 태도다. 로마서에서 믿음의 반대는 토라 행위들을 실행하는 것이다. 토라 행위들 실행은 기본적으로는 모세의 계명들을 행하는 것으로 이해되지만, (적어도 약한 자들에게) 그러한 실행에는 언약적 선택이라는, 분열을 초래하는 우월한 위치가 따른다. 토라 준수의 이러한 우위는 로마서 9장 11절-11장 10절과 로마서 14-15장에 나

---

6   로마서 5-8장에서 바울은 죄sin, 죄Sin, 육신Flesh, 세상World, 사망Death에 초점을 맞춘다. 해당 장들을 다룬 논의를 보라. (저자가 죄, 육신, 사망 등을 대문자로 처리하는 이유는 19장 참조—옮긴이)

거꾸로 읽는 로마서

온다. 로마서를 거꾸로 읽으면 여기 로마서 1장 16절처럼 '믿음' 이라는 단어가 언급될 때 이러한 본문들에서 울려 퍼지는 메아 리가 들린다.

셋째, 복음은 유대인들을 구원하고, 그 다음에 이방인들을 구원한다. 누구인지에 관계없이, 지위를 막론하고(뒤나토이이든 아-뒤나토이이든, 강한 자든 약한 자든, 힘이 있든 힘이 없든), 토라나 민족성과 관련해서 어떻게 평가되는지에 관계없이, 믿음 안에서 그리스도 안에 계신 하나님에게 돌아선다면 그 사람은 구속을 위한 하나님의 능력이라는 영역으로 들어온다. 그러나 로마서 9-11장이 거듭거듭 명확히 밝히듯이, '먼저는 유대인에게요'라는 말은 하나님이 아브라함/이스라엘과 맺으신 언약은 대체되지 않고, 하나님이 이스라엘에게 하신 약속은 여전히 굳건하며, 하나님이 그 약속에 신실하시다는 의미다. 그러나 이제 이스라엘은 더 이상 혼자가 아니며, '그리고 헬라인에게로다'(1:16)[7]. 로마서 11장 11-24절은 이스라엘의 일부가 잘리기는 했어도, 이방인들이 다름 아닌 이스라엘이라는 대목臺木에 접붙임을 받았다고 주장했다. 따라서 유대인들과 이방인들로 구성된 교회는 이스라엘을 지워 버리는 것이 아니라 이스라엘을 **확장하는** 것으로 이해된다. 1장 16절에 나오듯 '먼저는 유대인에게요 그리고 헬라인에게' 쓴 편지의 서두는 로마서 9-11장의 완전한 내러티브를 예견하고, 그 내러티브는 1장 16절의 표현을 명확히 해 준다.

---

7 2:9-10; 3:22-24; 4:16; 5:18; 8:32; 10:4, 11-13; 11:32; 15:10-11에 비슷하게 나오는 포괄적 표현도 보라.

넷째, 하나님 자신의 의가 계시된다. 1장 17절에서 '하나님의 의'는 하나님의 속성이다. 하나님은 하나님의 본질상 God in God's own self 의의 기준**이시다**(존재론). 그리고 하나님은 그 기준에 완전히 부합하신다. 따라서 하나님은 아브라함 때부터 맺어 오신 약속들에 신실하시며, 하나님의 아들이신 예수에 대한 복음이 하나님 자신의 의를 계시한다.[8]

이제 까다로운 문제를 다룰 시간이다. '믿음을 통해 믿음으로 through faith for faith(에크 피스테오스 에이스 피스틴 ek pisteos eis pistin)'[믿음으로 믿음에], 또는 더 직역하면 '믿음에서 나와 믿음을 향해 out of faith unto faith'다. 이 표현을 읽는 여러 방법을 분류해 보겠지만, 어느 것 하나 설득력이 강해 보이지는 않는 이유는 다 말이 되기 때문이다. 이 '믿음을 통해 믿음으로'는 (유대인의 믿음이건 이방인의 믿음이건) 한 개인의 믿음의 성장, 즉 한 사람이 한 단계에서 다른 단계로 믿음이 성장하는 것을 가리킬 수 있다. 어쩌면 '믿음을 통해 믿음으로'는 '전적으로 믿음으로 말미암은 altogether by faith'을 함축하는 표현일 수도 있다. 그러나 1장 17절은 **하나님의** 의를 강조하기 때문에, '믿음**으로부터** from faith'는 하나님 자신의 신실하심을 뜻하고, '믿음을 향해 unto faith'는 그리스도 안에 나타난 하나님의 계시를 믿음으로 받아들이는 유대인들과 이방인들을 가리킬 수도 있다. 또는 어쩌면 '믿음을 통해 믿음으로'는 예수의 신실하심이 (즉 '믿음을 통해 through faith'에서 믿음은 예수의 신실하심을 의미한다) 예수 그분에

---

8 '의 righteousness'나 '칭의 justification'라는 용어는 247-251쪽에서 더 자세히 논의하겠다.

거꾸로 읽는 로마서

대한 우리의 충성을 가능케 한다(즉 '믿음으로^{for faith}'에서 믿음은 우리의 충성이다)는 의미일 수도 있다. 우리가 다루고 있는 이 문제가 다각적인 까닭은, 바울이 하박국 2장 4절을 인용하여서 논의가 더 복잡해지기 때문이다.[9] 이 표현을 하박국 2장의 큰 주제들을 고려하며 읽어 보면, 하나님의 구속을 기다리는 그 의인의 희망어린 신뢰와 순종이 떠오른다.[10] 하박국 2장은 교만한 자들과 부유한 자들을 믿음으로 사는 의로운 자와 대조한다. 여러 면에서 바울이 약한 자들과 강한 자들에 대해서 말하는 내용 일부를 하박국 2장에서 예견한다. 이것을 로마서 거꾸로 읽기로 확장하여 생각해 본다면 (이렇게 하는 것이 추측의 반복에 불과하지만) 어쩌면 바울은 이 구절을 강한 자들의 믿음('믿음으로 말미암아^{through faith}')과 약한 자들의 믿음의 필요성('믿음으로^{for faith}')이라는 의미로 말했을 수도 있고, 그 반대로 해석할 수도 있다. 약한 자들은 이미 이스라엘의 언약 안에 있는 이들이니, 이제 강한 자들이 접붙임을 받고 있다는 뜻이다! 또 주목할 만한 점은 로마서 1장 16-17절 앞 구절에서 이방인들을 향한 바울의 선교를 강조한다는 것이다(참조: 1:10-15). 이렇게 하면 '믿음으로부터 믿음을 향해'(1:17)를 창세기 12장 3절에 나오는 아브라함 언약의 성취로 이해하는 읽기에 무게가 실린다. 그러므로 '믿음으로부터^{from faith}'는 아브라함에게까지 거슬

---

9 갈라디아서 3:11과 히브리서 10:38에서도 인용한다.

10 히브리어 본문은 "의인은 그들의^{their}(그의^{his}) 믿음으로 산다"[의인은 그의 믿음으로 말미암아 살리라]고 되어 있으며(맥나이트는 기본적으로 NRSV 번역을 사용하고 있기 때문에 NRSV의 포괄적 대명사 사용을 따라서 their를 먼저 언급하고 나서 히브리어 본문에 더 충실하게 his라는 단서를 단 것으로 보인다.―옮긴이), 칠십인역은 "의인은 나의 믿음/신실함^{my faith/faithfulness}으로 살게 될 것이다"라고 되어 있다. 그리고 바울은 "의인은 믿음으로 말미암아 살리라"로 합의를 본다.

러 올라가고, '믿음을 향해^{unto faith}'는 교회에서 그 언약이 성취되었다는 말이다.[11] '믿음으로부터 믿음을 향해'라는 표현 자체가 모호하기 때문에 이렇게 다양한 해석이 나오게 되며, 이러한 모호성을 완전히 해소할 길은 없어 보인다.

---

11 갈라디아서 3:1-14에서 보는 것과 같다.

거꾸로 읽는 로마서

14

로마서 1-2장의 수사修辭

로마서 1-4장 읽기는 1장 18-32절을 읽는 방식에서 출발한다.
통상 1장 18-32절은 이방인들의 죄성과 관련 있고, 2장 1절-3
장 8절은 유대인의 죄성을 다루고, 3장 9-20절은 양쪽 모두(즉 모
든 인류)를 구속의 길로 향하도록 이끈다고 생각한다. 좀 더 전통
적인 방식으로 말해 보자면, 바울이 1장 18-32절에서는 인류를
총칭하는 이방인을 기소하고, 2장 1절-3장 20절에서는 특히 유
대인들을 기소한다. 그러고서 3장 21-26절에서 오직 그리스도
안에 있는 속량을 설명하여서, 그리스도 안에 있는 하나님의 은
혜에 대한 적절한 반응은 행위들이 아니라 믿음이라는 데 초점
을 맞춘다(3:27-4:25). 이것을 또 다른 방식으로 표현하면, 바울은
암울한 소식(1:18-3:20), 좋은 소식(3:21-26), 그것을 얻는 방법 순서
로 소개한다(3:27-4:25). 이러한 표준적 읽기는 의도가 분명한데,
곧 바울의 **구원론을 보편화**universalizes하는 것이다. 또한 이러한 읽
기는 그 메시지를 로마서 12-16장에서 개괄한 사회적 맥락에서
분리해 버린다.

바울이 로마서 2장에서 **누구를** 염두에 두고 있었느냐는 문제

는 그러한 보편주의적 접근방식에서 생각하는 것만큼 명확하지
는 않을 수 있다. 그러나 로마서 거꾸로 읽기는 로마서 1장 18절
에서 4장 끝까지 빛을 비추어 준다. 실제로 우리의 접근방식 덕
분에 로마서 1-4장을 더욱 수사적으로 읽게 되어 로마서 전체를
더욱 목회적으로 읽을 길이 트인다.

로마서 1장 18-32절 거꾸로 읽기

개요를 본문 위에 덧씌우긴 했지만, 이러한 개요로 독자가 본문
을 있는 그대로 이해하도록 돕고자 한다. 로마서 1장 18-32절
은 설득력 있는 기소장이지만 피고와 기소 이유가 명확하지 않
다. 많은 이들이 보기에 이것은 모든 개별 인간에 대한 기소장이
거나, 에덴에서 지은 아담과 하와의 죄의 반복이며, 이러한 보편
적 읽기는 로마서 1-4장에 대한 도식적 관점에 잘 맞는다. 모든
이가 정죄받고(1:18-3:20), 모든 이에게 구원자가 필요하며(3:21-26),
모든 이에게 믿음이 필요하다(4:1-25). 그러나 로마서 1장 18-32
절을 2장 1-29절이나 2장 1절-3장 26절과 결합하면 더욱 설득
력 있는 읽기가 가능해진다.

　바울은 1장 18-32절에서 자신의 청중을 분명하게 묘사한다.
이 집단의 특징은 하나님이 그들에게 계시되었음에도 죄를 짓
고 진리를 억압하는 것이다. 이들은 하나님을 알면서도 하나님
을 영예롭게도 하지 않고 하나님에게 감사하지 않고, 허탄해지
고 어두워졌다. 지혜 있다고 주장했지만 우상을 만들고 섬기는

자들이 되고 말았다. 그 결과로 하나님이 그들을 넘겨 버리셨고, 그 넘겨 버리심은 그들이 고삐 풀린 정욕을 통하여 타락과 불결을 체화하는 것으로 이어졌다. 이러한 타락에는 순리에 어긋나는unnatural[1] 동성 성관계도 들어 있는데, 무엇이 순리에 어긋나는지에 대한 바울의 인식뿐 아니라 바울의 성경(참조: 레 18:22; 20:13)이 이러한 견해의 기원이다. 다시 한번, 바울은 이 집단이 체화한 죄의 삶을 묘사한다.

주목할 만한 것은, '모든 인류'나 '모든 창조세계', 심지어 '모든 이방인들'과 같은 단어가 여기 전혀 나오지 않는다는 점이다. 조금이라도 그와 비슷한 내용을 보려면 3장 9절('유대인이나 헬라인이나 다')이나 3장 23절('모든 사람이')까지 기다려야 한다. 비록 3장 9절이나 3장 23절과 같은 요약문을 거꾸로 1장 18-32절에 투영하여 읽는 경우도 있지만, 아직은 거기로 서둘러 갈 필요는 없다. 1장 18-32절에 나오는 목록의 강조점은, (하나님의 피조물로서 진리를 알거나 하나님을 알지만) 하나님에게 합당하게 응답하는 쪽을 선택하지 않고 그 대신 우상숭배자가 되는 쪽을 선택한 이들에게 있다. 그 선택의 구체적인 결과는 **하나님이 결과적으로 그들을 자기들의 자유로운 선택에 종속되도록 넘겨주신 것**이며, 이러한 자유 선택은 타락한 정욕과 여러 죄악으로 이어진다. 바울은 인간들이 하나님에게서 돌아서는 것과 하나님이 인간들의 죄악된 행위를 제

---

1 예를 들면, T. Naph. 3:2-4는 이방인들, 창조질서들, 우상숭배, 동성 간의 관계를 연결한다. 다음을 보라: William Loader, *The New Testament on Sexuality* (Grand Rapids: Eerdmans, 2012); 동일 저자, *Making Sense of Sex: Attitudes towards Sexuality in Early Jewish and Christian Literature* (Grand Rapids: Eerdmans, 2013).

지하던 고삐를 풀어 버리시는 것 사이의 관계를 부각한다. 엄밀한 의미의 신학은 윤리와 떼려야 뗄 수 없이 엮여 있다(1:18, 21, 22, 25, 28, 32). 1장 18-32절에서 명시적으로 묘사한 죄들은 보통 죄인들이 보통 짓는 죄가 아니며, 유대인의 죄를 간략하게 묘사하는 수준을 넘어선다. 더구나 로마서 2장 14-15절에서는 이방인들을 전적으로 다르게 묘사한다. 그 묘사에 따르면 일부 이방인들은 도덕적 행동을 근거로 하나님에게 인정받는다.[2] 따라서 1장 18-32절이 모든 인간들이나 모든 이방인들을 묘사하는 것일리가 없다.

바울의 묘사에서 주목할 요소는 신적 판결로, "하나님께서 그들을 넘겨주셨다[내버려 두사]"(1:24, 26, 28)고 세 차례 반복된 표현에 나타난다. 각각은 의도적 우상숭배 행위와 죄악된 행동에 대한 응답이다. "그들이 바꾸었다"(알랏소^{allasso}, 메탈랏소^{metallasso}, 1:23, 25)를 "하나님께서 그들을 넘겨주셨다[내버려 두사]"(파라디도미 ^{paradidomi}, 1:24, 26, 28)와 함께 눈여겨보라. 여기서 작용하는 것은 인간의 자유, 하나님의 허용, 유기로, 이것은 인간 가치의 축소, 비인간화, 파멸로 이어지는 절망적 악순환의 고리에 해당한다. 더나아가, 이 신적인 넘겨주심은 1장 18절에 나오는 '하나님의 진노'의 의미를 어느 정도 규명해 준다. 즉 하나님의 진노는 불순종하는 인간들에 대한 하나님의 판결을 가리키며, 하나님이 인간들의 도덕적 타락 선택을 허용하시는 결과를 낳았다. 솔로몬의

---

2 로마서 9:24-26, 30; 10:19-20도 주목하라.

거꾸로 읽는 로마서

지혜서가 말하듯, "사람이 죄를 지은 바로 그것들로 징벌도 받는다는 사실을 깨닫게 하시려는 것이었다"(11:16, 한국천주교회 성경).

다음 단계로 가기 전에 요약해 보자. 로마서 1장 18-32절은 보통 죄인들이 보통 짓는 죄를 묘사하지 않고, 오히려 특정 부류 죄인이 짓는 특정 죄를 묘사한다. 바울은 여기서 보편화하고 있지 않다. 로마서 2장의 청중을 설정하고 있다. 달리 말해, 이방인들에 **관해** 말하는 것과 이방인들**에게** 말하는 것은 서로 별개다. 그러나 로마서 2장의 수사적 전환으로 넘어가기 전에, 로마서 1장 18-32절의 맥락을 살펴보아야 한다.

고정관념

로마서 1장 18-32절은 **성경에 근거를 두고서 이방인의 죄성에 대해 내린 판결**이다. 시편 79편 6절은 "나라들에게 주의 노를 쏟으소서" 하고 말한다. 그러나 이 판결은 성경에 근거를 둔 것 이상이다. 로마서 1장에 나오는 단어들은 디아스포라에서 불경건하고 우상숭배적 이방인들에 대한 **유대인들의 표준적 고정관념**이다. 로마서 1장 18-32절은 모든 인간을 묘사하지 않는다. 여기 본문에서 바울이 묘사하는 죄악 행동과 우상숭배는 일반적인 인간 죄성에 대한 것이기에는 너무 특수하고 다른 유대 문헌들과 공명하는 부분도 크다. 바울은 20년 간 이방인들 사이에서 선교를 해 왔고, 로마서 1장에서 우리가 읽는 표현은 이방인들의 악명 높은 죄들과 밀접한 관계가 있다.[3] 그러므로, 다시 한번 말하자면, 1장 18-32절은 이방인들을 다루고 있지만 특정 부류 이방인에 대한 유대인의 고정관념에 더 가깝다.

로마서 1장 18-32절을 고정관념이라고 부르는 것을 뒷받침하려면, 솔로몬의 지혜서 13-14장의 표현을 살펴보는 것으로 충분하다. 지혜서 13-14장의 표현 자체도 여러 이교paganisms에 짙게 그림자를 드리워 온 오랜 성경 전통에서 나왔다. 두 개의 요약문이 바울이 로마서 1장에서 말한 것에 해당하는 것을 하나로 묶는다. 가장 눈에 띄는 유사점은, 우상숭배를 도덕적 타락과 연결하는 것이다.

이름조차 붙일 수 없는 우상들을 숭배하는 것은 모든 악의 시작이요, 원인이요, 마지막이다(지혜서 14:27).

그러나 그들이 지은 두 가지 죄에 대해서 정당한 벌이 내릴 것이다. 우상 숭배자들로서 하느님을 잘못 인식한 죄와 거룩한 것을 경멸하고 진리를 거슬러 정당하지 않게 맹세한 죄가 그것이다(지혜서 14:30, 참조. 11:15-16)

---

3 어떤 이들은 1:18-32에서 바울이 유대인들도 염두에 두고 있으며, 따라서 바울이 보편적 타락을 훑어보고 있다고 생각한다. 때로는 '불의wickedness'라는 말(1:18; 참조: 2:8-9; 3:5)이나 1:23의 금송아지 사건(참조: 시 106:20) 뒤에 유대인 죄인들이 숨어 있다. 그러나 1:19-23에서 바울의 논증은 이방인의 상태에 더 잘 들어맞는데, 왜냐하면 바울은 언약과 토라에 있는 신적 계시가 아니라 자연 계시에 호소하고 있으며, 바울이 주목하는 특정 죄들은 우상과 우상숭배와 연결되고, 솔로몬의 지혜서는 이것을 사실상 이방인들의 죄성에 대한 묘사로 매듭짓기 때문이다. 바울이 전형적으로 유대적인 범주를 통해 죄를 묘사하는 것은 아마도 수사적 적절성이라는 면에서 설명하면 쉬울 것이다. 보통 유대인들은 유대교 용어로 이방인들의 죄들을 묘사한다.

바울이 그러하듯, 솔로몬의 지혜서는 인간이 하나님 자신의 피조물이기 때문에 하나님을 알고 하나님의 길을 안다고 말한다. 그렇다면 이들 이방인들에게 하나님에 대한 지식은 당연한 것이다. 솔로몬의 지혜서가 이렇게 표현하듯이 말이다.

> 하느님을 모르는 자들은 모두 태어날 때부터 어리석어서 눈에 보이는 좋은 것을 보고도 존재하시는 분을 알아보지 못하였고, 업적을 보고도 그것을 이룩하신 분을 알아보지 못하였다. 그래서 그들은 불이나 바람이나 빠른 공기, 또는 별의 회전, 혹은 도도하게 흐르는 물, 하늘에서 빛나는 것들을 세상을 지배하는 신들로 여겼다(지혜서 13:1-2)

어쩌면 가장 강력한 유사점은 바울이 제시한 죄 목록과 솔로몬의 지혜서가 말하는 목록이 다음과 같이 이어진다는 점일 것이다.

> 그들은 하느님을 잘못 인식하는 데 그치지 않고 더 나아가서 무지에서 오는 격렬한 싸움 속에 살면서 이와 같은 온갖 악을 평화라고 부른다. 자식을 죽여서 제사를 지내고 비밀 의식을 올리며 광적인 주연으로 이상한 예식을 거행한다. 그들은 생활이나 결혼의 순결성을 무시하고 속임수를 써서 서로 살육을 자행하거나 간통을 하여 서로에게 괴로움을 준다. 유혈과 살육과 도둑질과 사기로 모든 것은 뒤범벅이 되고 부패와 불신과 폭동

과 위증이 난무하며 선량한 백성들을 못살게 굴고 좋은 제도는
파괴되고 어디 가나 배은망덕이며 영혼들은 더럽혀지고 성행
위가 난잡하고 결혼 제도는 질서를 잃고 음행과 방탕이 성행한
다(지혜서 14:22-26).

이 목록에 이어 우리가 앞서 인용한 구절이 나온다. 그들의 죄
들의 근원에 우상숭배가 있다는 것이다(지혜서 14:27). 그러나 모
든 이방인이 이러한 죄를 자행하지는 않는다. **오히려 이것은 이교
와 이교의 길에 대한 유대교의 예언적 비판과 고발의 정형**stereotype**이
다.** 유대인들은 이 묘사를 알았고 이 묘사를 믿었고 이 묘사를 반
복했다. 이것이 바로 **부도덕한 이방 우상숭배자**의 정형이다. 심지
어 '하나님의 진노'(롬 1:18)조차도 (이 표현은 구약에 여러 차례 나온다) 어
느 정도 솔로몬의 지혜서 14장 9-10절과 공명한다. "하느님은
불경스러운 자와 그가 만든 불경스러운 물건을 똑같이 미워하시
고 그 물건과 그것을 만든 자를 똑같이 벌하신다." 지혜서 저자
는 이것을 신적 '심판'(지혜서 14:11)이라고 부르며, "신속한 종말이
계획되었다"(지혜서 14:14, 공동번역: 그것들은 오래 가지 못하고 곧 없어지게 마
련이다)고 말하고, '정당한 벌'(지혜서 14:30-31)을 묘사한다.
바울의 표현이 솔로몬의 지혜서와 완전히 똑같지는 않지만 꽤
비슷해서, 바울이 솔로몬의 지혜서를 사용하고 있거나 혹은 솔
로몬의 지혜서에서 작용하는 것과 동일한 종류의 전승에 의존
하고 있다고 추정하는 것이 타당하다. 바울은 진리를 이같이 막
는 자들도 천성적으로 하나님을 안다고 주장할 수 있으며(롬 1:19-

20), 그 모든 것에 대해 우상숭배를 탓할 수 있고(1:23, 25, 28), 그러고 나서는 그 죄들을 일일이 열거할 수 있다. 말하자면, 악명 높은 죄인들의 악명 높은 죄들인데, 그것은 순리에 어긋나는 동성 성관계(1:24, 26-27)는 물론이고 예언자적 고발이 가리켰던 여러 종류의 죄를 적은 기나긴 목록이다(1:28-31). 그 죄들 자체가 신적 형벌이다(지혜서 11:16).[4]

로마서 1장의 언어는 유대인들이 부도덕한 이방인 우상숭배 자들을 묘사하는 정형적 표현이다. 인류 전체를 기소하려는 바람이 흔히 결정적인 논리 한 토막이 되곤 하지만, 로마서 거꾸로 읽기는 그 빙판 위에 패턴을 사뭇 다르게 새긴다. 내가 제시하려는 그 패턴은 우리를 로마서 2장으로 이끌며, 우리는 곧 2장이 수사적으로 어떻게 1장에 들어맞게 되는지를 보게 될 것이다.

수사상 전환

솔로몬의 지혜서와 로마서 1장은 표현이 강렬하다. 그러나 1장 18-32절은 2장에서 형세를 완전히 뒤엎도록 수사적으로 구성되어 있다. 이 2장에서 우리는 판단자Judge를 만난다. 다시 한번, 우리는 솔로몬의 지혜서 13-14장의 도움을 받는데, 지혜서의 더 큰 단락(11-19장)의 주제는 이스라엘의 택하심과 신적 호의다. "주님은 이스라엘 사람들에게 시련을 주실 때에 아들을 징계하는 아버지의 심정으로 하셨지만 저 원수들은 징벌을 내리는 무서

---

4 이방인들의 죄와, 토라를 따르는 이들의 거룩함에 대한 유사한 비판적 고찰은 Sib. Or. 3:573-625도 참고하라.

운 왕처럼 엄격히 다스리셨다"(지혜서 11:10). 하나님은 모든 이를 사랑하시고 오래 참으시지만, 그분의 호의는 이스라엘에 머물러서 이스라엘에게 언약과 약속들, 토라를 주시며, 모든 사람을 완전한 정의로 심판하신다. 이방인은 우상숭배와 죄악과 연결되어 있어서 신적 심판이 당연하나, 이스라엘은 하나님의 자비 안에서 의의 길을 배웠다. 이 문헌의 저자는 자신의 이야기의 기초를 출애굽에 두면서도, 사정없이 강렬하게 대조하는 이미지들을 이용하여, 이방인들에게는 어두운 그림자를 드리우는 반면에 이스라엘 위에는 자비의 빛과 영광이 비치게 한다. 이스라엘을 영화롭게 하는 동시에 이방인을 심판하는 자리에 앉는다.

내가 생각하기에 솔로몬의 지혜서는 로마서 1장 18절부터 2장까지를 (그리고 4장까지도 계속해서) 어떤 말투로 읽어야 할지를 설정해 준다. 앞으로 보겠지만, 바울은 판단자의 자세를 묘사하면서 어느 정도는 솔로몬의 지혜서를 모방했다. 솔로몬의 지혜서는 이렇게 말한다. "주님께서는 우리 원수들을 징벌하신 그 방법으로 오히려 우리들을 당신께로 불러 주시고 영광스럽게 만들어 주셨다"(지혜서 18:8). 또 이렇게도 말한다. "주님께서는 어느 모로나 당신 백성을 위대하고 영광스럽게 하셨으며 그들을 멸시하시지 않고 언제 어디에서나 도와주셨다"(지혜서 19:22). 이러한 긍지, 택하심을 받았다는 의식, 특권의식이 저자가 이방인을 사정없이 비판할 때 두드러진다. 다른 말로 하면, 이 긍지 덕분에 로마서 2장의 판단자에게 어울리는 말투가 정해지는데, 이 판단자는 1장 18-32절에서도 이방인들을 심판하는 자리

거꾸로 읽는 로마서

에 비슷하게 앉아 있다.[5] 이 판단자가 누구이든 (나는 그를 약한 자들의 대표자격 인물로 말하겠다) 위선자라고 불리며 바울의 수사rhetoric의 표적이 된다. 나는 이 판단자가 1장 18-32절에 있는 말에 '아멘'이라고 화답하고 있거나 혹은 직접 그 말을 하고 있다고 생각한다. 바울은 이러한 말이 그 판단자의 입에서 나오도록 함으로써, 판단자의 말이 판단자를 배신할 수 있게 한다. 판단자는 자기가 타인을 고발한 말들로 판단을 받는데, 판단자가 비슷한 방식으로 죄를 짓고 있기 때문이다. 여기에서 바울이 말한다. "네가 같은 일을 행함이니라"(2:1, 2). 그리고 판단자의 고집스럽고 회개하지 않는 마음(2:5), 불의와 악으로 귀결되고 진리에 대해 자기중심적인 불순종 때문에(2:8-9) 하나님의 인내하심이 악용당하고 있다(2:4). 그러면서 판단자는 칭찬과 명예를 추구하고 있다(2:29).

로마서 2장은 3인칭에서 줄곧 (1장 18-32절에 나온다) 2인칭으로 눈에 띄게 바뀌는데, 이것은 문법상 변화일 뿐 아니라 2장의 중요성을 더해 주는 수사적 변화이기도 하다. 이제 초점은 정형화된 죄인에서 판단자로 이동한다. 로마서 3장과 4장에 나오는 모든 내용이 이것을 확증하며, 이 두 장은 **판단자**가 묻는 질문과 바울이 판단자에게 맞받아치는 답변으로 구성되어 있다. 세 가지 질문이 나온다. 유대인의 선택과 특권과 우선성에 관한 질문(3:1-20), 자랑에 관한 질문(3:27-31), 그중 가장 중요한 질문인 아브라함과 믿음에 관한 질문이다(4:1-25). 이방인 편에서 나오리라 예

---

5 로마서 2:4에는 지혜서 15:1과 11:23의 반향이 있다. 이것은 로마서 2:1-16이 유대인 청중을 향하고 있다는 주장을 더 강하게 입증한다.

상되는 질문들이 없는 것으로 보아, 1장 18-32절 내용이 로마서 14-15장에 나오는 강한 자들에 해당한다고 보기는 어렵다. 그러나 2-4장이 약한 자들을 염두에 두고 있다고 생각할 이유는 충분하다. 그 약한 자들은 2장 1-16절에 나오는 판단자처럼 강한 자들을 판단하고 있었다. 그리스어 단어 크리노*krino*('판단하다')가 2장, 3장, 14장(14:3-5, 10, 13, 22)에 눈에 띄게 등장한다. 전통적 방식대로 로마서를 앞에서부터 읽어 나가면 바울이 '약한'이라는 용어를 그 판단자에게 적용하는 것을 피하고 있는 것으로 보인다. 그러나 앞에서부터 읽어 나가면서 편지 전체를 염두에 두지 않는다면, 2장 1절에서 일어나는 일의 목회적, 교회적, 수사적 성격을 이해하지 못할 것이다. 내 주장에 따르면, 로마서를 거꾸로 읽으면 그 일의 성격이 더욱 분명해지고, 그 판단자가 로마서 14-15장의 약한 판단자들을 대표한다고 연상된다.

2장 1-5절[6]과 2장 17-24절에서 디아트리베*diatribe*[7] 방식 덕분에 우리는 청중을 구체적으로 알 수 있다. 그리스와 로마의 학교에서는 수사법을 이와 같이 사용하였고, 학생들은 수사법을 통해 자신의 주장을 입증하는 법을 배웠다. 더 나아가 디아트리베 방식은 내집단*in-group*에서 쓰였기에, 직접적으로 호명되는 인물

---

6 NRSV는 2:1, 3에서 '네가 누구이든whoever you are'이라고 번역하였다. 그리스어 원문은 오 안트로페*ōanthrōpe*('오 사람아')로, 디아트리베에 흔히 나왔다. 로마서 2:1-5에는 지혜서 15:1-5의 흔적이 있는데, 특히 특권에 기반을 두고서 강하게 비판하는 모습이 그렇다.

7 디아트리베는 가상의, 또는 대표격의 대적자들opponents을 끌어들이는 담화 방법이나 형식으로, 이 대적자들이 질문을 하거나 고발을 하고 역으로 질문이나 고발을 받는다. 이 대적자들이 허구적으로 또는 순전히 상상으로만 존재할 필요는 없다. 로마서 2-3장의 대적자들은 로마 교회에 대표적으로 실재하는 구성원이다. (디아트리베는 '대화 논법'이라고도 번역 가능, 성서학 용어 사전[알맹e, 2019] 참조—옮긴이)

거꾸로 읽는 로마서

('너' 또는 이른바 유대인)은 로마의 가정교회들 안에 있다. 그렇다면 디아트리베 방식은 바울을 그들의 스승이자 사도-목회자$^{apostle-pastor}$로, 판단자를 바울의 대적자^{opponent}로 그려내는 것이다. 로마서 2장은 특히 로마의 어느 청중을 대상으로 하며, 바울이 이 청중에게 힘을 쏟는 특별한 이유가 있다. 이 청중은 약한 자들인데 여기서는 더 좁게 정의된다(혹은 더 낫게 말하자면, 하나의 대표적 인물 또는 캐리커처로 축소된다). 약한 자들은 단순히 유대인 신자가 아니며 또한 전형적 유대인도 아니다. 이들은 특정 유대인 신자로, 이방인 신자인 강한 자들에게 비판적인 유대인 신자다. 약한 자들은 정형화된 유대인의 선택 특권이나 정형화된 율법주의를 대표하지 않으며, 그보다는 로마의 강한 자들을 정죄하는 로마의 유대인 신자이다. 바울이 신경 쓰고 있는 것은 어느 평범한 유대인이 아니라 그리스도인이면서 특권을 주장하는 판단자이다.

로마서 1-2장을 읽는 한 가지 방법인 수사적 전환을 요약해 보자. 어쩌면 바울의 포괄적인 '유대인' 표현이 거북할지 모르지만, 로마서 거꾸로 읽기는 우리에게 **이 편지에서 바울의 초점이 유대인들 그 자체보다는 약한 자들과 관련 있음**을 보라고 강권한다. 약한 자들은 '유대인들'의 대역도, 정형화된 유대인도 아니다. 오히려, 로마서 2장과 3장에서 명확해지듯이 바울은 약한 자들을 판단자로 한정한다. 정형은 실재하지만, 그 정형은 강한 자들을 판단하는 자리에 있는 약한 자들을 나타낸다는 의미에서의 정형이다. 약한 자들은 강한 자들이 역사적으로 택하심을 받지도 않았고 토라를 준수하고 있지도 않는다는 이유로 판단한다. 더구나 약한 자들은 강한 자들을 어쩌면 **우상숭배자**로 정형화하고 있을 수도 있다. 이들만 문제 집단을 과도하게 이용한 것은 아닐 것이다.

로마서 전체를 한눈에 보면서 다음 내용을 예견하게 해 주는 요약문은 이것이다. 강한 자들이 토라를 받아들이고 준수해야 도덕적으로 변한다고 약한 자들이 믿고 있다는 바로 그 이유 때문에 로마서 1-4장에서 바울이 판단자/약한 자들과 논쟁polemic을 벌이게 되었다. 그렇다면 로마서 1-8장은 두 토막으로 구성된다. 하나는 도덕적 변화를 위한 길로서 토라 준수를 반대하는 논증이고, 또 하나는 도덕적 변화를 위한 진정한 길로서 그리스도와의 연합과 성령의 내주를 지지하는 논증이다.

거꾸로 읽는 로마서

15

로마서 1장에 이어서 2장 읽기

바울은 로마서 1장 18-32절을 이용하여 판단자라는 인물을 설정하였다. 그 인물은 긍정적으로 바울의 수사법에 참여했을 것이다. 그러나 그 긍정은 로마서 2장의 개시와 더불어 갑작스레 끝난다. "그러므로 남을 판단하는 사람아, 누구를 막론하고 네가 핑계하지 못할 것은 남을 판단하는 것으로 네가 너를 정죄함이니 판단하는 네가 같은 일을 행함이니라"(2:1). 로마서 1장을 2장과 따로 읽으면 두 장을 모두 오독하게 된다. 바울은 이방인 전체를 판단하는 시선으로 보고자 하기보다는, 판단자라는 인물 속에 드러나는 약한 자들에게 뵈뵈의 시선이 향하게 하고, 그 약한 자들에게 그들 역시 하나님의 공정한 판단에 따라 심판받을 것임을 알려 주고자 한다. 바울의 말은 모호하지 않다. 약한 자들이 강한 자들을 심판하는 자리에 앉는다면, 자기 자신을 동일한 심판에 내놓고 있는 것이다!

로마서 2장의 청중

로마서 2장 17-29절의 청중은 거의 틀림없이 예수를 믿는 유대인 신자들이다. 바울이 2장 전반부에서 정확히 누구를 염두에 두고 있는지는 오늘날 논쟁거리다. 이방인 출신 유대교 개종자였다가 신자가 된 이들gentile proselyte believers이라고 생각하는 사람들이 있는가 하면, 유대주의적 이방인 신자들gentile Judaizing believers(다른 이방인 신자들도 토라를 준수하도록 설득하려 노력하는 이들)이라고 생각하는 사람들도 있다. 내 생각에는 로마서 1장 18절-2장 29절은 우리를 더 곧장 약한 자들에게로 이끈다. 다시 말하자면, 이 약한 자들은 예수께 회심한 유대인으로, 판단자의 모습으로 이방인 신자들(강한 자들)에게도 토라를 강요하기를 원하는 이들이다.[1]

---

1 로마서 2-4장의 청중에 대한 바울의 접근은 로마서 9:1-11:12에 나오는 이들에 대한 바울의 접근과 놀랄 만큼 유사한데, 심문 방식 질문이라는 아주 눈에 띄는 특징에 있어서 그렇다. 그 질문을 여기에 열거해 보겠다.
    (1) 그러면 다른 사람을 가르치는 네가 네 자신은 가르치지 아니하느냐?
    (2) 도둑질하지 말라 선포하는 네가 도둑질하느냐?
    (3) 간음하지 말라 말하는 네가 간음하느냐?
    (4) 우상을 가증히 여기는 네가 신전 물건을 도둑질하느냐?(2:22)
    (5) 율법을 자랑하는 네가 율법을 범함으로 하나님을 욕되게 하느냐?(2:23)
    (6) 그런즉 무할례자가 율법의 규례를 지키면 그 무할례를 할례와 같이 여길 것이 아니냐?(2:26)
    (7) 그런즉 유대인의 나음이 무엇이며 할례의 유익이 무엇이냐?(3:1)
    (8) 어떤 자들이 믿지 아니하였으면 어찌하리요?
    (9) 그 믿지 아니함이 하나님의 미쁘심을 폐하겠느냐?(3:3)
    (10) 그러나 우리 불의가 하나님의 의를 드러나게 하면 무슨 말 하리요?
    (11) 진노를 내리시는 하나님이 불의하시냐?(3:5)
    (12) 만일 그러하면 하나님께서 어찌 세상을 심판하시리요?(3:6)
    (13) 그러나 나의 거짓말로 하나님의 참되심이 더 풍성하여 그의 영광이 되었다면 어찌 내가 죄인처럼 심판을 받으리요?(3:7)
    (14) 또는 그러면 선을 이루기 위하여 악을 행하자 하지 않겠느냐?(어떤 이들이 이렇게 비방하여 우리가 이런 말을 한다고 하니)(3:8)

거꾸로 읽는 로마서

로마서 2장 1-16절과 2장 17-29절의 청중이 동일하다고 내가 확신하는 이유 중 하나는, 2장 1-16절 표현에서 이방인들을 판단하는 자세가 로마서 다른 부분에서는 약한 자들과 관련해서만 나온다는 점이다(14:3-5, 10, 13, 22). 표현이 거의 똑같다. 더구나 2장 2절에서 이스라엘의 하나님을 알고 있다는 확신은 명백히 유대적이며, 2장 3-4절에서 하나님의 길이 참으심은 3장 25-26절에서 이스라엘에 대한 하나님의 길이 참으심과 비슷하게 들린다. 그 밖의 고려사항들로는, 2장 6-16절에서 하나님의 공정한 심판이 이방인만큼이나 유대인과도 관련이 있고,[2] 편파성이라는 주제가 선택에 관한 (이방인이 아니라) 유대인의 권리 주장과 관련이 있으며(2:11), 2장 12-16절의 초점이 유대인 청자들에게 일종의

---

(15) 그러면 어떠하냐?(3:9)
(16) 우리는 나으냐?(3:9)
(17) 그런즉 자랑할 데가 어디냐?
(18) 무슨 법으로냐?
(19) 행위로냐?(3:27)
(20) 하나님은 다만 유대인의 하나님이시냐?
(21) 또한 이방인의 하나님은 아니시냐?(3:29)
(22) 그런즉 우리가 믿음으로 말미암아 율법을 파기하느냐?(3:31)
(23) 그런즉 육신으로 우리 조상인 아브라함이 무엇을 얻었다 하리요?(4:1)
(24) 성경이 무엇을 말하느냐?(4:3)
(25) 그런즉 이 복이 할례자에게냐 혹은 무할례자에게도냐?(4:9)
(26) 그런즉 그것이 어떻게 여겨졌느냐?
(27) 할례시냐 무할례시냐?(4:10)
바울과 뵈뵈 둘 다 기진맥진해 있는데, 유대인 신자들은 의심할 나위 없이 그들을 바짝 쫓아오고 있다. 로마서 9-11장에서 로마서 2-4장으로 한 걸음만 움직이면 동일한 청중을 쉽게 발견할 수 있다. 이게 내가 선택한 걸음이다.

2 로마서 2:9과 2:10은 "먼저는 유대인에게요 그리고 헬라인에게"라고 말한다. '먼저는'이라는 말에 강조점이 놓여야 한다. 왜 그런가? 판단자는 이방인/헬라인을 판단하며, 그러면서 자신은 안전하다고 생각한다. 그러나 바울의 충격적 반전은 그 '먼저는'에서 비롯된다. 그러므로 이것은 유대인과 이방인을 포함한 모든 사람이라는 면을 강조한다기보다는 판단자에게 더 초점을 맞추는 수사법상 묘책이라고 할 수 있다.

로마서 1장에 이어서 2장 읽기

충격적인 계시라는 느낌이 든다는 점이다. 마지막으로, 2장 17절에서 '유대인이라 불리는 네가'라는 구절은 한 편지 안에서 가상의 대화상대가 늘 동일하게 유지된다고 주장하는 수사 이론들에 비추어 이해해야 하며, 이 동일한 이론들의 주장에 따르면 그러한 가상의 대화상대는 청중 가운데 있는 실제 사람들과 연결된다. 이러한 관찰 결과를 기반으로 나는 로마서 1장 18-32절과 로마서 2장이 약한 자들을 염두에 두고 있다고 확신한다. (나는 동일한 주장을 로마서 3-4장에 대해서도 할 것이다.) 앞서 논의한 것을 상기해 보자면, 로마서 1장 18-32절은 이방인들에 **관한** 말이지, 이방인들을 **향한** 말이 아니며, 이방인들에 관한 말은 2장 1절에 나오는 판단자(2장 17-29절과 동일한 인물이다)에게 지지를 받는다.

거듭 말하지만, 2장 17절에서 '유대인이라 불리는 너'는 모든 유대인도 아니고 회당에 있는 신실한 유대인의 대표도 아니다. '유대인이라 불리는 너'는 로마서 14장 1절-15장 13절의 약한 자들로, 2장 1절에서는 판단자가 된다. 더 나아가, 판단자 집단이 약한 까닭은 유대인다워서가 아니라, 강한 자들에게 토라 준수를 강요하고 이방인들을 (따라서 로마 교회들의 강한 자들을) 판단하며, 또 용어들을 유념해 보면, 약한 자들/판단자가 죄 가운데서 하나님의 거룩한 이름을 모독하기 때문이다(2장 24절을 14:16과 함께 참조). 로마서 14-15장에 따르면, 그들이 약한 자들인 이유는 이방인 신자들이 토라에서 자유롭다는 사실을 받아들이지 못하기 때문이다. 2장 17절의 유대인은 2장 1절의 판단자이며, 2장 1절의 판단자는 로마서 14장의 약한 자들이다. 그렇다면 바울은 전반적

거꾸로 읽는 로마서

으로 유대교 자체나 유대인의 특권에 관해 말하고 있지 않고, 로마에 있는 특정 청중(약한 자들)에 관해 말하고 있다. 이 약한 자들은 토라를 알고 토라를 믿고 토라를 행하며, 자기들은 하나님의 뜻을 알고 있으므로 이방인 신자들도 삶의 방식 전체를 돌이켜서 자기들과 함께 토라를 준수하기를 기대한다. 약한 자들이 하나님의 뜻을 아는 까닭은, 하나님의 선택받은 자들, 하나님의 남은 자들, 하나님에게 속한 메시아 백성이기 때문이다. 이방인 신자인 강한 자들이 토라를 행하지 않기 때문에, 약한 자들은 강한 자들을 열등한 존재, 모세를 통한 하나님의 계시의 충만함에 최선을 다하지 않는 존재라고 판단한다. 그렇다. 토라 준수는 일종의 경계표지이지만, 그 사실 하나 때문에 바울이 근심하는 것은 아니다. 바울의 근심은 토라 준수가 이방인 신자인 강한 자들에게 불리하게 적용되는 경계표지라는 데 있다.

충격적인 수사적 반전

바울은 우리가 곧 그의 **첫째 반전**turnabout이라고 확인하게 될 것을 통해서 약한 자들을 먼저 망연자실하게 한다. 바울은 남을 판단하는 약한 자들을 자기가 판단자라고 일컫는(2:1) 정형화된 인물로 바꿔 버린다. 이 장 전체가 동일한 청중을 염두에 두고 있기 때문에, 우리는 2장 17-20절 말씀을 2장 1절에 넣어서 판단자라는 인물을 묘사할 것이다.[3] 로마서에 있는 내용을 모두 일반화해서 유대인들에 관한 표현은 모두 일반적으로 전체 유대인을 가

219

리키는 것으로 만들려는 유혹이 있었기 때문에, 나는 바울이 이 판단자에 관해 말하는 내용을 나열해 보고자 한다. 판단자는 이러한 사람이다.

(1) 하나님이 이방인들을 심판하실 것이라고 생각하며,[4]

(2) 토라에 의지하며,

(3) 하나님과 자신의 관계를 자랑하며,

(4) 하나님의 뜻을 알며,

(5) 토라로 가르침을 받으며,

(6) 자신이 세상의 어둠을 밝히는 빛이기 때문에, 앞 못 보는 이들(이방인들)을 인도하며,

(7) 어리석은 자들을 바로잡는 자이며,

(8) 어린이들의 교사이며,

(9) 토라를 알고, 그래서 다른 이들에게 토라를 가르친다!

판단자에 대한 바울의 이 과장된 묘사들에서 판단자의 오만함을 감지할 수 있다. 판단자의 반박은 하나님은 공정한 분이며, 또 선택받았음을 믿는 약한 자들 편이시라는 것이며(로마서 9-11장이 그러한 논거에 대한 안이한 주장에 타격을 주기는 한다), 약한 자들은 하나

---

3 로마서 2:17-20 전체는 미완성 문장의 긴 시작 부분이다. "네가 유대인이라고 불린다면"[유대인이라 불리는 네가]이라는 조건절은 '그렇다면'으로 시작되는 결과절과 함께 마무리되지 않는다. 2:21이 단순히 새로 문장을 시작하여 17-20절을 마무리하는 역할을 하지만 질문을 이용하여 그렇게 한다(21-23절, 24절은 전체를 아예 종결한다).

4 지혜서 15:1-6; 16:9-12에서 발견되는 것과 유사하다.

거꾸로 읽는 로마서

님의 철저한 조사를 견뎌 내리라는 것이다. 이것이 2장 2절에 나오는, "이런 일을 행하는 자에게 하나님의 심판이 진리대로 되는 줄 우리가 아노라"는 대사가 시사하는 것이다(이것이 판단자의 말을 인용한 것인지 여부는 논쟁거리이기는 하다). 로마서 2장 2절은 바울의 말일 수 있으며, 그렇다면 '우리'는 "너 판단자와 나 바울 모두가 알고 있다"는 의미일 수도 있다. 바울은 2장 2절에서 무슨 뜻으로 '**이런 일**을 행하는 자'라고 말했는가? 바울은 1장 26-27절과 1장 29-31절의 구체적인 죄들을 말하는 것이고, 분명 이 말이 판단자의 자기인식에 충격을 준다. 바울은 가차 없이 말한다. 모순과 위선이 바울의 주제다. "이런 일을 행하는 자를 판단하고도 같은 일을 행하는 사람아, 네가 하나님의 심판을 피할 줄로 생각하느냐?"(2:3) 약한 자들 역시 그러한 죄를 회개해야 한다(2:4). 바울이 판단자(약한 자들)에게 등을 돌리는 것은 이사야가 동족 이스라엘인들에게 등을 돌린 방식(사 57:3-13)과 다르지 않다.

둘째 수사적 반전은 로마서 2장 12-16절에 나온다. 하나님은 철저히 조사하시고서 종국에 "토라의 백성은 내 오른편에 앉고 토라가 없는 백성은 내 왼편에 앉으라" 하고 말하지 않으실 것이다. 심판은 하나님의 뜻을 행하는지를 바탕으로 하지, 그 사람이 토라를 알았는지 여부는 중요치 않다. 하나님은 토라를 이방인들의 마음에도 새겨 놓으셨다(1:18-23). 심판의 근거는 역사적 특권이 아니라 하나님의 뜻에 대한 합치 여부다. 판단자가 자기들은 도덕적 지위가 우월하다고 추정했지만, 토라를 앎에 있어서 이방인보다 조금도 더 나을 바가 없다는 충격적 반전과 마주친

다! 그렇다면 강한 자들은 약한 자들이 생각하는 것처럼 불리한 처지가 아니다.[5]

로마서를 거꾸로 읽으면 이 둘째 수사적 반전에서 일어나는 일이 선명하게 보인다. 로마서 9-11장은 이스라엘의 이야기를 기록하여 바울의 이방인 선교를 설명하고자 했다. 하나님은 줄곧 이스라엘이 열방의 빛이 되도록 준비시키고 계셨으며, 메시아가 바로 그 빛이었고, 그 빛이 이제 바울의 선교를 통하여 로마 제국 도처로 퍼지고 있다. 하나님은 언약에 신실하시다. 하나님은 줄곧 놀라운 조치를 취하셨다. 가장 중요한 것은 사람의 노력이 아니라 하나님의 자비다. 이방인들이 포함되는 것이 하나님의 계획의 일환이며, 이방인들에게 복음을 전하는 것이 바울의 선교다. 토라는 한 번도 구속의 수단이었던 적이 없으며, 오히려 구속은 언제나 믿음으로 말미암았다. 그리스도는 토라의 종착역이다. 현재의 남은 자들뿐 아니라 장차 온 이스라엘의 구속에 있어서도 하나님은 이스라엘에게 늘 신실하시다. 강한 자들인 이방인 신자들은, 약한 자들이나 하나님의 언약 백성 이스라엘보다 자만심이나 특권의식을 더 가질 이유가 없다. 이스라엘은 계속 하나님의 언약과 구속의 중심에 있다. 이러한 주제들이 우리가 이 둘째 반전을 읽을 때도 영향을 미쳐야 한다. 바울의 셋째 수사적 반전을 만나기 전에, 이 둘째 반전에서 하나님의 공평성에 관한 바울의 통찰력 있는 말을 논의해 보자.

---

5 로마서에서 '율법/토라/노모스*nomos*"에 대한 첫 언급은 2:12에 나온다. 내가 확신하건대, 노모스라는 용어는 항상 강한 자들과 약한 자들 간의 긴장을 불러일으킨다.

거꾸로 읽는 로마서

하나님의 공평한 심판

바울은 심판의 **기준**criterion(하나님의 뜻과 거기에 대한 인간의 부합성)과 하나님의 **공평성**impartiality으로 넘어간다. 선택 때문에 유대인들은 구속에서 우선이 되지만, 선택받았다고 저절로 구속을 받거나 도덕적으로 변하지는 않는다. 사실, 바울은 일부 주제를 뒤집는다. 하나님의 보편적 심판의 그물에 모든 이가 걸려 들어가겠지만, 그 와중에서도 이스라엘은 엄청나게는 아니어도 어느 정도는 유리한 처지라고들 생각했다(예를 들어 희년서 5:13-19). 바울에게 중요하고, 유대교에도 그 핵심에 있어서 마찬가지였던 것은 **삶의 신학**이다. 그리고 **유대인이냐 헬라인/이방인이냐 여부는 중요치 않다**는 바울의 말을 들을 때 판단자는 망연자실하게 된다. 중요한 것은 행위다. 주제문은 "하나님께서 각 사람에게 그 행한 대로 보응하시되"(2:6)이며, 결론은 "이는 하나님에게서는 편파성이 보이지 않기 때문이다"[이는 하나님께서 외모로 사람을 취하지 아니하심이라](2:11)로 끝난다. 2장 6절과 2장 11절 사이에 등장하는 내용이 세부사항을 채운다. "참고 선을 행하여 영광과 존귀와 썩지 아니함을 구하는 자에게는 영생으로 하시고 오직 당을 지어 진리를 따르지 아니하고 불의를 따르는 자에게는 진노와 분노로 하시리라"(2:7-8). 심판은 악을 **행하는** 자들과 선을 **행하는** 자들을 구분할 것이다(2:9-10). 토라는 하나님의 뜻을 하나님의 백성에게 계시한다. 그러나 하나님의 뜻을 행함이 신적 심판의 기준이고(2:12-16), 유대인뿐 아니라 이방인들도 하나님의 뜻을 행할 수 있다. 이것이 판단자에게는 일종의 반전이다.

이 모든 것은 다음과 같이 귀결된다. 하나님의 심판은 **정의롭고 공평하다.** 로마서 8장이 분명히 하듯, 하나님의 심판은 모든 창조세계와 하나님이 구속하신 모든 백성을 죄들sins과 죄Sin(본서 19장 참조—옮긴이), 육신Flesh, 사망Death에서 해방시키겠고, 생명Life과 의로움, 사랑과 정의를 확립할 것이며, 오로지 이 심판만 제국의 중심에 평화를 가져올 수 있다. 특히 최후심판을 다룬 상당수의 중세 미술 때문에 기독교 전통에서는 심판을 너무도 자주 순전히 개인주의적 범주에서, 또 오직 개인 구원의 측면에서만 이해해 왔다. 누가 구원을 얻으며, 누가 얻지 못하는가? 누가 지옥에 가며, 누가 천국에 가느냐 하는 것이다. 성경에서 심판은 악한 존재를 격파하여 제거하고, 정의와 평화와 사랑을 확립하여 영원히 거하게 되는 것과 더욱 관계가 깊다. 개인의 구원은 이 더욱 큰 틀 속에서 중요성을 갖는다. 바울은 악을 격파하고 모든 창조세계의 해방 가운데서 하나님의 백성을 마침내 구원하심으로써 세워질 하나님나라를 전적으로 신봉했다. 로마서 2장에서 바울은 그 심판에 나타나는 하나님의 공정한 공평성을 강조하며, 따라서 강조점은 행위들works에 있다.

행위들에 따른 이러한 심판을 바울의 신학에서 생경한 것으로, 또는 오직 은혜로 말미암은 구속 개념과 모순되는 것으로 읽어서는 안 된다. 바울이 여기서 말하는 내용이 불편하다면 그간 바울을 오독한 것이다. 은혜로 말미암는 구원은 행위들에 따른 심판과 일치하며, 구약성경과 유대교,[6] 예수와 사도들에게서도 발견할 수 있다.[7] 예수의 형제인 야고보도 동일한 사항을 가르친다.[8] 은혜는 선물로 보답할지라도 여전히 은혜다. 은혜는 감사와 순종을 기대할지라도 여전히 은혜다. 사실, 죄인을 성도로 변화시키는 은혜가 바로 바울이 말하는 은혜다. 분명 이러한 변화는 성령의 역사이지만(8:1-13), 순종과 행위로 이어지는 변화다. 반복해서 말하자면, 로마서 5-8장의 비전은 창조세계 전체를 위해 하나님이 이루신 그리스도 닮기 비전이다. 그렇다면 행위들에 따른 심판은, 오직 믿음으로 말미암고 오직 은혜에 의한 구원의 거울상이다. 은혜에 의한 구원이 행위들에 따른 심판을 결여한다면, 그 구원은 바울이 말하는 은혜가 아니다. 우리는 로마서 2장 12-16절에서 바울이 말하는 내용을 로마서 14장 12절에서 이미 들었다. "그러므로 우리는 각각 자기 일을 하나님께 사실대로 아뢰어야 할 것입니다"(새번역). (누군가는 여기서 디트리히 본회퍼를 인용해도 좋겠다!)

뵈뵈가 판단자를 응시하고 있기에, 그 말이 더욱 크고 분명하게 울린다. 즉 유대인에게나 헬라인에게나 정말 중요한 것은 택자나 불택자냐 하는 것이 아니라 선악이다. 즉, 중요한 것은 행위다. 심지어 토라를 모르는 이방인도 (강한 자들이여, 들으라!) 하나님

---

6 앤더슨이 분명히 보여 주었듯이, 유대교에서 빚과 상환, 보상이라는 용어의 사용을 보면 죄가 어떻게 짐burden이라는 틀에서 빚debt이라는 틀로 재인식되는지에 관한 발전과정이 보인다. 그러한 발전과정은 공로를 추구하는 구원론을 반영하지 않는다. Gary A. Anderson, *Sin: A History* (New Haven: Yale University Press, 2009). 《죄의 역사》(비아토르, 2020).

7 시편 62:12; 잠언 24:12; 예레미야 17:10; 마태복음 7:21-27; 16:27; 25:31-46; 고린도후서 5:10; 베드로전서 1:17.

8 야고보서 1:22-25, 26-27; 2:8-13, 14-17, 18-26.

의 뜻을 행할 수 있고, 그러면서도 그것이 토라의 모습이 담긴 행동인지 모를 수도 있다. 그렇게 하나님의 뜻을 행하는 이들은 영생을 얻을 것이다(2:14-15). 판단자가 토라를 알고 있으면서도 막상 토라를 행하지 않을 수도 있는데, 그렇다면 토라에 대한 그러한 지식과 특권이 심판에서 판단자에게 아무 유익이 없을 것이다. 하나님은 절대적으로 공평하게 심판하신다. 하나님의 기준은 "곧 나의 복음에 이른 바와 같이 하나님이 예수 그리스도로 말미암아 사람들의 은밀한 것을 심판하시는 그날이라"(2:16)는 것이다.

셋째 반전: 할례의 상대화

바울은 로마의 가정교회들에서 토라 준수 양상을 상대화했으며 (14:1-9, 12, 14-23), 토라 준수가 허용되기는 하지만 강한 자들에게 요구되지는 않는다고 가르쳤다. 용납할 수 없는 것은 약한 자들이 토라 준수를 요구하고 강한 자들을 판단하는 것이다. 바울이 로마서 14장에서 하는 말이 약한 자들에게는 너무 개방적으로 보일 수 있으며, 어쩌면 토라 자체를 부정하는 것으로 다가올 수도 있다. 바울은 할라카 규정이 개인의 결정이기만 하다면 괜찮다고 생각한 반면, 어떤 이들은 바울이 은근히 거들먹거리고 잘난 체한다고 힐난했을 수도 있다. 로마서 14장의 효과는 삶의 신학인 그리스도 닮기에서 토라 준수나 할라카 규정을 불필요한 것으로 상대화하는 것이다.

바울은 로마서 14장에서 자기가 말한 내용과 같은 선상에서

셋째 수사적 반전을 말한다. 그는 할례를 상대화한다. 할례는 괜찮지만, 그것으로 충분하지는 않다. 할례는 하나님이 명하셨으며, 하나님에 대한 신실함의 표현이자 이방인과 대비되는 표지이고, 토라와 유대교에 있는 의식 중 가장 중요한 의식이다(창 17장). 로마서를 쓰기 몇 년 전, 바울은 갈라디아인들에게 이런 말을 썼다. "그리스도 예수 안에서는 할례나 무할례나 효력이 없으되 사랑으로써 역사하는 믿음뿐이니라"(갈 5:6). 바울은 로마서를 쓰던 무렵에 고린도인들에게 이런 말로 가르쳤다. "할례 받는 것도 아무것도 아니요 할례 받지 아니하는 것도 아무것도 아니로되 오직 하나님의 계명을 지킬 따름이니라"(고전 7:19). 바울의 말이 여기 로마서 2장에서 동일한 효과가 있다. 바울은 토라 준수(언약적 율법주의)가 약한 자들(사실상 판단자)에게 이점이 된다는 주장에 강하게 반대하면서, 동시에 그 동일한 인물이 이방인들 가운데서 바로 하나님의 이름을 모독하는 불순종을 저지르고 있다고 비판한다 (2:17-24). 여기서 오만함은 자기가 신적으로 선택받았고 '잘 알고 있다'는 데서 생겨난 것이지, 하나님의 은총을 받을 자격이 있다는 데서 나온 것이 아니다. 이것들은 판단자에게 해당하는 말들이다. 그리고 바울은 유대적인 방식으로[9] 할례를 다시 정의하여서 그리하여 참된 유대인이 된다는 것이 무슨 뜻인지 다시 정의한다(2:25-29). 그렇다면 여기서 결과는 하나님이 성령을 통해 그리스도 안에서 행하신 일에 관한 한, 할례와 유대인다움Jewishness

---

9   레위기 26:40-42; 신명기 10:16; 30:6; 에스겔 36:26-27.

을 상대화하는 것이다. 그러나 이러한 상대화는 바울의 선교 교회들에서의 생활과 관련성이 있다. 예수를 믿지 않는 유대인에게 바울이 무어라고 말했는지는 나와 있지 않다. 바울은 약한 자들과 강한 자들에게 관심이 있다.

다음 말에 주목해 보자. "네가 율법을 행하면 할례가 유익하나 만일 율법을 범하면 네 할례는 무할례가 되느니라"(2:25). 사실, 만약 이방인이 하나님의 뜻을 행하면, 이방인의 '무할례를 할례와 같이 여길 것'이다(2:26). 여기서 바울은 자신의 과거에서 오래된 범주를 끌어온다. 즉 '하나님의 뜻을 준수하는' 의로운 이방인, 또는 하나님의 은총이 머무르는 도덕적 이방인이다.[10] 바울은 역할이 완전히 뒤바뀌어서 강한 자들이 (남을 판단하는 약한 자들인) 판단자를 판단하리라고 말한다(2:27). 바울은 할례를 다시 정의함으로써 이방인 신자들을 변화시키는 데에 열중한다. "무릇 표면적 유대인이 유대인이 아니요 표면적 육신의 할례가 (참된true) 할례가 아니니라"(2:28). 어째서 그런가? "오직 이면적 유대인이 유대인이며 (진정한) 할례는 마음에 할지니 영에 있고 (더 낫게 표현하자면 '성령에 이끌렸으며') 율법 조문에 있지 아니한 것이라. 그 칭찬이 사람에게서가 아니요 다만 하나님에게서니라"(2:29). 바울이 보기에, 이방인이 예수를 믿으면 참된 유대인이 된다. 그렇다면 할례는 육신Flesh이다. 바울은 육신 대신 마음Heart과 영Spirit으로, 진정한 고백과 회개, 믿음과 순종을 발견할 수 있는 속사람으로 옮겨

---

10 여호수아 2장; 6장(라합); 누가복음 10:25-37; 11:32; 요한복음 4장 참조.

거꾸로 읽는 로마서

간다.

로마서 8장에서 보겠지만, 바울에게는 죄들sins과 죄Sin, 육신, 토라, 사망과 씨름하는 일이 성령 안에서 살아갈 때 해소된다. 토라만으로는 사랑과 거룩함, 평화와 정의에 이르는 해방을 발견하지 못할 것이다. 로마서 12-16장에 나오는 삶의 신학의 비전은 성령을 통하여 온다. 오직 성령 안에 있는 하나님의 은혜를 통해서 그 해방이 보인다. 그리스도께 돌아오는 이들이 발견하듯이 "육신을 따르지 않고 그 영을 따라 행하는 우리에게 율법의 요구가 이루어진다"(8:4). 거기에도 좀 더 살을 붙여 설명해야 하는데, 로마서 10장 5-11절이 도움이 된다. 바울에게 토라를 행하는 것, 즉 성령 안에서 토라를 행하는 것은, 예수를 메시아로 믿고 주主로 고백하고, 그분이 죽은 자들 가운데서 일으킴 받으셨음을 믿는다는 뜻이다. 그렇다면 알고서든 모르고서든 토라를 행하며 예수의 복음으로 심판받을 유대인들이나 이방인들(2:15-16) 안에서 로마서 12-16장 전체가 작용하고 있는 셈이다.

16

첫 질문: 이점
(3:1-26)

로마서 해석사는 로마서 3-4장을 1장 18절로 거슬러 올라가는 일종의 신학적 논증으로 읽을 계기를 제공한다. 그러면 로마서 1장 18절은 3장 21-26절에서 그리스도 안에 있는 구속을 펼칠 장을 마련해 주는 셈이다. 이러한 식으로 읽으면 3-4장은 아무 맥락도 없는 추상적 논증이 되어 버리기 쉽다. 그러나 로마서 3-4장은 질문하고 답하는 구조이고, 이따금 (3장 21-26절에서처럼) 신학적 설명이 들어간다. 구원론적으로 읽으면 바울 자신이 사용하는 구성 방법이 묵살당하고, 마찬가지로 로마서 14-15장도 묵살당한다. 이 장들은 이론신학과 거리가 멀며, 오히려 로마에 있는 교회를 위한 목회신학이다. 바울은 선교하면서 누차 들었던 질문들을 제기하기도 하고 다루기도 한다. 이러한 질문을 유대인 대적자들이 했을 수 있지만, 예수께로 회심한 동료 유대인들이 했을 가능성이 더 높다. 로마서 2-4장의 질문은 로마의 교회들의 약한 자들을 위해 구성된 것들이다.

3-4장에서 제기하는 주요 질문은 세 가지다. 첫째는 **유대인의 특권과 선택**에 관한 질문(3:1-20)과 추가 상술(3:21-26), 둘째는 **자랑**

에 관한 질문(3:27-31)으로 여기에서는 특권에 관한 처음 질문에서 자랑으로 옮겨 가며, 셋째는 **아브라함**에 관한 질문(4:1-25)으로 이는 3장 1절에 (또 3장 9절과 3장 27절에) 나오는 특권에 대한 질문의 변형이다.

이스라엘의 이야기와, 토라를 준수하는 유대인들의 정체성 형성에는 선택과 이점에 대한 의식이 내재되어 있다. 신명기 32장 8-9절에 이런 말씀이 있다.

> 지극히 높으신 자가 민족들에게 기업을 주실 때에,
> 인종을 나누실 때에
> 신들의gods 수효대로[이스라엘 자손의 수효대로]
> 백성들의 경계를 정하셨도다
> 여호와의 분깃은 자기 백성이라
> 야곱은 그가 택하신 기업이로다

토라를 준수하는 어느 유대인이 생각하든, 이 이방인 선교 사도는 바로 이러한 선택과 이점을 역사 기록에서 지워 버리기까지는 아니더라도, 문제 삼고는 있었다. 바울이 3장과 4장에서 이점 질문Advantage Question을 줄곧 한다면, 어느 공동체에서나 대답해 주었던 그 질문을 수면 위로 끌어올리고 있는 것이다. 바울은 이 질문을 3장 1, 9, 27절에서 할 것이고, 그와 같은 질문에 수반되기 마련인 질문들이 3장 곳곳에서 불쑥불쑥 나타날 것이다. 이 질문은 바울의 선교적 삶에서 나온 질문이고, 그의 대답은 "이점이 전혀 없다"에서 "아주 많이 유리하다"에 이르기까지 넓은 범위를 오간다. 바울은 로마인들에 보낸 편지(특히 9장에서 11장)에서, 유대인들에게는 불변의 약속이 있지만, 유대인들도 믿어야 하며, 대목臺木에서 잘려 나갈 수도 있다고 말한다. 바울의 답변의 골자는 이렇다. "맞다. 이스라엘 백성에게는 이점이 있다. 그러나 아니기도 하다. 그 이점이 예상하는 것과 늘 같지는 않다."

질문하며 캐묻기

바울은 "그런즉 유대인의 나음advantage이 무엇인가?" 하는 기본 질문을 여러 방식으로 묻는다. 이 질문에는 "할례의 유익이 무엇이냐?" 하는 쌍둥이 질문이 이어진다(3:1). 아마도 문제는 유대인의 신실치 않음[믿지 아니함]일 것이다. 그렇다면 하나님도 신실치 않게 되시는가[하나님의 미쁘심을 폐하겠느냐](3:3)? 바울이 옆길로 잠깐 빠져서 하나님의 공정한 심판 관련 쟁점에 대답하지만(3:4-8), 여전히 이스라엘의 특권을 가장 염두에 두고 있다. 그래서 다시 묻는다. "그러면 어떠하냐. 우리는 나으냐?"(3:9). 동일한 기본 질문을 네 가지로 캐묻는다. 만약 약한 자들이 이방인들을 판단하고 있다면, 만약 약한 자들 역시 죄인들이라면, 만약 이면적 유대인이 유대인이라면, 만약 유대인들이 토라를 하나님에게 받은 선물로 가지고 있다면, 만약 하나님의 공정하고 공평한 심판에서 유대인이든 이방인이든 행위를 근거로 평가한다면… 이것들을 비롯해서 다른 전제들이 로마서 3장을 시작하려

거꾸로 읽는 로마서

고 움직일 때 바울의 뒤에서 영향을 미치고 있다. 이점에 대한 질문은 그들의 성경을 상식적으로 읽다 보면 곧바로 떠오른다! 바울의 대답은 마치 성경 바깥에서 온 것처럼 보인다. 그렇다면 그들이 "유대인 신자들에게 유리한 점이 있는가?"하고 당연히 질문할 만하다.

답변

이점 질문에 대한 바울의 답변은 세 가지 측면에서 전개된다. 첫째,[1] **그들에게는 토라가 있다.** 유대인들에게는 '하나님의 신탁[말씀]'(3:2)이 있으며, '신탁'은 언약을 세상에 중재하도록 이스라엘에게 내려진 하나님의 계시를 암시한다. 이것을 9장 4-5절에서 이야기했다.[2] 이것을 확장해서 다음과 같이 말할 수도 있을 것이다. 하나님의 신탁은 이스라엘의 성경이고, 그 성경이 들려주는 이야기는 창조에서 시작해서 예수라는 메시아까지, 이스라엘을 부르시는 데서 시작해서 이방인들을 포함시키시는 데까지 이른다. 또 그 이야기는 이스라엘의 신실치 않음과 하나님의 신실하심을, 예수를 이스라엘의 메시아라고 결의한 것을 드러내 준다 (9:1-10:4). 이스라엘 자손들은 하나님의 계획의 신비에 늘 참여해

---

1 바울은 '첫째로'[우선은]라고 말하지만, 그 뒤로 어디에도 둘째가 나오지 않는다. 그러면 '첫째로'라는 말은 "이것에서 시작해 보자"를 의미할 수 있다. 둘째, 셋째, 그 이상의 것이 무엇일지는 앞에서 로마서를 거꾸로 읽으면서 9장 4-5질에서 보았다.

2 "그들은 이스라엘 사람이라 그들에게는 양자됨과 영광과 언약들과 율법을 세우신 것과 예배와 약속들이 있고 조상들도 그들의 것이요 육신으로 하면 메시아[그리스도]가 그들에게서 나셨으니." 로마서 3:1-8은 9:1-5, 6, 14, 19과 상당한 유사점을 보인다.

왔다. 그러므로 바울은 유대인의 유리한 점을 인정하지만, 그 다음에는 늘어진 부분을 단단히 잡아당긴다. 어떻게 그런가? 하나님은 신탁을 소유한 약한 자들을 이방인인 강한 자들과 똑같이 심판하신다. 중요한 것은 행위이지, 선택 특권이나 토라 소유가 아니다.

판단자는 이렇게 말한다. "거기까지는 괜찮다. 하지만 실제로는 이점이 아닌 그 이점은 하나님을 의심하게 만든다." 3장 3절에서 8절까지 죽 읽어 보면, 바울은 자신의 이방인 선교와 관련하여 약한 자들이 늘 제기하는 비판에 답하고 있다. 그 비판을 전에 들은 적이 있으므로 이미 다음과 같은 대답을 준비해 놓았다. 신실하지 않았던 것은 하나님이 아니라 이스라엘이다. 그러므로 바울은 3장 3절을 이스라엘의 불신실함으로 시작하고,[3] 이내 하나님은 의심의 여지없이 신실하시다고 주장한다. 더구나, 하나님의 신실함은 공정한 심판에서 드러난다(3:4-8). 모든 인간이 거짓말쟁이일지라도 하나님은 참되시다(3:4). 이스라엘의 '불의'(3:5)는 사실 하나님이 의로우시다는 것을 보여 준다(3:5-6). 갑작스레 바울은 이스라엘의 신실하지 못함이 하나님 자신의 신실함과 정의 때문에 하나님에게 영광을 가져온다는 개념에 휩쓸려서, 대적자들이 자기 앞에 흔히 들이밀던 질문으로 밀고 들어간다. 즉

---

3 로마서를 앞에서부터 읽으면, 이 구절에서 믿음/신실한/믿다/신뢰하다faith/faithful/believe/ trust(피스튜오pisteuo, 피스티스pistis)라는 용어가 처음으로 등장한다. 여기서는 그 용어의 부정형인 '믿지 않는unbelieving'('신실하지 않은unfaithful'을 뜻한다)이라는 형태(아피스튜오 apisteuo, 아피스티스apistis)로 나타나기는 한다. 이 그리스어는 주로 '주님이시며 왕이신 예수께 충성함'이라는 말로 가장 잘 번역된다.

거꾸로 읽는 로마서

"그냥 죄를 짓지 그래?"(3:7-8) 하는 일종의 귀류법ad absurdum이다. 그러한 터무니없는 말에 대해 바울은 그런 식으로 사는 자들은 '정죄 받는 것'이 마땅하다고 답한다(3:8). 여기서는 바울이 3장 3절부터 계속 해 온 일이 보인다.

바울은 자신에 대한 비판을 3장 7-8절에서 표면으로 끌고 나온다.[4] 바울의 이방인 선교 사역에서 유대인 대적자들이 (또 아마 로마의 약한 이들도) 바울은 거짓말을 하는 자이며, 죄인이고, 선한 일을 일으키기 위해 악을 부추기는 자라고 비난받았다. 어째서 그런가? 토라 준수에 실패하면 오히려 하나님의 거룩함과 하나님의 신실함이 더 선명해진다고 바울이 가르친다는 것이다. 바울이 망하는 지름길로 내달으면서 토라 준수에 느슨하고 무관심하다고 주장하는 이들도 있었다. 하지만 이 말이 터무니없는 까닭은, 바울이 알고 있듯이 인간의 죄성은 **토라 준수를 통하지 않더라도** 하나님의 영의 능력을 통하여 극복될 수 있으며, 의와 사랑과 평화, 지혜와 거룩함으로 이어질 수 있기 때문이다(8:1-13). 세부 내용은 제쳐놓더라도, 이 말이 비판하는 내용은, 바울의 이방인 선교, 이방인들이 토라를 준수하지 않은 채 교회로 들어오는 회심, 특히 그리스도 안에서 완전한 수용을 위하여 유대인 신자들의 토라 준수를 상대화한 것이다(2:25-29; 14:1-15:13). 로마의 약한 자들, 즉 판단자에게는 토라 준수에서 한 치라도 물러난다면 전적으로 항복이나 다름없었다.

---

4 어떤 사람들은 3:7-8의 '나'가 7:7-25의 '나'와 같다고 생각한다. 그러나 3:8에 나오는 "어떤 이들이 (우리를) 비방하여"라는 말 때문에 3:7-8의 '나'는 개인적인 논증의 일부가 된다.

바울의 셋째 답변은, 3장 2절에서 유대인의 나은 점을 진술하고서 (3장 3-8절 때문에 잠시 끊기기는 하지만) 곧바로 이어서 나오는데, 그것은 바울이 지금껏 한 어느 말 못지않게 충격적인 말이어서 약한 자들에게, 또 누구든 뵈뵈의 로마서 낭독을 엿듣던 로마의 유대인에게 분명 모욕이었을 것이다. **그렇다, 유대인들에게 유리한 점이 있는 것이 사실이지만 불신 때문에 그 이점이 무효가 된다.** 그러고 나서는 동일한 이점 질문을 이제는 한층 더 강하게 이어간다. "그러면 어떠하냐(우리가 어떻게 결론을 내려야 하는가)? 우리는 (이방인들, 강한 자들보다) 나으냐?"(3:9). 답은 무엇인가? "결코 아니라." 왜 그런가? "유대인이나 헬라인이나 다 죄 아래에 있다고 우리가 이미 선언"하였기 때문이다(3:9). 바울은 모든 사람이 죄^{Sin}라고 불리는 폭군 아래에서 덫에 걸려 있다고 말하고 있으며, 이것이 로마서 5-8장에서 강렬하게 떠오르는 주제이다.

구약 본문들

이 지점에서(3:10) 바울이 여러 본문을 인용하는데, 대부분은 시편에서 인용한[5] 본문이며 **보편적** 죄성을 말하지만, 더 꼼꼼하게 읽어 보면 이들 본문은 이스라엘의 죄인들을 겨냥하고 있으며 수사적으로는 로마에 있는 판단자, 즉 약한 자들을 겨냥하고 있다. 바울이 "다 죄의 권세 아래에[죄 아래에] 있다고" 한 말은 보편적인 차원에서 말하는 것이거나, 또는 약한 자들이 자기들도 이 '다'의 일부임을 깨닫도록 분명히 못 박는 것으로 읽을 수 있

거꾸로 읽는 로마서

다. 문맥을 보면 두 번째 강조점이 적당하며, 3장 19절은 그 구약 인용에서 입증하는 내용을 다시금 요약한다. "우리가 알거니와 무릇 율법이 (그 본문들이) 말하는 바는 **율법 아래에 있는 자들에게** 말하는 것이니." 그리고 '다'를 다시 요약한다. "이는 모든 입을 막(고··· 있)게 하려 함이라." 3장 10-20절에서 바울의 어조는 이론적으로 흐르지 않는다. 이방인들이 의심할 나위 없는 죄인이라면(1:18-32), 바울의 강조점은 판단자와 약한 자들 역시 동일한 죄인 무리에 들어 있다는 것이다. 그들 역시 하나님에게 공정하게 심판받겠고, 강한 자들인 이방인 신자보다 나은 점이 없다. 토라 준수는 칭의로 가는 길이 아니다. 그러므로 시편에서 인용한 이들 본문 목록을 단순히 보편적인 고발로 이해하기보다는, 판단자의 태도에 대한 고발로 이해해야 한다. 시편의 고발에서 주된 청자는 이방인이 아니라 이스라엘인이었다는 점에도 주목하자. 분명 이들 본문 일부는 이방인들을 대상으로 하지만,[6] 애당초 나머지는 이스라엘에서 신실하지 않고 악한 자들을 대상으로 한다.[7] 그렇다면 이 인용된 본문들의 메시지와 원래 그것이 어떤

---

5 바울이 구약 본문들을 무작위로 인용하는 것처럼 보이지만, 어떤 이들은 로마서의 다른 부분에서 나타나는 주제들과의 공명을 발견하기도 한다. 로마서 3:10-12은 시편 14:1-3과 53:1-3을 전도서 7:20과 결합했고, 로마서 3:13은 시편 5:9과 140:3을 인용하며, 로마서 3:14은 시편 10:7, 로마서 3:15-17은 이사야 59:7-8, 로마서 3:18은 시편 36:1을 인용한다. 이들 본문 목록이 바울에게 전승되었을 수도 있다고 생각할 만한 근거가 있다(참조: CD 5:13-17). 신체의 여러 부분을 주의 깊게 포괄하여 죄악의 충만함을 보여 주는 것을 주목해 보고, 또 주로 시편에서 인용한 (이것은 바울에게는 이례적이다) '없다/하나도 없다'라는 반복 표현을 주목해 보라. 하지만 반대로 바울 자신이 이런 방식으로 여러 본문을 하나의 실로 꿰어 연결했을 가능성도 충분히 있다(참조: 롬 9:12-29; 15:9-12). 이 본문을 누가 하나로 연결했든, 그 작업을 세심하게 수행했다.

6 시편 14:1-3(시편 53:1-3에서 반복); 전도서 7:20.

7 시편 5:9; 140:3; 10:7; 36:1; 이사야 59:7-8.

237

청중을 향했는지를 함께 고려하면, 판단자는 이방 죄인들을 판단하는 자리에 편하게 앉아 있을 수 없다. 이것이 바로 로마서 2장이 이루고자 하는 효과다. 여기에서 바울은 유대인의 죄성을 전반적으로 호명하는 것이 아니라, 교회에서 유대인의 지위 추구와 특권을 지적한다.

로마서 3장 19-20절과 약한 자들

판단자의 얼굴을 한 약한 자들이 로마서 3장 1-18절에서 의도한 청중이며, 바로 그들에게 강조점이 놓여 있다는 사실은 3장 19-20절에 나오는 이 단락의 결어에 의해서도 분명해진다. 어떻게 그런가? 다시 말하자면, 바울은 '율법 아래에 있는 자들', 즉 이스라엘인, 유대인들, 약한 자들, 판단자에게 초점을 맞춤으로써 결론을 내린다. 앞에서 나는 주장하기를, 로마서 2장이 약한 자들의 얼굴격인 판단자를 염두에 두고 있는 이유는, 그들이 유대인이기 때문이 아니라 (나는 여기서 로마서에서 '약한 자들'의 의미를 다시 기억나게 하려 한다) 그들이 하나님의 선택이라는 흐름 속에 있는 유대인 신자이기 때문이라고 했다. 이들은 자기들의 택하심을 확증받아야 하지만, 하나님이 그 선택에 신실하신지 의문을 가지고 있고, 따라서 하나님이 이스라엘의 역사를 통틀어 보이신 놀라운 행보를 받아들여야 한다. 약한 자들은 토라를 알고, 토라를 행하지만, 지위나 특권이나 힘이 없으면서도 이방인들, 특히 로마에 있는 그리스도인 공동체 안에서 강한 자들을 판단한다. 심

거꾸로 읽는 로마서

지어 약한 자들은 유대의 열심 전통을 근거로 해서 로마에 납세를 거부하려는 유혹을 받았다. 더욱이 약한 자들은 '그리스도를 믿음'을 그들 자신에게 더욱 철저하게 적용해서 자기들이 이스라엘의 '남은 자'의 새로운 사례임을 발견해야 한다. 또 약한 자들은 믿음의 충분성이 의미하는 바는 그리스도 안에 있는 이방인 신자들도 형제자매라는 뜻임을 이해해서, 토라 준수가 자기들이나 로마의 강한 자들이 변화될 수 있는 방법이 아님을 깨달아야 한다. 로마의 이 약한 자들의 파당이 우리가 논의한 장들에게 판단자라는 인물 속에 체현된다.

로마서 2장에서 3장으로 넘어가면서 청중이 변경된다는 정보가 조금도 없고, 청중이 변경되면 2장 29절에서 3장 1절로 이어지는 논리의 흐름이 깨지므로, 내 생각에는 3장 1-20절도 동일한 청중, 즉 로마서 14-15장에 나오는 약한 자들을 염두에 두고 있다. 로마서 3장 19-20절은 율법 아래에 있는 자들이 토라 준수로는 구속을 얻을 수 없다고 선언한다(이것은 약한 자들에게 특히 강렬한 울림이 있다). 그들이 토라 준수를 통해 발견하게 되는 것은, 자기들이 죄와 육신과 사망에 묶여 있는 죄인이며 다른 방법으로 구속과 변화를 받아야 한다는 사실이다. 그것이 3장 21-26절이 뒤따라 나오는 이유이기도 하지만, 그 부분에 가기 전에 지금 먼저 논의해야 할 사항이 있다.

로마서 3장 19-20절에서 우리는 바울이 갈라디아인들에게 말한 내용의 반향을 듣는다. 갈라디아에서도 유대인 신자들이 이방인 회심자에게 토라 준수를 강요하는 유사한 상황이 있었다.

바울이 갈라디아인들에게 무엇이라고 말했는가? 바울은 토라의 행위로는 아무도 의로워지거나 의롭다고 선언될 수 없으며, 토라는 오직 (메시아가 오기 전까지) 제한된 시간에, (범법을 죄로 바꾸는) 제한된 이유로 받은 것이라고 했다(2:15-21; 3:19-26). 여기 로마서 3장 19-20절에서 우리가 알게 되듯이 토라는 약한 자들에게 자신의 죄를 깨달으라고 압박하지만 토라 준수로는 의롭게 되지 못한다.[8]

3장 1-20절에 나오는 대명사에는 바울이 흔히 사용하는 수사적 전략이 나타난다. 바울은 3인칭으로 시작하지만(3장 1-4절: 유대인들, 어떤 자들, 그들의) 1인칭으로 바꾼다(3장 5-9절: 우리의, 우리, 나). 이것은 바울이 공통적인 경험 가운데서 동료 유대인들과 자신을 동일시할 뿐만 아니라, 특히 로마의 동료 유대인 신자들, 즉 약한 자들과 자신을 동일시하려는 전략이다. 강한 자들을 판단하는 태도에서 약한 자들을 끌어내려고 애를 쓰고 있는 것이다. 그들과 동일시를 한 후에, 바울은 3인칭 수사로 돌아서고('그들', '그들의'), '우리 모두'에게로 돌아선다(3:9b-20). 따라서 바울은 '그들'에서 '우리/나'로, 그리고는 '우리 모두'로 움직여 간다. 그것을 통해서 '우리 모두'에 속하는 동료 유대인 신자들에게 강조점을 찍는다.

---

8 로마서 5:12-21을 보라.

'율법의 행위들'

오늘날 바울의 신학에 대한 모든 대화는 '율법[law]의 행위들'(NRSV 는 "율법에 의해 규정되는 행위들"이라고 번역하고 NIV는 "율법의 행위들"로 번역한 다)이라는 말의 의미를 파악하고자 늦은 밤까지 이어진다.[9] '율법의 행위들'과 더불어 '언약적 율법주의' 또한 논의해야 한다. 몇 몇 논평이 적당하다. 여기서의 '법[law]'은 모세의 토라이지, 일반 적인 차원에서의 법이 아니므로, '행위들'은 토라와 합치하는 유 대인들의 체현된 행동들을 가리킨다. 그러므로 '율법의 행위들' 은 신실한 유대인이 토라를 한결같이 준수하는 것을 묘사한다. 그러나 여기서는 그것 이상이 작동하고 있는데, 바울의 맥락에 서 이 표현은 정체성을 형성하는 독특한 율법들인 안식일, 음식 규례, 할례와 같은 것들에 초점이 맞추어져 있기 때문이다. 따라 서 '율법의 행위들'을, 경계를 표시하고 선택과 특권을 상기시키 며 자랑이 생기게 할 수 있는 행동으로 이해하는 것이 타당하다. 로마에서 판단자의 얼굴을 한 약한 자들의 믿음에 따르면, 이방 인 회심자가 토라를 완전하게 받아들이고 토라 전체, 특히 안식 일 규례, 음식법, 할례처럼 몸으로 독특하게 구현되는 행동을 해

---

9   4QMMT(=4Q394-399)에 있는 중요한 평행본문에 주목하라. 4Q396.26-27에는 이렇게 적 혀 있다: "그리고 우리도 역시 너에게 **토라의 행위들** 일부some of the works of the Torah를, 즉 우리가 너와 너의 백성에게 유익하다고 여기는 토라의 행위들을 기록했다." 이 본문은 칭의 justification의 냄새를 살짝 풍기는 언어로 마무리된다. "그리고 너희가 그분 앞에서 올바르고 신한 것을 행할 때, 그것이 너에게 의/정의justice로 여겨질 것이다." 나는 García Martínez의 manuscript C의 영역을 참고했다. Florentino García Martínez and Eibert J. C. Tigchelaar, eds., *The Dead Sea Scrolls Study Edition*, vol. 2 (Leiden: Brill; Grand Rapids: Eerdmans, 1998), 803.

첫 질문: 이점

야 회심이 완전해졌다. 다시 말하면, 판단자가 보기에는 '율법의 행위들'을 통하여 한 사람이 하나님의 속량받은 백성인 이스라엘 안에 있게 되고 외부인과 구별된다.

신학의 역사에서 '율법의 행위들'은 구원 교리라는 맥락 속에서 이해되어 왔고, 그 맥락에서 이 표현은 하나님 앞에서 공로를 추구하는 교만한 인간을 묘사한다. '율법의 행위들'이 유대인의 자기의를 묘사하며, 따라서 유대교는 인간들이 행위로 구원을 얻으려는 종교가 되었다고 주장되어 왔다.[10] 그러나, 로마서 1장 18절-3장 20절 내용은 보편적으로 인간이 하나님 앞에서 자기 공로를 증명하려는 시도를 다루지 않으며, (이방인이 3장 19절의 '온 세상'에 포함된 것으로 보이기는 해도) 이들 구절에는 이방인에 대한 강조도 없다.[11] 다시 한번 말하지만, 초점은 3장 19절에 있는 '율법 아래에 있는 자들'에게 있다. 그렇다면 문맥상 '율법의 행위들'은 하나님이 철저하게 조사하실 때 잘 통과할 수 있을 정도로 자기가 선하거나 훌륭하다는 것을 증명하려는 인간의 보편적 공

---

10 나는 E. P. Sanders가 그 유명한 책(*Paul and Palestinian Judaism: A comparison of patterns of religion* [Philadelphia, 1977])을 썼던 시절 이래로 이 대화를 계속 지켜봤다. 노팅엄대학교의 어느 세미나에서 James Dunn이 Sanders를 초대해서 강의를 부탁한 때를 포함해서 말이다. Sanders를 비판하고 바울에 관한 새 관점을 비판하는 많은 이들은 유대교 안에 율법주의나 행위들로 인한 구원을 추구하는 작은 집단이 실제로 있었다는 것을 보여 주기 위해 애썼다. 그리고 그러한 집단의 존재를 입증할 수 있으면, 바울의 대적, 곧 그 작은 집단이 일반적인 의미의 유대교와 동일시되고 마는 것이다. 아이러니하게도, 이 학자들은 예수, 바울(로마서 2장!), 히브리서, 야고보서, 혹은 요한복음에서 같은 종류의 표현(행위들을 말하는 표현—옮긴이)을 접할 때면, 그 표현이 은혜를 나타낸다고 설명한다. 행위들을 새로운 프레임으로 바꾸는 기독교 학자들의 수백 여 사례들을 마주하게 되었을 때, 나는 그 사례의 수를 세는 것을 포기했다.

11 오늘날 많은 이들이 "그의 앞에 의롭다 하심을 얻을 육체가 없나니"(3:20)라는 표현을 시편 143:2와 연결하며, 이 표현이 자기 자신에 대해서 말하고 있는 어느 이스라엘 사람에게서 나왔음을 기억해야 한다. 갈라디아서 2:15-21도 보라.

거꾸로 읽는 로마서

로 추구를 가리키기보다는 경계를 표시하는 행동들에 훨씬 가깝다. 수사적 초점은 유대인에게 있지 않고, 구속적 특권을 주장하며 강한 자들을 판단하는 판단자에게 있다.

신학적 상술(3:21-26)

어느 한 단락에 대한 사람들의 해석이 그 단락의 본래 역할을 넘어설 수 있다. 고린도전서 11장 23-26절에 나오는 주의 만찬이나 빌립보서 2장 6-11절에 나오는 뛰어난 찬가를 생각해 볼 수 있는데, 그 내용은 바울이 고린도나 빌립보에 있는 교회에서 일어난 갈등을 다뤄야 했기 때문에 나왔을 뿐이다. 로마서 3장 21-26절에는 신학적 의미가 가득하지만, 본래는 (오로지!) 3장 19-20절을 상술하고 있을 뿐이라는 점에서 이들 본문과 비슷하다. 3장 20절에서 '그러나 이제는'이 있는 3장 21절로 옮겨가는 것은 문체의 변화이기도 하다. 즉 생생한 질문들, 그리고 모든 질문을 다루려고 재빨리 바라보는 시선이 담긴 대답에서 해석학, 구원론, 신론, 기독론의 전제들을 포함한 집중적이고 밀도 높은 상술로 옮겨간다. 이 상술을 다 마친 후에 로마서 3장 27절은 바울이 3장 9-20절에서 멈추었던 곳, 즉 약한 자들, 혹은 판단자에 관한 쟁점에서 바로 이야기를 재개하면서 하나님의 신실하심과 이스라엘의 선택받은 특권에 관한 질문들을 제기한다. 다른 말로 하면, 3장 21-26절이 기독교 구원론의 구성에 놀라운 역할을 했지만, 본래 맥락을 보면 바울이 판단자에게 다음과 같은 논점들을 역설하는 내용의 일부다. 이방인이 죄인이지만 하나님의 뜻을 행하지 않는 유대인도 마찬가지로 죄인이며, 그들이 선택을 통한 특권과 토라를 소유했으니 그것에 순종해야 하고 (그래야만 그들이 하나님의 철저한 조사를 통과할 수 있다), 유대인됨Jewishness의 가장 참된 형태는 마음의 할례다. 다시 말하지만, 이것은 기독교 내부의 문제이지 그리스도인들과 유대인들이 대결하는 문제가 아니다.

로마서 거꾸로 읽기는 우리가 약한 자들과 강한 자들에게 시선을 고정시키도록 몰아간다. 유대인과 이방인 자체가 아니라 유대인 **신자**와 이방인 **신자**를 주시하라는 것이다. 로마서 거꾸로 읽기는 강한 자들이 자신의 특권에 대해 무감각한 것과 약한 자들이 강한 자들의 도덕적 거리낌(의 결여)에 대해 판단하는 것을 염두에 두라고 몰아가기도 한다. 이 본문은 양쪽 모두의 '특권'을 파괴한다. 즉 약한 자들은 죄인이며, 강한 자들도 죄인이다. 속량은 모두에게 필요하지만, 토라 준수로 인해 오지 않으며, 교회 안에서 지위는 토라를 준수하거나 준수하지 않는 데서 오지 않는다. 속량은 하나님의 선물로부터 온다. 그 선물은 유대인이든 이방인이든 모든 믿는 자를 위하여 속죄함을 확고히 하시는, 십자가에 달린 그리스도이다. 그리하여 바울은 '율법의 행위에 있지 않고'라고 말하면서, 전체 유대인이 아니라 로마의 교회들에서 강한 자들과 구체적으로 문제가 있는 약한 자들에게 말하고 있는 것이다.

로마서 3장 21-26절에서 가장 중요한 주제는 예수 그리스도의 십자가에서 활짝 계시된 **하나님의 의**이다.[12] 의는 하나님의 속성을 묘사하며, 의라는 속성에 참되고 신실하게 하나님이 측량하시고 기준을 정하시고 관계를 맺으시는 것을 가리키게 되었다. 하나님은 의로우시며, 따라서 그분의 행위와 존재도 의롭다. 게다가 때때로 의는 세상에서 구원하고 속량하고 해방시키기 위해 일하시는 하나님의 능력을 강조한다. 그러므로 의는 받을 자격이 없는 이들에게 주시는 선물이 된다. 하나님의 능력으로서의 의는 신자들을 하나님의 임재에 걸맞도록 만들기 위하여 그들에게 전달된다. 이 의로우신 하나님이 사람들을 관계적 측면에서 바로잡으시며(의롭게 하신다) 이것은 선물이다. 다른 말로 하면, 하나님의 의는 하나님의 속성(하나님은 의로우시다)인 동시에 하나님의 선물이다. 하나님의 의는 세상을 바로잡기 위해 일하시는 하나님의 은혜로운 구속의 능력이다. 죄를 용서하시고 (피조물을 포함하여) 모두를 위해 의를 확립하셔서 세상을 바로잡으시는 것이다. 이렇게 속성이자 선물이라는 이중적 측면이 3장 26절에 명시적으로 나타난다("그는 의로우시며… 의롭게 하신다[자기도 의로우시며… 의롭다 하려 하심이라]." 혹은 이렇게도 옮길 수 있다. "그는 **의롭게 하신다**는 점에서 의로우시다." 그리스어에서 두 용어[디카이오스*dikaios* 와 디카이오오*dikaioo*]는 어원이 같다). 왕이신 예수께서는 의의 행위자[agent]이시고 세상에서 일을 바로잡으시는데, 죽음과 부활을 통하여 그렇게 하신다(4:25).

바울은 '그러나 이제는 **율법 외에**'(3:21)라는 말로 신학적 상술

---

12 로마서 1:17; 3:5; 10:3과 고린도후서 5:21; 빌립보서 3:9과 마태복음 6:33; 야고보서 1:20; 베드로후서 1:1도 보라.

을 시작한다. 만약 바울이 약한 자들과 판단자들 (즉 '율법 아래에 있

는 자들'을) 강조해 왔다면, 또 토라는 생명을 가져오지 않고 죄에

대한 지식을 가져올 뿐이라고 강조해 왔다면(3:19-20), 하나님의

구원하시는 능력이 '율법 외에' 개시되었다고 반드시 말해야 한

다. 이것이 바로 약한 자들이 들어야 하는 말이며, 어쩌면 강한

자들은 안도의 한숨을 내쉬었을지도 모른다. 그러나 바울은 '율

법 외에'라는 말 바로 다음에 "율법과 선지자들에게 증거를 받은

것이라!"는 말을 놓아서 하나님의 신실하심을 충실하게 유지한

다. 하나님의 구원하시는 의는 토라에서 나오지는 않지만, 토라

와 선지서가 그 의를 증언한다. 이것은 불연속성을 드러내는 변

화와 연속성을 드러내는 일관성을 모두 확언한다. 바울은 약한

자들이 토라를 따른다고 해서 의로워지지는 않지만, 칭의의 메

시지가 토라와 선지서에 있음을 깨닫기를 원한다. 그들은 자기

들의 선택받은 특권은 여전하지만, 그 특권이 토라를 통해 온다

고 생각해서는 안 된다.

사태를 바로잡으시고 구원하시는 하나님의 능력은 계시를 재

구성한다. NRSV는 21절을 '드러났다'고 번역한다(그리스어 단어는

파네로오*phaneroo*로, '나타나게 하다, 계시하다, 노출하다, 분명히 하다' 등을 뜻한다).

이 계시는 새로운 현실을 세운다('이제는'). 그리스도 안에 있는 묵

시적이고 종말론적인 현실이다. '드러났다'는 단어는 다른 두 단

어와 묶일 필요가 있다. 첫째는 이방인을 하나님 백성에 포함

시키는 바울의 선교를 신적 '신비mystery'로 일컫는 것이고(11:25;

16:25), 또 다른 단어는 '계시'이다(아포칼륍시스*apocalupsis*와 그 동족어들:

1:17, 18; 2:5; 8:18, 19; 16:25). 이 '신비'와 '계시'는 완전한 새로움을 가리키지도, 앞서 있던 모든 것을 산산조각 내지도 않는다. 방금 바울은 연속성과 불연속성이 함께 들어 있는 말을 했다. 따라서 이 '드러났다'는 용어는 오히려 하나님이 베푸시는 **새롭고 충만한 은혜**를 강조한다. 옛것이 재구성되었으며, 그것은 "새로운 창조! 모든 옛 것은 지나갔다. 보라, 모든 것이 새로워졌다"[새로운 피조물이라. 이전 것은 지나갔으니 보라 새 것이 되었도다](고후 5:17)는 의미다. 여기 본문에서처럼, 그 새로움은 '하나님의 의'에 연결된다(고후 5:21).

이 계시가 바울이 말하는, **이방인을 포함하기까지 이스라엘의 범위를 넓히는 신비**이며(11:25; 16:25, 개역개정에서는 16:26), 하나님의 의(하나님이 그리스도 안에서 은혜로 모든 것을 바로잡으심)는 '모든 자를 위한', 즉 약한 자들과 강한 자들을 위한 것이다. 다시 말해, 아무도 다른 이보다 더 중요한 지위에 있다고 여기지 않는다. 더 분명하게는, '그리스도 안에 있는' 이 의는 "모든 믿는 자에게 미친다"(3:22). 논점을 반복해 보자면, 그 의는 '율법(토라 준수) 외에' 나타난 의이며, 이 말은 그 의가 약한 자들 또는 하나님이 이스라엘과 이미 맺으신 언약 안에 있는 자들을 위해서 따로 마련되지는 않았다는 뜻이다. 그 의는 왕이신 예수를 신뢰하고 그분에게 자기 자신을 복종하여 충성하는 이들을 위한 것이다. 바울은 '모든'이라는 주제를 더 세게 밀어 붙이며, 여기서는 로마에 있는 약한 자들을 겨누어서 "차별이 없느니라"(3:22)고 말한다. 왜 그런가? 1장 18절-3장 20절이 입증하고 5장 12절에서 진술하듯이, "모든 사람이 죄를 범하였으매 하나님의 영광에 이르지 못하였기"(3:23) 때문이고, 여기서 하나님의 영광은 하나님의 의의 기준인 하나님 자신의 의와 연결되기 때문이다.

3장 21절에 나오는 '율법 외에'라는 표현은 (그 의가 토라와 선지자들에게서 이미 예견되기는 했지만) 바울을 두 가지의 용어로 이끌어간다. 즉, **믿음**으로 말미암아, **선물인 하나님의 은혜로써** (의롭다 하심을) 얻는 것이다(3:24). 이것은 다시 우리를 곧장 '율법 외에'로 데려간다. 아무 인간도 토라 준수로는 의롭다 하심을 얻을 수 없다. (하나님이 그리스도를 통해서 어느 사람을 바르게 재창조하시는 법정 장면인) 칭의는 죄를 지은 '모든 사람'을 위한 선물이다(3:23-24). 바울은 그 선물을 두 가지 방식으로 명확하게 표현하여, "예수 그리스도의 신실하심을 통해서"[예수 그리스도를 믿음으로 말미암아](3:22),[13] "하나님이 그의 피로써 속죄 제물로 세우신 그리스도 예수 안에 있는 속량, 곧 믿음을 통해서 유효해지는 그 속량을 통해서"[그리스도 예수 안에 있는 속량으로 말미암아… 이 예수를 하나님이 그의 피로써 믿음으로 말미암는 화목제물로 세우셨으니](3:24-25)라고 한다. 바울은 '속량(아포뤼트로시스*apolutrosis*)'과 '속죄 제물(힐라스테리온*hilasterion*)'이라는 두 용어를 사용한다. 속량은 상업적 세계에서 유래한 용어로 상당한 비용(십자가)을 치르고 우리를 다시 사서 해방시키셨음을 시사하며, 속죄 제물은 제의적 세계에서 유래한

---

13 그리스어 표현은 디아 피스테오스 이에수 크리스투*dia pisteos Iesou Christou*인데, 이것은 '예수 그리스도를 신뢰하는 사람들'로 옮길 수도 있고(목적격적 속격), '예수 그리스도 자신에게 있는 신실함'으로 옮길 수도 있다(주격적 속격). 나는 CEB의 번역, 그리고 NRSV와 TNIV의 난하주에 있는 번역과 궤를 같이하여, 후자의 번역을 선호한다. 물론 3:22 끝에는 분명히 인간이

용어로, 대속죄일에 자비가 내리는 성전의 언약궤 덮개(속죄소, 시 은좌, 자비의 자리)를 시사한다. 둘째 용어는 제사장들이 수행하는 제 사를 통하여 제사 제도가 용서를 가져오는 장소를 가리킨다.[14] 우리의 초점은 속죄론의 역사가 아니다. 그보다 여기서 우리는 하나님이 은혜로써 죄인들을 의롭다 선언하셔서, 그 선언이 '믿 음을 통하여', 즉 그리스도의 신실하심을 통하여, '유효하게' 되 는 것을 본다. 다시금 약한 자들은 이것이 토라 준수와는 별개라 고 듣는다.

바울은 판단자, 즉 토라를 준수하지 않는다는 이유로 강한 자 들을 판단하는 로마 신자들에게 초점을 맞추는데, 이것은 3장 25b-26절에 이르면 분명해진다. 여기서 바울은 이스라엘의 하 나님의 인내(행 17:30)를 강조한다. 하나님은 '예수를 믿는 믿음', 또는 더 나은 표현으로 '예수의 신실하심'에 이를 때까지 이스 라엘의 역사의 흐름 속에서 이스라엘의 죄성을 줄곧 참아 오셨 다.[15] 이 신적 인내와 더불어 신적 신실함도 강조한다. "그는 자 기의 의를 나타내기 위해서 이것을 하셨고"[이는… 자기의 의로 우심을 나타내려 하심이니], "그 자신이 의로우시며 또 예수의

품는 신뢰도 언급된다('모든 믿는 자에게'). 비슷한 용법으로서 다음의 본문들을 보라. 갈라디아 서 2:16; 3:22; 로마서 3:22, 26; 빌립보서 3:9; 에베소서 3:12. 그 말의 히브리어적 배경('믿음과 신실함', '충성'인 에무나emunah; 참조: 사 11:5), 로마서 3:22 자체에 있는 불필요한 반복(어째서 '예수 그리스도를 믿는 믿음을 통해 모든 믿는 자에게로'라고 말하는가?), 그리고 '신실함'의 의미로 사용되는 피스티스의 다른 사례들(예: 3:3) 등을 고려해 보았을 때, 내가 확신하기에 '예수 그리 스도 자신이 가진 신실함'이 가장 적절한 번역이다.

14 CEB는 '자비가 발견되는 제사의 자리the place of sacrifice where mercy is found'라고 적절하 게 옮겼다.

15 이것은 어떤 이들이 제안해 왔듯이 이방인의 죄들을 가리킬 수도 있다.

신실함에 뿌리 내린 자를 의롭게 하신다는 것을 지금 증명하시기 위함이었다"[곧 이때에 자기의 의로우심을 나타내사 자기도 의로우시며 또한 예수 믿는 자를 의롭다 하려 하심이라](3:25-26). 다시 말하자면, 하나님은 신실하시며(3:4-8; 9-11), 그 이유는 하나님이 과거에는 죄들을 참아 주셨지만,[16] 이제는 하나님 홀로 그리스도의 신실하고 순종적인 죽음 안에서 죄들에 완전히 종지부를 찍으셨기 때문이다. 신실하신 언약의 하나님은 예수의 언약적 신실함 안에서 신실하심이 입증된다.

신실하신 예수에게 속한 이들은 약한 자든 강한 자든 모두 의롭게 된다. 로마서를 각 개별 본문의 맥락으로 계속 읽어나가다 보면, 지금 이 부분에서 두드러지게 눈에 띄는 것은 (5장 12-21절에 있는 것과 같은) 아담 관련 표현이 여기에는 없다는 사실이다. 여기서 초점은 인간 전체가 아니라 이스라엘, 이스라엘의 죄, 신적 속죄에 있다. 따라서 판단자와 로마의 약한 자들에게 초점이 있는 것이다. 약한 자들이 토라 준수를 주장하다 보면 너무나 쉽게 또 다른 주장으로 넘어가서, 강한 자들에게 도덕적으로 변하고자 한다면 토라를 준수하고 경건한 이방인Godfearers에서 유대교 개종자proselytes로 바뀌어야 한다고 주장하게 된다는 것이 논점이다. 바울이 판단자에게 주장하는 논점은 토라 준수로는 그러한 도덕적 변화가 성취될 수 없다는 것이다.

---

16 혹은 시편 50:21에 나오는 기억에 남는 구절을 보라. "이것(불의의 죄)들을 너희가 행했고, 나는 잠잠했다"[네가 이 일을 행하여도 내가 잠잠하였더니](trans. Robert Alter, *The Book of Psalms: A Translation with Commentary* [New York: W. W. Norton, 2007]).

거꾸로 읽는 로마서

17

둘째 질문: 이점을 자랑함

(3:27-31)

로마서 거꾸로 읽기는 특히 로마서 3장을 읽는 법을 조명해 주는데, 그렇게 읽으면 3장 21-26절이 원래 자리에 다시 놓이게 되고 이점 질문이 전면에 드러나기 때문이다. 그 질문 덕분에 1장 18절에서 3장 20절에 이르는 논의 전체가 구체화되었다. 순진한 독자에게 3장 21-26절을 삭제하고서 로마서를 쥐어 준다면, 3장 20절 다음에 곧바로 3장 27절을 읽으면서도 무엇인가 빠졌다고 느끼지 않을 것이다. 앞서 나왔던 것과 동일한 논의 혹은 질문이 작동한다. 즉 유대인의 특권은 어떤가? 선택받은 특권은 어떤가? 유대인들에게는 어떤 유리한 점이 있는가? 약한 신자들에게 있는 유리한 점은 무엇인가? 이들 질문은 3장 1절과 9절에 있는 방식의 질문이고 이제 바울의 둘째 질문(3:27-31)과 더불어 다시 등장한다. 유일하게 다른 점은 "그런즉 자랑할 데가 어디냐"(3:27)에 있는 '자랑'이라는 단어다. 자랑 질문Boasting Question은 2장 17절과 2장 23절에서 동일한 용어를 사용한 데서 유래했고, 이 본문에서는 3장 29절에 다른 용어로 다시 등장한다. "하나님은 다만 유대인의 하나님이시냐? 또한 이방인의 하나님은 아니시냐?"

251

이러한 이중 질문은 3장 31절에서 "그런즉 우리가 믿음으로 말미암아 율법을 파기하느냐?" 하는 질문으로 넘어간다. 자랑 질문은 '특별히 이스라엘의 하나님 질문God-of-Israel-Especially Question'이 되고, 율법 질문Law Question이 된다.

이들은 동일한 질문은 아니지만 모두 이점 질문에 집어 넣을 수 있다. 간략히 말하면, 약한 자들은 바울이 이방인 선교를 하는 내내 흔히 듣던 질문을 대변한다. 즉, 이스라엘의 하나님이 이제는 이방인을 하나님의 한 가족에 포함시키려고 일하신다면, 그리고 그 이방인에게는 토라가 필요 없다면, 하나님이 이스라엘을 택하신 것과 이스라엘의 특권이나 이점은 이제 어떻게 되는가? 이 질문은 3장 1절부터 내내 바울의 논의를 이끌어 왔고, 바울이 1장 18절-2장 29절(특히 2장 1-5절, 17-24절)에서 말한 내용 때문에 유발되었다. 지금 그 질문을 던지는 이들은 일반 유대인이 아니라 로마 가정교회들의 약한 자들이다. 바울의 말을 가장 불쾌해하는 사람은 약한 자들의 대변자인 판단자이다. 이들 질문은 선교 질문이다.

자랑을 새로운 틀로 이해하기

그리스도인은 이러한 자랑을 자기 의에 대한 자랑, 하나님 앞에서 자기가 누릴 자격이 있는 것에 대한 자랑, 영원한 속량을 공로로 얻었다는 자랑으로 바꾸어 버리려는 유혹을 아주 흔히 받으므로, 이 유혹을 피하기 위해 자랑을 새로운 틀로 이해해야 한다.

거꾸로 읽는 로마서

아우구스티누스가 펠라기우스와 논쟁을 벌인 이래로 기독교 신학자들은, 인간은 선한 행위를 근거로 자기를 하나님 앞에서 의롭게 하기 위해서 애쓰고 있거나 적어도 자신의 선한 행실을 근거로 의롭다 함을 받을 자격이 있다고 주장하는 존재라는 틀에서 이해했다. 따라서 자랑은 스스로 의롭다 함을 거울처럼 보여 준다. 그러나 판단자의 얼굴을 한 로마의 약한 자들이 자신의 언약적 택하심에 근거하여 선택한 자랑에는 아우구스티누스-펠라기우스적 틀과 동일하지 않은 그리스-로마적 정황이 있었으며, 이 그리스-로마적 정황은 로마적인 삶의 방식들을 습득한 로마의 약한 자들 안에 스며든 것이다. 이 새로운 정황의 틀에서 자랑은 흔한 일이고 예상되는 일이었다. 무슨 말인가? 특권과 지위가 있는 로마의 남성이라면 쿠르수스 호노룸(공적인 명예를 얻어가는 삶의 도정) 추구가 예상되었다. 쿠르수스 호노룸은 권력이 있고 명문가 출신인 사람(고전 1:26), 또는 몸이 아름답고 날쌘 사람, 재산을 후하게 쓸 수 있거나 전투에서 용기를 발휘하거나 공중 연설에 탁월한 사람들을 위한 도정이었다. 명예를 얻는 이 도정은 철두철미하게 경쟁적이며 그 도정에서 누군가의 (관직에 공적으로 임명되는 것을 통해 나타나는) 성취는 자랑해야 했다. 우리 기독교에서처럼 자랑을 멀리하거나 짐짓 겸손한 체 하는 것은 로마의 방식이 아니었다. 자랑은 당연한 것이었고, 이것이 우리의 문화에서는 아주 부자연스럽기 때문에 (사회적으로 눈살을 찌푸리게 하는 것이기 때문에) 두 문헌을 인용해서 그러한 자랑을 생생하게 보여 주어야 하겠다.

지도자들은 문화를 만들어 내며, 로마제국의 문화는 황제가

만들었다. 아우구스투스 카이사르의 유명한 "신이 된 아우구스
투스의 업적Res Gestae Divi Augusti"에 나오는 자랑하는 문장들을 주
목해 보라.[1]

나는 두 번은 마상에서(도보로 하거나 마상에서 진행되었던 약식 개선
ovation—옮긴이), 세 번은 전차에서 개선식을 했고, 스물한 번이나
최고 사령관으로 추앙되었다. 원로원에서 나에게 더 많은 개선
식을 열어 주기로 의결했을 때 나는 모두 사양했다. 나는 파스
키스(직위를 상징하는 막대기 묶음—옮긴이)에서 월계관을 떼어 카피톨
리움에 두어서, 전쟁할 때마다 서원한 기도를 갚았다. 내가 성
취한 일이나 대리자들이 성취한 일, 곧 상서로운 징조들과 더
불어 내가 땅과 바다에서 성공적으로 완수한 일 때문에 원로원
은 신들에게 제사를 드려야 한다고 쉰다섯 번 의결했다. 실제
로 원로원의 칙령에 따라 이런 날이 890일 있었다. 내 개선식
에서 왕 아홉 명이나 왕의 자녀들이 내 전차 앞으로 끌려 왔다.
이 일을 기록할 때는 내가 집정관을 열세 번째 하고 있었으며
호민관의 권한을 가진 지 서른일곱 번째 되는 해였다[주후 14
년](4.1-4).[2]

이걸 보면서 우리는 "굉장하네요, 거만 씨Mr. Arrogance" 하고 말

---

1 자랑의 또 다른 사례는 Cicero의 *Letters to Friends* 22에서 볼 수 있다.
2 영어번역은 다음을 보라: Translated by Alison E. Cooley, *Res Gestae Divi Augusti: Text,
Translation, and Commentary* (Cambridge: Cambridge University Press, 2009), 63.

거꾸로 읽는 로마서

할지도 모르겠지만, 그렇게 말한다면 당시 세계에서 자랑에 대해 어떠한 기대가 있었는지 제대로 이해하지 못한 것이다.

당시 그들은 무엇을 자랑하는가? 1세기 로마 제국의 교회와 거의 동시대에 '프로귐나스마타progymnasmata', 즉 기초 수사 연습이라고 불리는 글들이 있었다. 그 세계에서 장차 지도자가 될 학생들은 '엔코미아'라고 부르는 형식을 통해서 그 시절의 고귀한 지도자들을 칭송하는 법을 배웠다. 헤르모게네스Hermogenes는 이 칭송문에서 무엇에 초점을 맞추어야 하는지를 학생들에게 가르쳤다. 칭송문은 쿠르수스 호노룸을 묘사하면서 동시에 학생들이 앞으로 살아가면서 무엇을 얻으려고 노력해야 할지를 가르쳤다(나는 읽기 편하도록 본문의 형태를 바꾸고 중요 용어들을 강조 표시하였다).

출생과 관련된 놀라운 사건들, 예컨대 꿈이나 징조 같은 것도 언급해야 할 것이다.

그 후에는 **양육**을 언급한다. 예를 들자면, 아킬레우스의 경우에는 케이론의 손에서 사자의 골수를 먹으며 양육되었다는 것이다.

그 다음은 **교육**으로, 어떻게 그가 훈련을 받거나 교육을 받았는지를 언급한다.

물론, **마음과 몸**의 기질도 검토하여 여러 특징으로 나누어야 할

둘째 질문: 이점을 자랑함

것이다. 몸에 대해서는 아름답고 크고 날렵하고 강하였다고, 마음에 대해서는 정의롭고 온화하고 지혜롭고 용감했다고 말할 것이다.

그 다음에 그가 **추구한 일**을 이야기를 할 것이다. 예컨대, 어떠한 종류의 삶을 살았느냐 하는 것으로, 철학자였는지, 웅변가였는지, 장군이었는지 하는 것이다.

가장 중요한 것은 **업적**으로, 업적은 추구한 일 안에 포함되기 때문이다. 예를 들면, 군인의 삶을 택하고 나서, 그것을 통해 무엇을 성취했는가?

외부 요소externals에는 친지, 친구, 소유, 종, 행운 따위가 들어간다.

더 나아가, **시간**과 관련된 주제에 있어서는 그가 얼마나 오래 살았는지, 길었는지 짧았는지를 다룬다. 각각이 엔코미아를 시작할 계기를 제공한다. 왜냐하면 오랜 산 사람에 대해서는 그 오랜 삶 자체를 칭송할 것이고, 그렇지 않은 사람에 대해서는 "노년의 질병들을 겪지 않았다"라는 점을 칭송할 것이기 때문이다.

더욱이, **죽음의 방식**에 있어서는 (예를 들어) 그가 나라를 위해 싸

거꾸로 읽는 로마서

우다가 어떻게 죽음을 맞이했는지 다룰 수 있겠다. 죽음과 관련하여 어떠한 특이한 점이 있는지도 넣는다. 예컨대 칼리마코스의 경우 주검이 꼿꼿하게 서 있었다. 그 인물이 누구에게 죽임을 당했는지도 칭송할 것이다. 예를 들면, 아킬레우스는 아폴로 신에게 죽임을 당했다.

사후의 사건들도 검토한다. 파트로클로스의 경우처럼 사람들이 그를 기리는 경기를 개최했는지(《일리아스》23), 오레스테스의 경우처럼 유골과 관련된 신탁이 있었는지, 네오프톨레모스처럼 유명한 자녀들이 있었는지 등이다. 엔코미아에서 논증하는 데 최고의 자료는 비교를 통해 나오는데, 상황에 따라서 이용할 수 있을 것이다. (헤르모게네스,《프로귐나스마타》15-17)[3]

사람들은 영광을 향한 자신의 도정을 자랑해야 했으며, 여기에 나온 내용이 로마 제국에서 자랑의 핵심 요소다. 이것으로 누군가가 명예롭게 되고, 이러한 여러 자랑은 누군가가 명예를 향한 자신의 도정 위에 배치해 놓을 요소다.

바울 자신은 지혜와 힘과 부를 자랑하는 죄를 성경에서 배워 알고 있었으며(렘 9:23-24), 어쩔 수 없는 경우에는 자랑할 수도 있었고(빌 3:5-6), 자랑이 그리스도에 대한 자랑이나 혹은 타인에 대

---

3 Translation by George A. Kennedy, ed., *Progymnasmata: Greek Textbooks of Prose Composition and Rhetoric*, Writings from the Greco-Roman World (Atlanta: SBL, 2003), 82.

한 자랑인 경우에는 덕이 되기도 했다(고전 1:31; 15:31; 고후 1:14; 살전 2:19; 빌 3:13).[4] 그러나 바울은 약한 자들의 자랑을 부정적인 의미에서 비판하기도 했다(롬 2:17, 23). 자랑 질문은 단순히 로마의 자랑 방식 때문에 생기지는 않았다. 로마서나 갈라디아서, 또는 성경에 나오지 않는 여러 글들을 읽어 보면, 선택이 하나님이 이스라엘을 눈동자같이 여기신다는 신적 승인에 관한 의식을 만들어 냈다는 것을 알게 된다. 선택받은 특권에 대한 이 의식이 약한 자들의 자랑이 되었다. 그러나 내가 주장하는 것은 판단자의 얼굴에 나타나는 그 자랑이 로마의 도정에 물들었다는 것이다. 바울은 이방인 선교 중에 걸핏하면 이 질문과 만난 경험이 있다. 로마서 9-11장에 자세히 나오지만 바울의 대답은, 하나님이 이스라엘에게 계속 신실하실 테고 이스라엘도 여전히 하나님의 백성이겠지만, 이방인들이 대목에 접붙임을 받겠고 그리스도와의 그러한 하나됨은 (행위들이 아니라) 믿음으로 말미암는다는 것이다. 이방인들 역시 이스라엘의 선택받은 특권을 획득할 수 있다.

믿음의 토라

하나님의 가족 안에서 약한 자들이 특권과 우선권을 갖는다는 주장이 판단자에게는 자랑의 원천이었다. 그러나 바울이 볼 때 그것이 상대화되거나 혹은 완전히 막힌 이유는, 그리스도 안에

---

4   고린도후서 10:14-15; 11:12-13, 21-23도 주목하라.

서는 '행위들'이 아니라 '믿음의 법'에 의해 신분이 결정되기 때문이다(롬 3:27). 여기서 바울의 특별한 표현을 간과하면 안 된다. 바울은 은혜에 대한 이 긍정적 반응을 '믿음의 법'이라고 일컫는데, 이것을 '믿음의 토라'라고도 번역할 수도 있고 '그리스도의 신실하심의 토라'라고도 할 수 있겠다. 토라와 믿음을 결합시키면 다소 거슬릴 수 있지만, 그것은 너무 많은 이들이 믿음을 토라와 분리해서 생각했기 때문일 뿐이다. 갈라디아서 6장 2절에 있는 '그리스도의 법(토라)'도 비슷한 표현이다.[5] 그러나 로마서를 통으로 읽으면 로마서 7장 7-25절에 다다르게 되는데, 거기서는 죄를 드러내는 토라의 일을 분명하게 영적인[신령한] 일이라고 설명한다. 거기서 우리를 장악하고 있는 것은 죄와 육신이다. 한 장 더 넘어가면, 로마서 8장 2절도 토라의 의미를 '그리스도 예수 안에 있는 생명의 성령의 법'처럼 긍정적으로 말한다. 그리고 2장 25-29절로 돌아가 보면, 우리는 토라에 대해 내적 관계와 외적 관계의 대립이 있음을 보았다. '믿음의 토라'는 그 내적 의미인 것이 분명하며, 상기해 보자면 그 말은 일부 이방인은 실제로 믿음의 토라를 실천하고 있다는 뜻이다. 로마서 9장 30-33절로도 돌아가 보면, 우리는 믿음으로 토라를 실천하고 있던 이방인들 소식을 들었다.

바울은 믿음의 토라가 **믿음을 가진 모든 이들**을 위한 속량을 의미함을 일깨워 준다. 그것을 3장 28절에서 판단자를 주시하면서

---

5 고린도전서 9:21도 보라.

약한 자들에게 일깨워 준다. "그러므로 사람이 의롭다 하심을 얻는 것은 율법의 행위에 있지 않고 믿음으로 되는 줄 **우리**가 인정하노라." 이 '우리'는 갈라디아서 2장 15-21절에 있는 '우리'처럼 들리는데, 거기에서는 베드로와 바울을 가리켜 말했다. 다시 말하자면, 그 '우리'는 유대인인 '우리'를 가리켰다. 바울은 "우리가 인정하노라"라고 하면서 로마의 약한 이들을 떠올린다. 다음으로 바울은 동일한 약한 신자들이 제기한 이점 질문으로 시선을 돌린다. "하나님은 다만 유대인의 하나님이시냐?" 지금 믿음의 토라에 대해서 말하고 있으므로, 바로 이어서 약한 자들에게 강한 자들에 대해 묻는다. "또한 이방인의 하나님은 아니시냐? 진실로 이방인의 하나님도 되시느니라. 왜냐하면 하나님은 한 분이시기 때문이다[하나님은 한 분이시니라]"(3:29-30).[6] 믿음은 유대인 신자들과 이방인 신자들 모두에게서 발견될 수 있다. 바울은 자신의 논점을 반복해서 말하며, 이 논점은 이점 질문에 다시 한번 강한 일격이 된다. 하나님은 "할례자도 믿음으로 말미암아 또한 무할례자도 (동일한) 믿음으로 말미암아 의롭다 하실" 것이다(3:30). **믿음**의 토라는 믿는 이방인을 이스라엘의 특권까지로 끌어올리지만, 그와 동시에 그 특권 일부를 제거해 버린다.

아, 그런데 판단자가 바울의 말을 이용해서 다시 한번 재빨리 받아친다. "그러면[그런즉] 우리가 믿음으로 말미암아 율법을 파기하느냐?"(3:31). 이것은 바로 토라를 준수하는 유대인 신자라면

---

6 바울은 여기서 신명기 6:4의 쉐마를 인용한다.

누구나 바울에게 물었던 질문이며, 로마에서 죽을 때까지 바울을 끈질기게 괴롭힐 질문이기도 하다.[7] 바로 이 질문 때문에 토라를 준수하는 유대인들이 예루살렘에서 바울을 체포했고, 그 체포는 장기 구금과 재판으로 이어졌다(행 21-28장). 바울이 "그럴 수 없느니라!" 하고 아무리 교리적이고 확실하게 대답해도, 토라를 준수하는 자들은 납득하지 않았다. 바울은 갈라디아서 3장과 비슷하게 들리는 말을 재치 있게 덧붙인다. "도리어 (우리는) 율법을 굳게 세우느니라"(롬 3:31). 정확히 어떻게 믿음으로 말미암아 이방인들이 포함되는지, 어떻게 해서 이 이방인들의 포함이 유대인들이 이점에 대한 자랑을 중지하도록 요구하는지, 어떻게 이것들이 토라를 굳게 세우는지 여기서는 자세히 설명하지 않지만, 로마서 2장과 7장에 이를 암시하는 내용이 있다. 율법은 의롭게 하기 위해 주신 것이 절대로 아니다. 율법은 죄들^{sins}을 죄^{Sin}로 바꾸기 위해서, 그리고 이스라엘의 죄책을 드러내기 위해서 주셨다. 신분에서, 또 토라 행위의 이점에서 돌이켜서, 성령을 통해 **믿음**과 그리스도의 신실하심으로써 그리스도 안에 계신 하나님을 향해 돌아서는 것이 토라 준수의 궁극적 형태였으며, 동일한 성령을 통해서 토라를 실천하는 것으로 이어졌다(8:1-8). 바울이 보기에는 그리스도 안에서 이스라엘의 성취 이야기가 모든 것을 대대적으로 바꾸어 놓는다.

---

7 마태복음 5:17-20과 갈라디아서 3:15-18 참고.

18

셋째 질문: 아브라함, 믿음, 이점

(4:1-25)

이점 질문의 형태를 달리하여 4장이 시작되며, 나는 4장 1절을 이렇게 번역한다. "그렇다면 우리가 뭐라고 말할 수 있는가?[1] 육으로(=유대인들) 우리 조상인 아브라함이 (행위들로 말미암아, 즉 창세기 17장의 할례나 창세기 22장의 아케다[Aqedah]로 말미암아) 하나님에게 은총(=칭의)을 얻었다고 말해야 하는가[그런즉 육신으로 우리 조상인 아브라함이 무엇을 얻었다 하리요]?" 이 질문은 3장 1절에서 제기한 같은 질문의 셋째 변형으로, 동일한 질문이 3장 9절에서 새로운 틀로 제기되었고, 3장 27절에 재차 등장했다. 각 질문은 바울이 했지만, 로마의 약한 자들인 판단자의 입에서 나오도록 한 것이다. 3장 1절과 9절, 3장 27절, 4장 1장에 걸쳐 세 번 나온 질문에, 4장 9절에서 다시 새로운 틀로 구성한 셋째 질문을 더하면 다음과 같이 나열할 수 있다.

(1) 그런즉 유대인의 나음이 무엇이며 할례의 유익이 무엇이

---

1 이것은 3:5; 6:1; 7:7; 8:31; 9:14, 30에서처럼 독립 질문이다.

냐?(3:1)

그러면 어떠하냐? 우리는 나으냐?(3:9)

(2) 그런즉 자랑할 데가 어디냐?(3:27)

(3) 그렇다면 우리가 무엇을 말해야 하는가? 육으로(=유대인들)
우리 조상인 아브라함이 (행위들로 말미암아, 즉 창세기 17장의 할례
나 창세기 22장의 아케다[이삭 결박]로 말미암아) 하나님에게 은총(=칭
의)을 얻었다고 말해야 하는가?(4:1)

그런즉 이 복이 할례자에게냐 혹은 무할례자에게도냐?(4:9)

이것들은 동일하고 일반적인 이점 질문에 대한 세 가지 접근
방식이다. 각 접근 방식에는 바울의 논증이 따라오지만, 동일하
고 일반적인 질문의 개별 사례로 이해해야 한다. 로마의 판단자
의 신념에 따르면, 메시아에 대한 믿음을 토라 준수와 결합했다
는 면에서 약한 자들만 이스라엘의 이야기에 신실하며, 이방인
들은 회심을 온전하게 이루지 못했다. 바울은 동일하고 중요한
논점을 각도를 달리하여 역설한다. 한 분 하나님이 계시고, 토라
의 행위는 지금껏 아무도 의롭게 하지 못했으며, 그리스도께서
는 신실하셨고, 칭의는 믿음으로 오며, 유대인들과 이방인들은
동일한 방식으로 의롭게 된다는 것이다. 이 모든 것이 등장한 **이
유**는 로마의 약한 자들과 강한 자들 사이에 긴장이 있기 때문이
다. **목표**는 사랑을 동력으로 하는 화해와 일치, 평화와 관용이다.
이것은 신학 그 자체를 위한 신학이 아니다. 오히려 이것은 신학
적 기반을 탐색하는 삶의 신학이다.

패러다임이자 조상인 아브라함

로마서 4장의 아브라함은 신자의 전범exemplary believer이면서 믿는 자들(약한 자들이든 강한 자들이든)의 조상이다. 다른 용어를 사용해 보자면, 아브라함은 패러다임인 동시에 패러다임 이상이다. 믿음으로 말미암은 언약의 조상인 동시에 지금도 살아 움직이는 신실함**이다.** 언약 안에서 일어나는 일은 모두 아브라함의 믿음으로 거슬러 올라가야 하며, 아브라함의 믿음과 일치해야 한다.[2] 아브라함의 믿음은 하나님의 새 백성의 범위를 규정하는데, **신분이 어떠하든지 누구든지** 아브라함 같은 믿음이 있으면 한 가족이다(그 믿음이 이 가족을 구별시켜 주는 특징이다).

이제 잠깐 되새겨 보자. 유대 세계에서 아브라함은 믿음은 물론이고 **토라 순종** 면에서도 패러다임이다(마카베오상 2:52; 약 2:21-24). 따라서 우리는 바울이 아브라함을 사용함에 있어서 불어오는 바람을 가르며 항해하고 있다고 생각해야만 한다. 아브라함이 토라를 준수한 측면을 제외하기 때문이다. 유대교에서 아브라함은 아들 이삭을 바침으로써 믿음을 입증하였는데(창세기 22장의 아케다), 로마서 4장이 전개되면서 아주 눈에 띄는 사실은, 아케다와 관련해서는 아무것도 명시적으로 나오지 않는다는 것이다. 창세기 17장에 나오는 행위로서의 할례에 앞서서 창세기 15장에 믿음으로 말미암은 언약이 있었으며, 바울이 보기에 모든 중

---

2   야고보서 2:18-24과 유사한 점이 두드러진다. 두 저자 모두 자신의 칭의론이 아브라함에게 기반을 두어야 한다고 생각한다.

거꾸로 읽는 로마서

요한 일은 창세기 15장에서 일어났다. 창세기에 나오는 시간 순서의 논의에 모든 것이 달려있다. 하나님의 은혜로운 언약 제안과 아브람의 믿음과 의가 먼저이며, 할례나 아케다와 같은 행위는 그 다음에야 등장한다. 믿음(창 15)이 선행하고, 행위들은 뒤에 일어난다. '믿음 다음에 행위들'이지 '믿음과 행위들'이 아니며, 이러한 시간 순서가 바울의 논점을 입증한다. 바울은 이렇게 '모든 이가 믿음으로'라는, 자신의 선교를 뒷받침하는 방식으로 성경을 읽었으며, 이것은 일치와 평화라는 바울의 삶의 신학에 닻을 내린다.

로마서 4장의 각 행은 앞 내용을 발전시키면서 꾸준히 앞으로 나아가지만, 나는 4장을 구분 가능한 세 개로 나눌 것이다. 첫째는 4장 1-8절의 '여기다'에 강조점을 두는 일반 토라들이며(4:3, 4, 5, 6, 8), 둘째는 4장 9-12절로 할례가 믿음 다음에 온다고 시사하며, 셋째는 4장 13-25절로 약속을 할례가 아니라 믿음과 연결한다. 그러면서 4장에서 할례 단락과 약속 단락 모두 믿음을 강조하며(4:9, 11, 12, 13, 14, 16, 17, 19, 20, 22, 24), 4장 23-25절은 바울과 로마의 가정교회들에게 미치는 함의를 더욱 직접적으로 다룬다. 이 장 전체를 지나는 동안 바울은 창세기 12장(약속), 15장(언약), 17장(할례), 22장(아케다)의 맥락에서 창세기 15장 5-6절에 대한 미드라쉬를 전개한다. 바울이 고찰하는 본문(창 15:6), "아브라함이 하나님을 믿으매 그것이 그에게 의로 여겨진 바 되었느니라"(롬 4:3)는 바울의 결론도 된다. "그것(그의 믿음)이 그에게 의로 여겨졌느니라"(4:22).

셋째 질문: 아브라함, 믿음, 이점

두 토라와 의

반복하자면, 이점 질문이 쟁점이다. 접점인 아브라함은 어느 이 야기에서나 유대 민족의 조상이었고(집회서 44:19-21), 의로 여겨진 이 믿음으로 칭송받았다(마카베오상 2:52). 이점 질문은 이중적이다. "그렇다면 우리가 뭐라고 말할 수 있는가? 육으로(=유대인들) 우리 의 조상인 아브라함이 (행위들로 말미암아, 즉 창세기 17장의 할례로 말미암 아) 하나님에게 은총(=칭의)을 얻었다고 말해야 하는가?" 그러나 로마서를 거꾸로 읽으면 이 이점 질문을 로마의 약한 자들이 제 기했음을 알아차리게 된다. 바울은 자신의 답변을 '두 토라'로 불 릴 수 있는 형태로 만든다. 행위들의 토라(4:2, 4)와 믿음의 토라 (4:3, 5, 6-8; '믿음의 토라[법]'라는 용어는 3장 27절에 등장)다.

행위들의 토라는 의로 이어지지 않는다.

행위들의 토라에는 자랑할 능력이 따라오고(4:2), 이것은 다시 3장 27절과 연결된다. 또 행위들의 토라에는 하나님이 그 행위 를 하는 자에게 보수를 주셔야 하는 의무가 따라온다(4:4). 로마서 를 읽는 이들 일부와 바울이 볼 때, 4장 2절에 나오는 행위들은 새 관점이 흔히 '옛' (즉 아우구스티누스나 종교개혁의) 관점을 비판하던 내용과 아주 비슷하게 맞추어 움직이는 것처럼 보인다. 즉, 이 행 위들의 토라에서 바울이 제시한다고 보일 수도 있는 주장은, 인 간은 자신의 성취를 통해 영광을 얻고자 하며 자신의 도덕적 업 적을 보상할 의무가 하나님 편에 있게 하고자 한다는 것이다. 맞

거꾸로 읽는 로마서

다. 그러나 그것이 전부는 아니다. 첫째로, 로마서 거꾸로 읽기는 (그리고 1장 18절-3장 31절에서 지금껏 우리가 보아 왔던 것은) 유대인 전체나 심지어 인간 전체가 아니라 (강한 자들을 압박해서 토라 전체를 받아들임으로 완전한 회심자가 되게 하려는) 로마의 약한 자들을 바울의 시야에서 발견하라고 우리를 채근한다. 둘째로, '삯wages' 뒤에 그리스어 미스토스*misthos*가 있는데, 바로 이 단어가 창세기 15장 1절에 쓰였다.[3] 이것을 간단히 설명해야 하겠다. 야훼께서는 아브람에게 두려워하지 말라고 알려 주시고, 그 이유는 아브람에게 말씀하셨듯이 "너의 보상(미스토스)이 매우 클 것"[나는… 너의 지극히 큰 상급]이기 때문이다. 아브라함의 보상이 무엇이었는지 물어 볼 만한데, 그 대답은 자식, 아들, 후손, 상속자, 가장 중요한 것으로는 별들로 가득한 하늘에 맞먹는 자손 같은 여러 용어로 뭉뚱그릴 수 있다. 다시 말해, 그 '보상'은 그 땅에서 살면서 많은 민족이 될 다수의 후손이다! 로마서 4장에서 바울은 창세기 12장의 민족-복에 관한 약속에 비추어 창세기 15장을 숙고하고 해석할 뿐 아니라, 창세기 17장에 나오는 할례와 민족-복을 주시한다. 이 사실을 인식한다면, '행위들'과 '삯'과 '보수'는 단지 구원 방법에 대한 신학적 관념이 아님을 깨닫게 된다. 오히려, 그러한 것들이 한데 엮여서 아브라함을 통해 (세상에 복음을 전송하여 이방인을 포함시키는 행위자가 될) 메시아에 이르기까지 일하시는 하나님의 신실하심이 된다. 보상은 열방으로 퍼져 나가는 복과 관련이 있다. 로

---

3 이 점에 대해서 N. T. Wright, *Pauline Perspectives: Essay on Paul, 1978-2013* (Minneapolis: Fortress, 2013), 554-592를 보라.

셋째 질문: 아브라함, 믿음, 이점

마서 4장 13절은 4장 4절의 '보상'을 아브라함이 '세상을 상속할 것'으로 규정하며, 4장 11-12절과 4장 16-18절에서는 유대인과 이방인이 모두 포함된다고 강조한다. 만약 그 미스토스가 전 세계적인 하나님의 가족이라면, 약한 신자들이 강한 자들을 받아들여야 한다고 (또 강한 자들도 약한 자들을 받아들여야 한다고) 다시 한번 강력하게 권고하는 것이다. 그들이 아브라함에게 충실하기를 원한다면 그렇게 할 것이며, 그들은 진정 그러기를 원한다!

바울이 창세기 15장을 숙고하자 자랑과 '삶'으로 눈길을 돌리게 된다. 다시 말하지만, 바울은 유대인이나 인간 전체가 아니라 약한 신자들을 특별히 비판하고 있다. 약한 자들은 자신들이 선택받았다는 신분을 자랑하고 있으며 도덕적 변화는 토라 준수를 통해서 일어난다며 하나님을 향해 강하게 권리주장을 하고 있음을 깨달아야만 한다. 혹자는 약한 자들 뒤에 유대인 전체가 있다고 주장할지도 모르겠다. 그러나 나로서는 바울이 로마에 있는 비그리스도인 유대인들과 논쟁을 이어간다고는 상상하기 힘들다. 바울의 근심은 약한 자들과 강한 자들 사이의 분열이다. 바울의 근심은 인류 전체가 아니라 판단자다.

믿음의 토라는 의로 이어진다

바울의 둘째 토라는 믿음의 토라로, '경건하지 않은'(4:5) 자들에게 하나님이 최종적으로 내리시는 판결이 포함된다("그것이 그에게 의로 여겨진 바 되었느니라", 4:3, 4:5). '경건하지 않은'이라는 말이 판단자에게는 1장 18-32절처럼 들리므로 충격적이다. 하나님이

경건하지 않은 자들에게 은혜를 주신다면 그 은혜의 비상응성
은 분명하다. 이 은혜는 토라를 준수하는 자, 즉 '일하는' 자(4:4)
가 아니라 믿는 자(4:3, 5)에게서 활성화된다. 다음으로 시편 32편
1-2절에 있는 다윗의 말이 나와서(4:7-8) 아브라함에 대한 바울
의 주장 일부를 뒷받침해 준다. 다윗은 의나 칭의 대신 '복'이 있
고 사함과 죄의 가리어짐을 받았는데(4:7), 이 두 용어가 복을 규
정한다. 이 둘은 의와 칭의와 비슷한 말이기도 하다.[4] 바울은 아
브라함과 관련하여 창세기 15장 6절을 읽는 방식을 뒷받침할 본
문을 발견했다. 아브라함은 믿음으로 말미암아 의롭게 되었고,
이 칭의는 어떤 행위보다 앞서므로 비상응적 은혜였다.

그렇다면 두 가지 토라가 작용하고 있다. 행위들의 토라는 자
랑으로 이어지고 또 약한 자들에게 기계적으로 혜택을 주는 '삯'
으로 이어진다. 믿음의 토라는 하나님이 의로 여기심으로 이어
지며, 그것은 강한 자와 약한 자 모두에게 죄들의 용서에 해당한
다. 다시 한번 접점은 (다윗에게도 잠깐 눈을 돌리지만) 아브라함이다. 기
억하라, 바울은 약한 자들과 논쟁하고 있는데 이들은 강한 자들
이 확장된 이스라엘에 온전히 받아들여지기를 원한다면 강한 자
들에게도 토라 준수를 강요해야 한다고 주장한다. 바울은 갈라
디아서 2장 15-21절에서 베드로에 관해 말한 내용 대부분을 반
복하고 있다. 바울이 아브라함의 사례에 이어 내리는 결론을 보

---

4 회개(고후 7:9; 롬 2:4)와 죄들에 대한 용서(골 1:14; 엡 1:7)가 유대교와 예수와 신약의 다른 저자
   들에게는 매우 흔했지만, 바울서신은 회개와 죄 용서를 강조하지 않는다. 사도행전에서 누가
   는 바울이 그러한 용어를 말했다고 한다(행 13:24, 38; 17:30; 26:18, 20).

면, 강한 자들이 하나님의 한 가족이 되기 위해서 토라를 준수할 필요는 없다.

바울은 논증 두 개를 더 적어 놓았다. 할례에 대한 것과 약속에 대한 것으로 두 토라에 관한 바울의 주장을 각기 입증한다.

할례와 의

할례는 언약과 토라에 신실하다는 표지였다. 이스라엘의 이야기에서 할례는 타협 불가능했고, 또 이방인 (남성) 회심자와의 접점이기도 했다. 이방인 남성은 할례를 받기 전까지는 계속 이스라엘의 주변부에 있었다. 바울은 이미 할례를 더 깊은 의미의 할례로 상대화했지만(2:25-29), 로마서 4장에서 새로운 발걸음을 내딛는다. 아브라함이 창세기 15장에서 믿음으로 의롭게 되었지, 창세기 17장에서 할례로 의롭게 된 것이 아님을 기억하라.

바울은 다윗에게서 인용한 말인 '복'으로 시작하는데, 이는 칭의와 비슷한 말이라고 할 수 있다. 셋째 이점 질문(4:1)을 이제 형태를 약간 달리하여 묻는다. "그러면 이 복이 할례자에게만 선언되었는가, 아니면 무할례자에게도 선언되었는가?"[그런즉 이 복이 할례자에게냐 혹은 무할례자에게도냐](4:9). 아브라함의 믿음이 복이라고 불리는 의로 blessedness-called-righteousness 여겨지게 되었다면(4:9b), 질문은 '어떻게' 혹은 '언제' 의롭게 여겨졌느냐 하는 것이다(4:10). 즉, 어느 것이 선행하는가? 믿음인가, 할례인가? '언제'에 대한 답은 '그가 할례를 받기 전[무할례시]에'(4:10) 의롭

거꾸로 읽는 로마서

게 여겨졌다는 것이다.

할례가 여기서 행위들과 동일시되기 때문에, 바울은 자신의 논점을 다음과 같이 입증했다. 칭의는 할례/행위들과 아무 관계가 없으며, 모든 것은 믿음과 관계가 있다. 할례는 '무할례시에 믿음으로 된 의를 인친 것'에 불과하고(4:11), '인치다seal'라는 용어가 바울에게 새로운 언약 공동체에서의 세례의 이미지를 환기시켜 주지 않았을는지 좀 생각해 볼 수 있다.[5] 바울의 복음은 다음과 같이 확립된다. 토라의 행위들이 아니라 그리스도를 믿음이 하나님의 복인 의로 이어진다. 바울은 이 모든 것에 어떤 식으로든 하나님의 목적이 있음을 안다. "목적은 그(아브라함)를 조상으로 만드는 것이었다"[이는 무할례자로서 믿는 모든 자의 조상이 되어](4:11b). 누구의 조상인가? 아브라함이 하나님을 믿은 것처럼 하나님을 믿는 모든 이들의 조상이다. 아브라함은 유대인뿐 아니라 이방인, 약한 자들뿐 아니라 강한 자들의 조상이다.

약속과 의

바울은 간략하게 적어 둔 논증을 하나 더 뽑아 든다. 칭의와 마찬가지로, 아브라함에게 주신 약속은 아브라함이 할례를 받았기 때문에(=행위들로) 주신 것이 아니라 믿었기 때문에 주신 것이다. 그렇다면 믿음의 토라는 그 약속이 믿는 자들을 위한 것임을 입

---

5   고린도후서 1:22; 에베소서 1:13; 4:30; 골로새서 2:11-12.

증한다. 바울은 이것을 4장 13절에서 분명한 말로 표현하고 나서[6] 4장 14-15절에서는 잠시 여담을 하면서 이러한 주장을 펼친다. 첫째, 만약 토라 때문에 아브라함에게 약속의 상속자가 생긴다면, 믿음과 믿음의 약속은 무효화된다. 둘째, 토라는 복이나 칭의가 아니라 '진노'를 초래한다(참조: 갈 3:10-14). 셋째 주장은 로마서 5장 12-14절을 예견하며 말하는데, 토라가 없으면 범법도 없고, 범법이 없으면 진노도 없다고 한다. 이 말은 로마서 7장 7-25절에서 거칠게 진동하는 소리이기도 하다.

이제 4장 16절에서 바울의 믿음의 토라가 더 심원한 토라인 은혜의 토라로서 수면 위로 떠오른다. "이런 이유로, 그것은 믿음에 달려 있다. 그리하여 약속이 은혜 위에 있도록 말이다"[그러므로 상속자가 되는 그것이 은혜에 속하기 위하여 믿음으로 되나니]. 믿음이 은혜에 기초해 있음에 주목하라. 이것은 바울이 하나님의 사랑 넘치는 은혜의 우선성을 극대화하고 있음을 보여 준다. 칭의가 은혜로 말미암고, 은혜가 믿음에 선행하며 행위들과 무관하기 때문에, **모든 사람이 이 은혜를 알 수 있으며, 따라서 모든 사람이 믿음과 칭의를 경험할 수 있다**. 이제 4장 16-17절에서 발견되듯이 이것이 바울의 논증, 혹은 더 낫게 말하자면, 바울의 궁극적 목적과 결론이다. 약속이 (그리고 보상이) "내가 너를 많은 민족의 조상으로 세웠다"(4:17, 창세기 17장 5절을 인용)임을 기억해야 한다. 여기서 이 말은 할례보다 우선하여, 즉 창세기 17장 9-14

---

6 "아브라함이나 그 후손에게 세상의 상속자가 되리라고 하신 언약은 율법으로 말미암은 것이 아니요 오직 믿음의 의로 말미암은 것이니라"(롬 4:13).

거꾸로 읽는 로마서

절에 기록된 행위들보다 우선하여 나타난다. 그러고 나서 '많은 민족의 조상'을 강조하는 로마서의 다음 구절(4:18)에서 우리는 아브라함의 인생에서 더 이른 시기에 맺은 언약으로 (창세기 15장 5절로) 돌아가게 된다. 그러므로 시간 순서가 바울의 논점을 증명한다. 약속은 어떤 행위보다도 선행하여서, 할례보다도, 아케다 보다도 먼저 나타난다.

그런 후에 바울은 아브라함의 믿음이 어떤 종류인지 서술하는 데(4:18-22), 의심하는 것과 관련된 세부 장면은(예: 창 17:17-18) 수사적 이유로 무시해 버린다. 바울이 볼 때, 아브라함은 불리한 상황이었다. 어떻게 불리한가? 아브라함은 '바랄 수 없는 중에 바라면서', 두 노인이 자식을 낳아서 그 자식에게서 열방으로 펴져 나갈 부족과 민족이 생기리라고 믿었다. 아브라함은 얼추 백 살이었고 사라는 임신을 하지 못하는 상태였지만(4:19), 창조주 하나님이 불가능한 일을 행하실 것을 알았기 때문에 믿음으로 천천히 걸어갔다. 그렇게 행하셔서 하나님은 자신의 말씀을 신실히 지키실 것이며 열방에게 미칠 풍성한 복에 대한 언약을 성취하실 것이다(4:21). 그와 같은 믿음 때문에 하나님이 아브라함을 의롭다고 여기시게 되었다(4:22).[7]

---

7 1:18-32에 나오는 이방인의 죄에 대한 유대인의 인식과 4:18-22에 나오는 아브라함의 믿음 사이의 유사점이 눈에 띈다. 4장에 나오는 창조주 하나님에 대한 아브라함의 믿음, 하나님에게서 오는 새 생명, 하나님에게 영광 돌림, 하나님의 능력을 앎, 이성 생식(4:17, 19, 20, 21) 등은, 1장에 나오는 이방인이 창조주 하나님을 거부함, 몸을 더럽힘, 하나님에게 영광 돌리지 않음, 하나님을 예배하지 않음, 몸의 생식력을 불명예스럽게 함 등과 대조를 이룬다. N. T. Wright, "The Letter to the Romans," in *The New Interpreter's Bible*, ed. Leander E. Keck, vol. 12 (Nashville: Abingdon, 2002), 500을 보라.

바울은 행위들의 토라와 믿음의 토라를 사용하여, 토라를 준수한다고 해서 하나님이 의롭다고 여겨주심과 복과 약속으로 이어지지는 않는다는 논점을(4:23-25) 판단자의 얼굴을 한 약한 자들에게 강하게 밀어붙인다. 할례 같은 행위들은 의롭게 할 수가 없고, 죄^{sin}를 죄^{sin}로 드러내고 육신과 사망과 진노를 드러낼 수 있을 뿐이다. 더구나 그러한 토라의 행위들은 로마에서 강한 자들과 약한 자들이 형제자매로서 사랑과 평화 가운데 살아가는 데 필요한 변화로 이어지지 않을 것이다. 만일 아브라함이 불가능한 것을 믿었다면 로마의 신자들 역시 '죽은 자를 살리시는' 하나님,[8] 그리하여 사실상 아브라함을 죽은 자들 가운데서 일으키신(참조. "자기 몸이 죽은 것 같고"[4:19]) 그 하나님이 신실하신 예수를 죽은 자들 가운데서 일으키셨음도 믿어야 한다. 그러하신 하나님을 믿는 자들은 자기들을 '범죄'에서 구출하시고 예수를 죽음에 내준 결과로 자기들에게 '칭의'를 선사하시는 하나님을 발견한다(참조. 로마서 4장 25절의 '내줌이 되다'와 이사야 53장 6, 12절). 바울은 거의 네 장에 걸쳐서 약한 자들에게 전적으로 주의를 기울였다. 앞으로 특히 5-8장에서 강한 자들에게 시선을 돌리겠지만, 바울의 논점은 분명했다. 약한 자들이 강한 자들을 환대해야 하는 이유는, 모든 이가 토라 준수가 아니라 그리스도로 말미암아 믿음으로 하나님에게 환대받기 때문이다.

---

8 많은 이들은 표준 유대 기도문인 '열여덟 축복기도'(쉐모네 에스레/에스레이Shemoneh Esreh)의 둘째 축복기도와 여기 로마서 4:17의 표현을 비교하면, 로마서 4:17에서 쓰인 단어가 유대교 표준 신앙으로 간주될 정도로 둘 사이에 충분히 유사점이 있다고 지적한다.

거꾸로 읽는 로마서

IV

평화를 창조하는 영

로마서 5-8장

19

모두

(5:12-21; 8:1-8)

로마서 읽기를 5-8장에서 마치는 것이 마땅하고 적절한 이유는,
5-8장이 이 편지의 절정일 뿐 아니라 로마의 가정교회들에서 약
한 자들과 강한 자들 관계를 애먹이는 문제에 대한 해결책이기
도 하기 때문이다. 지금 바울의 편지를 완전히 거슬러서 읽고 있
는 이유는, 로마서 읽기 대부분이 틀렸다고 생각하기 때문이 아
니라, 로마서를 12-16장부터 거꾸로 읽다 보면 이 편지에 담긴
교회의 정황에 대해 더 깊이 느낄 수 있기 때문이다. 12-16장 다
음에 5-8장을 읽으면, 뭔가 다른 일이 일어난다. 이렇게 더 솔직
하게 질문하기 시작한다. **이 5-8장에서 바울은 누구를 염두에 두고
있는가?** 이 단락이 로마의 특정 교회 집단을 겨냥하고 있는가?
로마서를 (역방향이든 정방향이든) 어떻게 읽든지 독자가 보기에 로마
서 5-8장에는 급작스러울 정도로 구약 인용이 없다. 로마서 1-4
장과 9-11장에는 인용문이 가득하게 있는 반면에 5-8장은 눈에
뜨일 정도로 인용문이 없다. 누군가는 5-8장에서도 구약을 반영
하거나 넌지시 가리키는 말을 쉽게 건져 올릴 수 있겠지만, 다른
장에서 쓰인 명백하고 조밀한 인용법에 비하면 아무것도 아니

다. 이것으로 분명하게 입증되는 사실은, 로마서 5-8장이 로마서 1-4장, 또 9-11장 대부분과는 청중이 다르다는 것이다.

로마서 5-8장 거꾸로 읽기

로마서 12-16장은 이 편지의 정황을 분명하게 설명하고 강한 자들과 약한 자들 사이의 긴장 지점을 포착했다. **약한 자들**은 유대인 신자로, 하나님의 선택이라는 흐름 속에 있고 자기들의 택하심에 대해 확증받아야 하는 이들이지만, 하나님이 그 선택에 신실하신지 의문이 있고, 따라서 하나님이 이스라엘의 역사를 통틀어 보이신 놀라운 행보를 받아들여야 하는 이들이다. 약한 자들은 토라를 알고 토라를 행하지만, 지위나 특권이나 힘이 없으면서도 이방인들, 특히 로마에 있는 그리스도인 공동체 안에서 강한 자들을 판단한다. 심지어 약한 자들은 유대의 열심 전통을 근거로 해서 로마에 납세를 거부하려는 유혹을 받았다. 더욱이 약한 자들은 '그리스도를 믿는 믿음'을 그들 자신에게 더욱 철저하게 적용해서 자기들이 이스라엘의 '남은 자'의 새로운 사례임을 발견해야 한다. 또 약한 자들은 믿음의 충분성을 그리스도 안에 있는 이방인 신자들도 형제자매라는 말로 이해해서 토라 준수가 자기들이나 로마의 강한 자들이 변할 수 있는 방법이 아님을 깨달아야 한다. 바울은 로마서 2장에서 약한 자들을 판단자로 제시한다.

강한 자들 대부분은 예수를 메시아 또는 왕으로 믿는 이방인들

모두

로 구성되며, 토라를 자신들을 향한 하나님의 뜻으로 준수하지 않고, 아마도 유대인들, 특히 예수를 믿는 유대인 신자들을 업신여기며 멸시하는 태도를 보이는 이들이며, 이 모든 것은 로마에서 강한 자들이 누리는 우월하고 더 높은 지위로 마무리된다. 바울을 포함하여 토라 준수가 필수사항이 아님을 받아들이는 유대인 신자들도 적어도 때때로는 강한 자들에 속한다. 따라서 강한 자들은 민족 구성만큼이나 신분과 토라 준수에 대한 입장으로도 알려져 있는 셈이다.

이 편지는 이들 두 집단 사이의 긴장 때문에 쓰였으며, 로마서 거꾸로 읽기는 그 긴장을 로마서의 모든 장에 전해 준다.

로마서의 논리

로마서의 논리는 이런 방식으로 작동한다. 로마서 12-16장에서는 정황을 보여 주며, 9-11장에서는 그 정황에 나타난 문제에 내러티브적으로 접근하고, 1-4장에서는 약한 자들이 주장하는 우선성, 택함 받은 특권, 로마에서 예수 추종자로 어떻게 살지에 대한 접근방식을 바울이 반박한다. 약한 자들의 주장에 따르면 "만약 모두 우리에게 동의해서 토라를 따른다면, 우리는 행복한 대가족이 될 수 있을 것이다." 그러나 토라 준수가 아니라, 아브라함에 근원을 둔 바울의 복음, 곧 그리스도 안에서 믿음으로 말미암아 은혜로 얻는 속량에서 행복한 대가족이 나온다. 그것이 로마서 1-4장이다. 이 말은 **로마서 12-16장에 나오는 삶의 신학을 뒷**

받침하는 신학적 근거에 대한 바울의 이론을 이제 로마서 5-8장이 보여 준다는 뜻이다. 즉 로마서 5-8장은 로마의 가정교회들 안에서 강한 자들과 약한 자들 사이의 긴장 문제에 대한 해결책이다.

이 편지 전체에서 바울의 목표는 두 방향으로 나타나는 삶의 신학이다. 우선 **공적 영역을 향해서**, 제국을 향해서, 비신자를 향해서, 바울은 로마 그리스도인들이 이웃을 자기 자신처럼 사랑하는 것을 배움으로써 질서 있게 살고, 불온하게 살지는 않기를 원했다. 이 질서 있는 공적 삶에는 로마법 테두리 안에 살고(복종) 세금을 내는 것이 포함된다. 다음으로 **같은 신자들을 향해서**, 로마 그리스도인들 사이에 있는 반대파를 향해서, 바울은 삶의 신학을 권고한다. 그 삶의 신학의 특징은, 서로에게 열려 있고 환대하는 식탁 교제, (예루살렘 성도와 향후 바울의 스페인 선교를 위한 연보를 포함하는) 교회의 선교 후원, 그리스도 닮기와 상호 일치의 원칙으로 삶 전체를 정돈, 하나님과 그리스도의 몸과 다른 이들을 동시에 지향하는 삶이다. 이들은 이 모든 일을 종말의 관점에서 행해야 한다(13:11-14). 바클레이의 용어를 빌리자면, 그들은 '걸어다니는 기적'이 되어야 한다.[1] 이렇게 해야 비로소 제국의 중심에 평화가 깃들 수 있다.

로마서 5-8장을 잘 읽으려면 이 부분의 포괄적이고 우주적인 전망^vision을 파악해야 한다. 사실 이 전망의 포괄성이 5-8장 전체에서 각 단락을 이해하는 열쇠다. 로마서 5-8장에서는 일종의

---

1 Barclay, *Paul and the Gift*, 501.《바울과 선물》(새물결플러스, 2019).

스케치를 발견하게 되는데, 아담에서 영광스러운 하나님나라까지, 창조에서 완성까지, 죄^{sin}와 죄^{Sin}와 육신과 사망에서 구원과 속량과 구출까지, 또 인간과 만물 모두의 현재와 미래의 변화까지 스케치해 놓았다. 그리스도 안에 있는 이들은 그리스도를 닮은 모습으로 바뀌고 있는데, 이 변화는 현재에 시작되지만 종말에 완성될 것이다. 5-8장은 하나님과 누리는 화평을 언급하면서 시작하여 우리를 향한 하나님의 사랑이 영원하기 때문에 승리자가 된 느낌으로 끝을 맺고, 그 사이에 있는 모든 것은 하나님이 그분 백성이 영광에 이르도록 전적으로 헌신하시는 사랑을 향해 있다.

5-8장의 각 단락은 이러한 포괄적 스케치에서 주제 한두 개를 꺼내어 활용하고서 다음으로 넘어간다. 이 포괄적 스케치에서 가장 중요한 것은, 로마서 거꾸로 읽기에서 발생하여 겉으로 드러나지 않는 흐름, 즉 암류^{undercurrent}다. 5-8장이 12-16장만큼이나 목회적이고 교회적이라는 것이다. 바울은 계보를 두 가지로 그려낼 텐데, 하나는 아담에서 시작하여 사망에 이르고, 다른 하나는 그리스도에서 시작하여 영생에 이른다. 각 계보의 지지자들이 5-8장의 암류인데, 바울은 그리스도에서 영생에 이르는 계보의 지지자이며, 바울의 대적자(로마서 2장 17-29절의 판단자로 로마서 14-15장에 나오는 약한 자들의 주도적 목소리)는 (바울이 생각하기에) 아담에서 사망에 이르는 계보의 지지자다. 이 암류의 중심에는 어떻게 하면 삶의 신학을 가장 잘 행하느냐 하는 질문이 있다. 복음이라는 삶의 신학은 토라의 규정과 토라적 삶을 통하여 성취되어야

거꾸로 읽는 로마서

하는가(판단자, 약한 자들), 아니면 성령 안에 있는 생명의 은혜를 통하여 성취되어야 하는가(바울과 강한 자들)? 이 장과 다음 장에서 그 답은 성령 안에 있는 생명이다.

인칭대명사

로마서 5-8장에서는 모든 것이 서로 연결되어 있어서, 독자는 네 걸음 나아갔다가 두 걸음 뒤로 물러나고, 다시 여덟 걸음 나아갔다가 다시 출발했던 곳으로 돌아오게 된다. 따라서 일반적으로 5-8장을 견실하게 해석하는 방식은 길을 되짚어가다가 앞으로 뛰어넘는 형태였다. 하지만 나는 바울의 대화 방식을 이용해서 종합하는 식으로 논의를 진행할 것이다. 로마서 5-8장에는 네 가지 대화 **방식**이 등장한다. **총체적**인 **모두**-단락(5:12-21; 8:1-8), **너희**-단락(6:11-23; 8:9-15), **우리**-단락(5:1-11; 6:1-10; 7:1-6; 8:16-17, 18-39), 하나짜리 긴 **나**-단락(7:7-25)이다. 각 단락에서 바울이 누구에게 말하고 있는지 (약한 자들인지 강한 자들인지 혹은 다른 이들인지) 보여 주려면 이 네 방식을 개별적으로 살펴보아야 한다. 총체적 방식을 더 이론적 신학이자 신학의 토대로 이해하기는 쉽다. 그러나 누구를 염두에 두고서 우리, 나, 너희라고 하는지 판별하기는 더 어려울 것이다. 이어지는 각 논의에서 분명하게 설명하고자 한다.

총체적 방식에 대한 논의로 시작하겠다.

모두

모두

총체적 단락Generic sections은 5-8장의 포괄적이고 우주적 전망의 한 부분을 표현해 낸다. 그리고 바로 이 전망 덕분에 독자는 울퉁불퉁하고 굽이졌으며, 여기가 어디이며 누가 누구에게 말하고 있는지 늘 분명치는 않은 이 길을 통과할 때 바울과 보조를 맞출 수 있다. 바울은 뵈뵈를 포함한 동역자들과 지금 아주 심각하게 논의를 하고 있어서, 바울이 '나'라고 말할 때도 있고 '우리'라고 말할 때도 있으며, 또 바울이 누군가를 쳐다보면서 '너/너희you'라고 말하는데, 그 공간 안에 있는 '너/너희'에게는 바울이 말하는 대상이 자기인지, 모든 사람인지, 다른 어떤 사람인지 의문이다. 이 포괄적이고 우주적 전망에는 역사에 대한 스케치, 곧 아담에서 그리스도에 이르는, 죄에서 사망에 이르는, 그리스도에서 영생에 이르는, 현재의 죄됨에서 현재의 변화를 거쳐 미래의 영화로 이어지는 역사에 대한 스케치가 담겨 있다. 이 전망은 개개인과 창조세계 전체를 바라본다. 하지만 이것은 이론신학이 아니며, 이 전망은 매순간 약한 자들과 강한 자들의 문제를 염두에 둔다. 판단자는 이 단락 전체가 바울이 자신의 선교적 교회들에게 제시하는 대안임을 안다.

누구든 로마서 5-8장을 처음부터 끝까지 읽고 인칭대명사에 표시를 해 보면 바울이 어떻게 '우리'에서 '모두'로, 다시 '우리'에서 '너희'로, 다시 '우리'로 돌아왔다가 '나'로 진행하며, 그런 후에 8장에서 '너희'와 '우리'로 이동하는지를 아주 뚜렷하게 볼

거꾸로 읽는 로마서

수 있다. 이 총체적 모두-단락으로 시작하는 이유는, 이들 단락이 우리-단락, 너희-단락, 나-단락의 기반이 되는 이론적 성찰이기 때문이다. 로마서 5장 12-21절은 그리스어 본문상 21절의 마지막 단어 전까지는(그리스어 본문에서는 "**우리** 주 예수 그리스도로 말미암아"에서 '우리'가 문장 끝에 있다.) 인칭대명사가 단 하나도 없다. 바울은 이본문에서 속량이 어떻게 이루어지는지 설명하면서 개인적인 것을 제거한다. 이 본문에서는 강한 자들과 약한 자들이 살아갈 방법을 빚어내는 우주적 전망을 선명한 스케치로 보여 준다.

로마서 5장 12-21절

두 가지 길이 있다. 하나는 아담에서 시작하고 하나는 그리스도에서 시작한다. 아담은 비극이며 그리스도는 비극에서 빠져나오는 속량이다.[2] 더 낮게 말하자면, 오랫동안 길은 아담의 길 하나만 있었고, 그 후에 그리스도가 오셔서 둘째 길이 났다. 아담의 방식에 머무는 길과 그리스도의 방식으로 옮겨간 길이 대조된다. 아담의 길에 걸린 현수막에는 이렇게 쓰여 있다. 죄와 범죄 Trespass와 불순종, 아담, 죄인들, 토라, 심판과 정죄, 사망, 모든 사람. 그리스도의 길에 걸린 현수막에는 정반대 내용이 쓰여 있다. 값없는 선물(또는 공정한 선물)과 은혜[3], 그리스도, 순종, 의의 선물,

---

2 로마서 5:15-17은 어떻게 아담과 그리스도가 **서로 불균형을 이루는지를**disproportionate 제시하고, 5:18-21은 그리스도 계보가 얼마나 훨씬 더 위대한지 제시한다. 죄와 죽음은 은혜와 생명에 비할 바가 못 된다. 로마서 5:12은 완결되지 않고 중간에 옆으로 새는데, 바울은 5:18-21에 이르러서야 본래 흐름으로 돌아와서 5:12을 마무리한다.

칭의, 생명과 영생, 많은 사람/모든 사람Many/All. 이 두 가지 길은 인류에게 영향을 미치는 두 권세이지, 각 사람 안에 존재하는 두 요소가 아니다. 이것은 인간론이라기보다는 우주론과 관련이 있다. 그러나 우주론은 인간론 안에 거한다.

아마 이 두 가지 길의 각 구성요소를 분해하여 사망에서 생명으로 이르는 순서도를 만들어 내는 것이 더 쉬울지 모르겠다. 나는 이것을 두 길Two Ways이라고 불러서, 우리-단락에 있는 개인의 길Personal Way와 구별하겠다.

두 길

아담의 길	그리스도의 길
죄의 몸	그리스도의 몸
	(1) 은혜

결정적 행동

(1) 죄	(2) 그리스도의 순종
범죄	은혜를 받아들임
불순종	
육신의 생각	

---

3 '값없는 선물'(NRSV)이나 '선물'(NIV)에 해당하는 그리스어는 카리스마charisma이고, '은혜'에 해당하는 말은 카리스charis다.

거꾸로 읽는 로마서

신분

(2) 죄인들   (3) 의

육신

하나님의 뜻을 아는 수단

(3) **토라**   (4) **토라**

                                        의의 선물

신적 결정

(4) 심판   (5) 칭의

정죄

결과

(5) **사망**   (6) **생명**

                                        영생

신적 결정이 미치는 범위

(6) 많은 사람/모든 사람*   (7) 많은 사람/모든 사람*

* 히브리어 표현을 반영하는 '많은 사람'와 '모든 사람'는 동의어이다.

혹자는 토라도 그리스도의 길에 적합한지 의아해하면서 갸우뚱할 수도 있다. 그러나 8장 4절에 가면 토라가 그리스도의 길에서 중요한 위치에 있음을 볼 것이다. 가장 중요한 점은 다음과 같

285

모두

다. 은혜를 아담의 길의 한 부분이 아니라 그리스도의 길의 맨 앞에 놓은 까닭은 바울에게 있어서 은혜가 곧 그리스도이기 때문이다.

수사

이 두 계보의 수사적 효과는 로마 가정교회에서 **모든 이**가 이렇게 질문하면서 자신을 살펴보지 않을 수 없게 된 것이다. 나는 아담의 길에 있는가, 아니면 그리스도의 길에 있는가? '그리스도의 길'이라고 대답했다면 **그리스도의 길에 있는 모든 이가 형제자매가 된다**는 결론을 도출해야 하므로, 강한 자들과 약한 자들 사이의 분열은 그리스도 안에서 상호 일치를 저버린다. 로마서를 거꾸로 읽기는 이런 연결점을 만들게 하고, 또 제국의 중심에서의 평화가 그리스도의 계보와 연결됨을 깨닫게 한다.

두 계보를 설명함

바울은 하와를 완전히 도외시한 채 **아담**만 사망으로 이어지는 계보의 기원이자 전형으로 이용한다. 아담은 "오실 자(그리스도)의 모형이다"(5:14). 아담이 죄를 지었다(5:12, 14).[4] 그 죄가 초래한 두 가지 결과는 모든 이에게 퍼진 죄와 죄의 결과인 사망이다. 이렇게 창세기 3장이 공포하고 또 많은 유대 문헌에서도 단언하며 상세히 설명했다(집회서 25장 24절은 이 죄를 하와의 죄라고 범위를 좁혀서 "그 여

---

4 따라서 바울이 아담을 이스라엘의 모형type으로 삼는 것으로는 보이지 않는다. 아담은 그리스도의 모형이다.

자 때문에 우리 모두 죽는다"[공동번역: 우리의 죽음도 본시 여자 때문이다]라고 한 다). 이 죽음은 하나님의 심판이자 정죄다(5:16, 18). 이론적으로 그 행위가 죄라고 알려지려면 토라가 필요하지만, 아담에서 모세에 이르는 때에도 사망이 있었다(5:14)는 사실이 토라가 없어도 죄가 만연했음을 입증한다. 토라가 들어오자 죄[sin]가 증대하여 죄[Sin]가 되었다(5:20). 아담의 계보에 있는 이들은 죄인들이다(5:19).

아담과 대응관계에 있는 이가 둘째 아담인데, 바울은 여기서 '둘째 아담'이라는 표현을 쓰지는 않는다. 그리스도의 계보는 종말론적인데, 모든 역사가 그리스도 안에 있는 이들을 위해 바뀌는 역사적 순간이기 때문이다. 그리스도의 계보에서 은혜는 첫째 단어이자 작용력이다.[5] "그러나 이 **값없는 선물**[은사]은 그 범죄와 같지 아니하니 곧 한 사람의 범죄를 인하여 많은 사람이 죽었은즉 더욱 하나님의 **은혜**와 또한 한 사람 예수 그리스도의 은혜로 말미암은 **값없는 선물**[선물]은 많은 사람에게 넘쳤느니라"(5:15). 그리스도의 은혜 계보에서는 하나님의 어깨에, 즉 하나님의 주도권과 하나님이 행하시는 일에 전적으로 무게가 실린다. 그리스도는 하나님에게 순종하고(5:18) 그 순종이 사망을 폐하며, 그리스도의 계보에 있는 이들은 하나님 은혜의 초충만성 때문에 의와 칭의와 생명과 영생을 선물로 받는다(5:17, 21). 5장 9-10절에서 의와 생명이라는 선물은 종말론적 구원이다. 그리스도의 계보에 있는 이들은 '의롭다'(5:16-17). 하나님의 은혜는 우

---

5   선물과 은혜 용어가 5:15-21에 열 차례 쓰이며, 이는 칭의, 풍성함, 생명과 연결된 용어는 제외하고 센 것이다!

리를 향한 하나님 사랑의 표현이며, '사랑'이 5장 12-21절에는 나오지 않지만, 바로 앞 본문에는 나온다(5:5, 8). 여기서 은혜는 우선적이며prior 초충만적이고superabundant 비상응적이며incongruous 유효하다efficacious. 그런데 이 본문에서 작동하는 은혜의 주제가 하나 더 있는 듯하다. 여기서 은혜가 일종의 힘인 동시에 인과적 행위주체성causal agency이 있기 때문에 순환하는 힘이 되고 은혜를 경험하는 사람이 은혜 행위자가 된다. 왜 그런가? 5장 19절에 나오는 "많은 사람이 의인이 되리라"는 말이 아마 칭의의 법정 선언을 이미 초월하는 것이겠지만, 특히 바울은 5장 21절에서 "은혜도 영생으로 이어지는 칭의를 통하여 **통치권을 행사할 것이다**"[은혜도 또한 의로 말미암아 왕 노릇 하여… 영생에 이르게 하려 함이라]라고 말한다. 통치권 행사는 하나님 앞에서 속량받은 신분 획득이라는 전형적 의미 이상이다. 통치권 행사란 풍성하고 순환적인 힘을 묘사하는데, 곧 하나님의 은혜와 온 창조 세계에 대한 그리스도 및 그의 백성의 통치(확실히 그러하다) 사이에 작용하는 풍성하고 순환적인 힘을 묘사한다. 죄의 몸과 반대로, 여기에는 그리스도의 몸이 있다.

이 두 계보가 미치는 범위들에 일종의 유사성identity이 눈에 띄게 존재하는데, 곧 각 계보의 마지막 항목이 '많은 사람/모든 사람Many/All'이란 점이다. 많은 사람과 모든 사람이 아울러 죄를 지었고, 죄인이며, 심판을 받고, 사형선고를 받으며(많은 사람: 5:15, 19; 모든 사람: 5:12, 18), 많은 사람과 모든 사람이 다 의롭다(많은: 5:16, 19; 모든: 5:18). '모든 사람'이 아니라 '많은 사람'이 자기 죄 때문에 죽

거꾸로 읽는 로마서

은 것으로 간주된다는 것은, '많은 사람'이 아니라 '모든 사람'이 의롭게 되고 생명을 받는다고 말하는 것(5:18; 참고. 고전 15:22)만큼 이나 문제가 있다. 때로는 바울을 보편구원론자universalist(그리스도 에 의해 모든 사람들이 속량을 받게 될 것이라고 주장하는 이)라고 생각한 이들이 있었고, "한 의로운 행위로 말미암아 모든[많은] 사람이 의롭다 하심을 받아 생명에 이르렀느니라"(5:18)라는 구절을 감안할 때, 바울을 분명 보편구원론자로 이해할 수도 있다. 그러나 이러한 의미의 보편구원론을 고수하는 동시에 하나님의 정죄(5:16)와 사 망으로 이어지는 아담의 길을 믿을 수는 없다.[6]

무엇이 아담의 계보를 그리스도의 계보와 구별해 주는지는 반 드시 질문해야 하며, 곧장 튀어나오는 답은 그리스도 안에 있는 하나님의 은혜다. 그러나 이 그리스도 계보에는 인간의 조건성 이 따라붙는데, 그 조건성이란 바로 믿음이다. 따라서 5장 1절에 서 우리는 "그러므로 우리가 **믿음으로** 의롭다 하심을 받았으니" 를 읽는다. 우리의 총체적 방식 단락에서 놀라운 점은 이 믿음을 언급조차 하지 않는다는 점이고, 이 점이 로마서 4장과 두드러지 게 대조된다. 겉으로 보기에 5장 12-21절에서 **속량의 무게 전체 는 하나님의 사랑과 은혜의 표현인 그리스도에게 놓여 있다.** 아담의 불순종 행동(5:12-14)에 대응하는 것은 그리스도의 순종의 행동 (5:18-19)이었다. 그러므로 우리가 해야 하는 일이 아니라 그리스 도께서 우리를 위해 행하시는 일에 강조점을 두어야 한다. 그러

---

6   로마서 11:26과 관련해서는 본서의 177-179쪽을 보라.

모두

나 믿음이라는 필요조건이 로마서 5장 17절의 표면 아래에서 솟아오른다. "더욱 은혜와 의의 (값없는) 선물을 넘치게 **받는 자들은** 한 분 예수 그리스도를 통하여 생명 안에서 통치권을 행사할 것이다[왕 노릇하리로다]." 아담 안에 있는 자들은 (삶을, 특히 죽음과 부활과 승천까지 포함하는) 그리스도의 순종적인 행동을 하나님의 사랑 넘치는 은혜로 받아들임을 통해서 그 행동과 서로 관계를 맺게 된다.

이 두 계보에 있는 구체적 항목 세 가지를 더 집중해서 살펴볼 필요가 있다.

죄, 육신, 구조적 죄, 사망

앞서 제시한 도식에서 강조하여 표현한, 은혜Grace, 죄Sin, 육신 Flesh, 토라Torah, 사망Death, 생명Life, 영생Eternal Life과 같은 단어는 추상적 개념과 관념의 차원을 넘어서서 능동적 행위자가 된다.[7] 어두운 편에 속한 행위자(죄, 육신, 사망)는 인간의 개인적 죄에서 발현되는 한편, 밝은 편에 속한 행위자는 그리스도의 순종 행동에서 발현된다.[8] 여기까지는 어느 정도 분명하다. 그런데 이 행위자가 단순히 순종/불순종 행동에서 발현되기만 하는 것은 아니다. 이들 행위자는 죄인과 속량받은 자에게 작용하는 인과적 행위자가 되기도 한다. 된다. 최근의 한 연구는 이 모든 것을 발현 이론emergence theory으로 설명하는데, 그 이론에서는 교점 두 개를

---

7 이 동일한 발현 이론이 아담 자신에 대해서도 가장 잘 설명해 줄 수 있지 않느냐는 의문이 생길 수 있다.

거꾸로 읽는 로마서

우리에게 보여 준다. 나는 이 이론에서 말하는 수반supervenience과 하향 인과관계downward causation라는 용어들을 사용하고자 한다. **수반**은 진정한 실재(죄, 육신)로 발현하는, 인간의 죄 안에 있는 인과 관계의 기반을 기술한다. 그리고 그렇게 발현한 실재(죄, 육신)는 인간에게 **하향 인과관계**로 작용하여 더욱 더 많은 죄를 창출한다. 이 내용을 그림으로 나타내면 이렇다.[8]

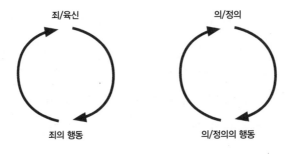

좌측 하단에 있는 '죄sin의 행동'은, 죄Sin라고 알려지며 경험되는 실재가 되며, 그 죄Sin는 행위자Agent 또는 폭군Tyrant이 된다. 한편, 우측 하단에 있는 '의righteousness와 정의justice의 행동'은 의Righteousness와 정의Justice 자체가 그 속에서 능동적 행위자가 되는 세계로서 경험된다. 이 능동적 행위자인 죄/육신과 의/정의가 인간에게로 하향 작용하여 죄의 행동 또는 의와 정의의 행동을 활성화한다. 인간은 상층을 하나의 실재로 경험한다. 죄와 육신의 구조적 세계와 의와 정의의 구조적 세계는 단지 그럴듯한 관념

---

8 이어지는 내용은 Matthew Croasmun, *The Emergence of Sin: The Cosmic Tyrant in Romans* (New York: Oxford University Press, 2017)라는 탁월한 연구를 토대로 한다.

모두

이 아니라 실재로서 우리에게 알려진다.

두 층위의 관계는 순환적 또는 피드백 형태의 회로와 같다. 인간의 죄짓기의 결과로 발생한 것(죄^{Sin}, 육신^{Flesh})은 '인격'이나 '자아'와 비슷한 것이 되어서 "현실에 존재한다." 상층에 있는 죄는 단순한 은유나 의인화 이상이 된다. 죄는 발현된 실재, 자아, 인격이다. 그렇다면 죄는 개인적인 동시에 집단적-구조적이며, 그와 같은 죄는 인간을 위한 하나님의 계획을 거슬러 작동하는 행위자가 된다. 우측 단에 대해서도 똑같이 말할 수 있다. 따라서 앞서 제시한 두 계보에 관한 도식은 쌍방의 움직임으로 이해할 수 있다. 즉 죄들^{sins}에서 죄^{Sin}와 사망^{Death}으로, 사망^{Death}에서 다시 죄들^{sins}로 움직이며, 은혜와 그리스도의 순종에서 생명^{Life}으로, 생명^{Life}에서 다시 개인의 의와 정의의 행동으로 움직인다.

이것으로 끝이 아니다. 순전히 개인적인 것은 어느 계보에도 없다. 각 인간 존재는 자신이 타자와 관계 속에서 누구인지를 **의미하며**, 따라서 각 사람은 '**타자와의 관계 속에 있는 자아** 또는 **인격** a self- or person-in-relation-with-others'으로 구성된다. 근대성과 개인주의에 대해서, 또 고대 세계에서 어떤 차이가 있었는지 대해서는 이미 논의가 많았다. 고대 세계에서는 집단 인격이나 관계 속에 있는 인격에 대해서 더 많이 이야기한다. 그러나 사실 어떤 인간 존재도 섬처럼 존재하지 않고, 단순히 또는 순전히 '관계 외부에 있는 자아$^{self-outside-relations}$'가 아니며, 온전히 자기 단독으로 행동하지 않는다. 에고^{Ego}, 즉 각 사람의 1인칭 내러티브는 오직 타자와의 관계 속에서만 실재가 되며 자각된다. 그렇다면 **일인칭 내**

거꾸로 읽는 로마서

러티브에 앞서서 우리의 정체성을 형성하는 이인칭 내러티브가 존재한다. 정체성 형성을 위해서 바울의 인간론을 일인칭 내러티브에 정초하는 로마서 연구가 너무나 많다. 다시 말하면, "나는 에고이며, 에고로서 나는 타(他) 에고와 관계를 맺는다. 나는 에고로서 구원받으며 에고로서 성장한다"는 것이다. 그러나 사람은 양면적 존재여서, '타자와의 관계 속에 있는 자아'인 동시에 '자신과의 관계 속에 있는 자아'다. 우리는, 당신은, 나는 그러한 이중 내러티브다.

바울에게 극히 중대한 사항이 이제 표면으로 등장한다. '자신과의 관계 속에 있는 자아'는 실재인 동시에 죽은 실재다. '자신과의 관계 속에 있는 자아'는 곧 '사망과의 관계 속에 있는 자아'이며 이것은 바울에 대한 모든 해석에서 다음과 같은 중요한 결론으로 이어진다. 아무 인간도 중립적이지 않고, 아무 에고도 에덴동산에 있지 않으며, 아무 인간의 의지도 첫 순간과 직면하지 않는다. 다시 말해, 각 인간은 죄와 육신과 사망의 세계 속에서 다중관계로 양육된다는 것이다. 각 사람은 태어날 때부터 '죽음과의 관계 속에 있는 자아'이거나 '생명과의 관계 속에 있는 자아', 즉 아담적인 자아이거나 '그리스도 안에 있는 자아'다. 바울의 인간론에서 다른 선택지는 없으며, 이는 바울의 인간론이 동시에 우주론이자 기독론이라는 의미다.

신학적으로 볼 때, '하나님과의 관계 속에 있는 자아'와 '창조세계 혹은 물질적 실재와의 관계 속에 있는 자아'를 추가하여 이 그림을 한층 더 복잡하게 할 수도 있다. 그렇다면 죄짓기는 결코

모두

개인적-집단적 결과들을 가져오는 개인적-집단적 행동만은 아니다. 이렇게 인간을 오직 타자와의 관계 속에서 인식하게 되면, 구조적 죄systemic Sin와 육신Flesh('원죄'를 무시하는 것이 아니다)이 건전한 신학과 복음 선교 사역에서 훨씬 더 잘 퍼진다. 정신은 두뇌와의 관계 속에서 형성되듯이 다른 정신들과의 관계 속에서도 형성된다. 죄가 개인과의 관계 속에서 형성되듯, 개인은 죄를 죄 있는 다른 인간들과의 관계 속에서 형성한다. 구조적이며 집단적인 함의가 생긴다. 그렇다면 속량 역시, 만약 진정한 의미에서의 속량이라면 집단적이며 구조적이여야 한다. 폭군으로서의 죄, 관계 가운데 있는 자아에 대한 간략한 논의는 바울의 신학이 우주론인 이유를 설명해 준다. 바울의 신학은 단지 개인의 속량만 다루지는 않는다.

요약하자면, **아담 계보**의 요소(죄, 육신, 토라, 사망)인 어둠에서 온 이 침입자들은 인간 죄들을 구조적 불의들과 제도들이라는 틀로 표현한 구시대적 유물로 단순히 취급될 수 없고, 인격체인 것처럼 포장된 단순한 의인화도 아니며, 일종의 악마적 실재로만 축소될 수 있는 것도 아니다. 이 세계에서 이 요소들은 실재하는 것이 되어서 자기성selfhood을 지닌 채 행위자로서 힘을 행사한다. 그리스도 계보 역시 비슷한 무엇인가가 된다. 하나님의 은혜와 그리스도의 순종은 생명과 영생처럼 인과적 힘을 지닌 행위자가 되며, 각각 행위자로서 **그리스도 계보**에 있는 인간들에게 작용한다. 강한 자들과 약한 자들, 또는 적어도 이들 사이의 긴장은 이제 우주적인 차원에서 설명된다. 서로 상대를 판단하는 가운데

거꾸로 읽는 로마서

작동하는 것은 죄^sin, 죄^Sin, 육신, 사망이다. 필요한 것은 그리스도의 순종 안에서 의와 정의와 사랑이라는 새로운 순환을 창조하신 하나님의 은혜다.

로마서 5장 12절

로마서 5장 12절은 그 자체로 신학의 역사를 낳았다. 일찍이 불가타 역본에서 에프 호^eph' ho를 '그 안에서^in whom'로 번역했을 때부터(즉 '아담 안에서'로 번역했을 때부터-옮긴이) 시작된 그 오류를 되풀이한 역사 말이다. 오히려 그 구절은 "모든 사람이 죄를 지었기 때문에"(NRSV)로, 더 낫게는 "모든 사람이 죄를 지었다"(NIV, ESV), "모든 사람들이 죄를 짓게 된 결과와 더불어"(CEB) 등으로 번역해야 한다.[9] 이 이른 시기의 오역('그 안에서')은 원죄와 원죄책에 관한 신학의 한 가지 형태를 낳았는데, 이 신학은 바울이 여기서 말한 것보다 의미가 더 편협하다. 바울의 말에 따르면 아담이 죄를 지었고, 죄와 사망이 행위자로서 세상에 들어왔고, 모든 사람이 죽고, 모든 사람이 죽는 이유는 모든 사람이 죄를 짓기/지었기 때문이다. 바울은 모든 사람이 죽는 이유가 아담이 죄를 짓던 순간에, 또는 아담의 죄(원죄) 안에서 모든 사람이 죄를 지었기 때문이라고 말하지 않는다. 원죄는 기독교 신학에서 중요성을 지니고 있지만, 원죄의 상세 내용 일부가 바울에게서 기원했다고 상정해서는 안 된다. 바울은 그러한 내용을 말하지 않으며,

---

9 바울이 에프 호를 '그 안에서^in whom'라는 의미로 쓴 경우가 없다. 고린도후서 5:4; 빌립보서 3:12; 4:10을 보라.

모두

그러한 관점이 바울의 유대 세계에서는 아주 보기 드물기 때문이다.[10] 바울이 별로 말하지 않는 이유는 다른 데 강조점이 있기 때문이다. 죄를 짓기 때문에 사망에 대한 책임이 인간에게 있다는 것이다. 여기서 바울의 말은 바룩2서 54장 19절의 말과 다르지 않다. "우리 각자는 자기 자신의 아담이 되었다."[11] 이것이 바울의 태도이므로 우리는 (약한 자들이건 강한 자들이건) 각 사람이 로마의 가정교회들에서 서로 사랑하는 법을 배워야 할 책임으로 이끌린다.

죄와 토라

바울은 로마서를 쓰던 때와 비슷한 시기에, 고린도 교인에게 "죄의 권능은 율법이라"(고전 15:56; 참조: 롬 4:15)고 말했다. 바울이 고린도 교인들에게 했던 이 간략한 말은 로마서 5장에서 다음과 같이 말하는 것을 보충해 준다. 죄가 토라보다 먼저 있었는데, 토라가 있기 전에 아담이 죄를 지었기 때문이다(5:13-14). 7장 7절에서 바울은 "율법으로 말미암지 않고는 내가 죄를 알지 못하였으니"라고 말하게 된다. 7장 8절에서는 죄를 하나의 행위자가 되게 한다. "그러나 죄가 기회를 타서 계명으로 말미암아 내 속에서 온갖 탐심을 이루었나니." **바울의 신학에서 죄sin는 능동적 행위자**

---

10 Miryam T. Brand, *Evil Within and Without: The Source of Sin and Its Nature as Portrayed in Second Temple Literature*, JAJSup 9 (Göttingen: Vandenhoeck & Ruprecht, 2013).

11 나는 유대 문헌에 나오는 아담(과 하와)을 다음의 책에서 논의했다. Dennis R. Venema and Scot McKnight, *Adam and the Genome: Reading Scripture after Genetic Science* (Grand Rapids: Brazos, 2017), 147-169.

거꾸로 읽는 로마서

로서 토라를 조종하여 죄^{sin}를 부추긴다.

그러나 로마서 5장 12-14절에서는 토라와 별개로 이 논점을 확립하고자 하기에, 바울은 토라 수여에 앞서 죄가 존재했다고 말한다. 5장 13-14절에서는 죄가 들어온 이후에서야 토라가 들어왔다면서 다소 갑작스럽고 흐름을 깨는 것처럼 말을 이어가서, 죄가 토라에 대한 불순종보다 더 크다는 것을 약한 자들에게 알려 준다. 다른 말로 하면, 이들 구절은 갈라디아서 3장 15-29절처럼 토라를 특정 이유로, 특정 시기에, 그 특정 시기를 위해서만 주셨음을 보여 준다. 그래서 이것은 약한 자들, 곧 우리가 이미 보아 왔듯이 언약적 율법주의와 같은 틀 안에서 움직이던 이들을 반박하며 밀어붙이고 있는 것처럼 보인다. 그들은 토라가 영속적이고, 죄를 드러내기 위해 필요하다고 생각한 반면, 바울은 죄가 토라보다 앞선다고 주장했다.

바울의 논증은 모든 인간들을 죄에 대해 책임이 있도록 만든다. 그리고 이 논증은 강한 자들, 또는 믿는 이방인도 토라에 대한 지식과 별개로 자신의 죄성을 상기할 필요가 있다며 그들을 밀어붙인다. 그러므로 이 본문의 차원은 총체적^{Generic}이다. 다시 말해, 이 본문은 로마에 있는 모든 사람, 강한 자들과 약한 자들 모두를 위한 것이다. 로마서 9-11장의 내러티브(이스라엘 역사를 통틀어 보여 주신 하나님의 놀라운 행보들에 대한, 하나님의 언약 백성인 이스라엘의 특권에 대한, 하나님의 한 백성으로 접붙임 받았으나 신실해야 할 책임이 있는 이방인들에 대한 내러티브)가 바울이 여기서 말하고 있는 내용을 통해 울린다. 아담 이후로 하나님은 토라가 있는 이들뿐 아니라 토라가 있

모두

기 전에 살았던 이들과 토라가 없는 이들을 속량하시기 위해서 줄곧 역사하셨다. 강한 자들에게든 약한 자들에게든 하나님의 속량은 풍성히 넘칠 정도로 효과적이다.

로마서 8장 1-8절

총체적 방식에서 둘째 본문(8:1-8)은 위에서 인용한 두 길Two Ways 에 관한 도식을 연장하고 확장하며 명료화한다. 이 둘째 본문에 도 나, 우리(8:4는 제외), 너/너희가 없다. 첫째 본문에서는 토라를 침입자이며 육신과 죄의 세력들에 합류하여 인간들을 사로잡아 사망에 이르게 하는 것으로서 언급하였다(5:13-14, 20). 토라를 죄 의 포로로 묘사하는 것은 약한 자들에게는 언어도단까지는 아니 더라도 적어도 귀에 거슬리는 생각이었지만, 그와 같은 생각이 강한 자들에게는 환영할 만하며 (내 추측으로는) 명백했다. 그러나 역사상 하나님 계획의 전개에서 놀랄 일이 하나 더 있다! 뵈뵈 는 약한 자들을 흘끗 바라보면서, 이제 강한 자들을 향한다. 토라 가 죄를 증대시켜서 일종의 우주적 권세(죄Sin)로 만들었다면, 8장 1-8절에서 우리가 알게 되는 것은, 토라가 '죄와 사망의 법'이며 (8:2), 토라는 "육신으로 말미암아 연약하여"져서(8:3) 의를 가져오 지 못했고, 하나님이 "육신에 죄를 정하셨으며"(8:3) 육신은 토라 준수와 죄가 일어나는 곳이고, 더 나아가 하나님은 "육신을 따르 지 않고 그 영을 따라 행하는" 신자들이 '율법의 (공정한) 요구'를 성취할 수 있음을 드러내신다(8:4)! 뵈뵈의 말은 강한 자들에게 크게 들린다. 그들은 토라를 어느 정도로 준수해야 하는지 근심했지만 결국은 성령 안에서 살아감으로써 하나님의 뜻을 행하고 있었다.

8장 1-8절에서 바울은 5장 12-21절에서 토라에 관해 말한 내용을 발전시킬 뿐 아니라, 육신이라는 주제도 발전시킨다. 바울은 다시금 육신을 토라에 연결하며, 그 연결은 이스라엘에게, 로마의 약한 자들에게, 선택받은 특권으로 형성된 신분을 내세우는 이들에게 의미심장하다. 반복하자면, 토라는 죄에게 사로잡혔을 뿐 아니라 아니라 육신에 의해 약화되었다(8:3). 육신은 하나님에게 적대적인, 하나의 체현된 존재가 되었으며, 따라서 정죄받아야 한다(8:3). 육신은 성공적 순종을 위하여 구체화된 존재가 아니다(8:4). 육신의 사람들은 육신의 생각을 한다(8:4). 육신의 생각은 사망을 향해 간다(8:6). 육신은 하나님에게 복종하지 않고 사실상 **하나님에게 복종할 수 없다**는 점에서(8:7) 하나님을 대적하므로, 육신에 있는 이들은 "하나님을 기쁘시게 할 수 없다"(8:8). 육신Flesh을 처리하기 위해 그리스도께서 육신flesh으로 오셔서 육신Flesh을 멸하셨다(8:3). 오늘날 독자들로서는 육신을 오직 인간론의 용어(인간의 필멸성과 그 연약함)로만 여기기 쉽다. 그러나 여기서 육신이 이방인의 육신gentile Flesh, 신분과 특권, 이교적 우상숭배의 역사와도 연결된다고 생각할 이유가 있다. 육신은 또 유대인의 육신Jewish Flesh, 이스라엘의 택하심의 특권, 할례와 경계표지와도 연결된다. 육신이 이 본문에서 토라와 엮이기 때문에, 이 모든 연결의 개연성이 더 커진다. 더 나아가, 육신은 아담과 사망의 계

모두

보에 있는 인간들에게 하향 작용하는 발현된 실재다. 그렇다면 육신^{Flesh}으로서 육신^{flesh}은 모든 인간과 관계가 있다.

바울에게 육신은 옛 창조의 시대이며, 성령은 새 창조의 시대이다. 그렇다면 육신과 성령은 역사와 종말론의 용어이고 인류와 속량의 용어이지만, 육신에 따른 이방인과 이스라엘에 관한 용어일 뿐 아니라 그리스도 안에 있는 이방인과 이스라엘에 관한 용어이기도 하다. 육신은 그리스도의 때까지 이교도와 이스라엘의 이야기이며, 성령은 그리스도 안에서 확대된 이교도와 이스라엘의 이야기다. 그러나 바울의 목회신학 전체는 그처럼 완전히 상반된 두 극단 안에서 작동하지 않는다. 성령과 그리스도 안에 있는 이들도 여전히 육신에 굴복할 때가 있다. 따라서 바울의 삶의 신학은 중첩되는 시대의 신학이다. 그리스도 안에 있으나 여전히 이 세상 안에 있고, 종말을 갈망하나 지금 여기서 살아간다. 신자들은 죽어가는 동시에 살아가며, 죽어있는 동시에 살아 있다.

그러나 토라와 육신은 마지막 말이 아니다.

정죄함 없다고 선언하며 시작하는 8장 1절은 로마서 전체에서 가장 유명한 구절이다. "그러므로 이제 그리스도 예수 안에 있는 자에게는 결코 정죄함이 없나니"(참조. 5:18-21). 진실로 그래야만 한다. 메시아 예수께서는 사람들을 하나님과 올바른 관계가 되게 하고, 그리스도의 계보에서 그들은 사랑 넘치는 평화와 일치의 백성으로 변한다(뵈뵈는 강한 자들과 약한 자들을 동시에 흘낏 본다). 1절은 3절과 함께 간다. '정죄함 없음'이 가능한 이유는 아버지께

거꾸로 읽는 로마서

서 아들을 "죄를 처리하기 위하여[죄로 말미암아]… 죄 있는 육
신의 모양으로 보내셨기" 때문이다(8:3). '죄를 처리하기 위하여
(페리 하마르티아스*peri hamartias*)'라는 표현은 아마도 레위기의 속죄제(레
5:8; 14:19, 31)에서 왔을 것이며, 따라서 밋밋하게 '죄를 처리하기
위하여'(NRSV, CEB)라고 표현하기보다는 아마도 NIV처럼 '속죄
제(물)로'라고 번역하는 편이 나을 것이다.[12] 그리스도를 속죄제
물로 부르는 것은 속죄를 시야에 들어오게 한다. 바울의 원초적
인 속죄신학은 로마서 8장에 있는 이 구절을 기록할 무렵에 고린
도후서 5장 21절에서 표현되었다. "하나님이 죄를 알지도 못하
신 이를 우리를 대신하여 죄로 삼으신 것은 우리로 하여금 그 안
에서 하나님의 의가 되게 하려 하심이라." 그리스도는 본래 자기
가 아니었던 것(죄)이 되었고, 그리하여 우리는 본래 우리가 아니
었던 것(하나님의 의)이 될 수 있다. 나는 이것을 "그리스도와 연합
하도록 그분께서 우리와 같아지심"이라고 부른다.[13] 고린도후서
에 있는 이 명확한 표현이 로마서 5장 12-21절과 여기 8장에서
다양한 방식으로 나타나는데, 중요한 부연 설명은 '하나님의 의'
가 지위standing일 뿐 아니라 성령의 능력 안에서의 실천이기도 하
다는 점이다(참조. 8:3-8). 그 논지를 강조할 때 주목할 것은, 예수의
속죄제에는 삶의 신학의 목표, 즉 죄들sins과 죄Sin를 육신 안에서
정죄하고 사망 자체를 죽이는 목표가 있다는 것이다. 바울의 삶
의 신학이 바울의 속죄론의 계기가 되었다! 바울신학에 등장하

---

12 로마서 3:25와 5:9도 보라.

13 Scot McKnight, *A Community Called Atonement* (Nashville: Abingdon, 2007).

모두

는 대적인 죄^{sin}와 죄^{Sin}, 육신, 사망은 그리스도의 죽음과 부활로 치명상을 입는다. 그리스도는 우리의 죽음을 죽으실 뿐 아니라 대적을 정복하셔서 우리를 아담 계보에서 죄, 육신, 사망에 대한 승리가 있는 그리스도 계보로 훌쩍 옮겨 놓기도 하신다. 다시 말해, 로마서 8장 4절에서 말하듯, 토라의 공의로운 요구는 그리스도 안에 있는 이들이 성령 안에서 걸어갈 때 그들 안에서 이루어진다. 두드러지게도, 이것은 인간의 의지가 아니라 하나님의 행동이다('이루어지다$^{be\ fulfilled}$'는 수동태다). 또 이것은 토라 준수를 통해서 강한 자들을 '변화'시키고자 하는 약한 자들의 추구를 해소시키며, 그것은 토라가 시간낭비일 뿐이라고 생각하는 강한 자들을 변화시킨다.

로마서 8장 2절인 "이는 그리스도 예수 안에 있는 생명의 성령의 법이 죄와 사망의 법에서 너를 해방하였음이라"는 이 편지의 또 다른 유명한 구절인 12장 1-2절을 다른 각도에서 말한 것이다. 그리스도의 계보에는 하나님의 영이 있으며, 하나님의 영이 계신 곳에서는 육신의 백성이 변하여 영생을 아는 영의 백성이 된다. 그들이 의와 평화, 기쁨, 사랑의 백성이 되도록 새 창조가 일어난다. 8장 2-4절에서 '율법'(혹은 토라)이라는 용어를 사용하는 방식을 보면, 바울이 신자들이라면 약한 자들이든 강한 자들이든 토라를 성취할 수 있다고 생각한다는 점이 매우 분명해진다. 죄와 육신에 사로잡힌 토라는 그리스도 예수 안에서 성령의 토라에 정복당한다. 8장 2-4절에서 바울의 주요 표현은 이것이다. "그리스도 예수 안에 있는 생명의 성령의 법이… 너를 해방하였음이라… 우리에게 율법의 요구가 이루어지게 하려 하심이니라." 누구를 말하는가? 바울은 "그 영을 따라 행하는" 사람들이라고 대답한다.

다시금 우리는 바울의 **삶의 신학**과 대면한다. 강한 자들은 토라에 묶여 있지 않지만, (육신으로가 아니라 성령 안에서 토라를 따름으로써) 참으로 토라를 실천한다. 로마서 5-8장의 총체적 방식은 약한 자들과 강한 자들 모두의 긍정적인 삶을 염두에 두고 있는 것으로 보인다. 그러나 로마서 8장에서는 강한 자들을 강조한다. 무엇보다, 로마의 가정교회들에서 '정죄'를 경험하고 있는 이들이 누구겠는가?(8:1, 3) 이와 동일한 용어를 2장 1절에서 판단자가 사용했고 14장 23절에서 약한 자들이 사용했음을 고려하면, 정죄 받지 않는다는 말을 들어야 하는 사람들은 강한 자들이라고 추측하는 것이 타당하다.

요약

아담에서 사망으로, 그리스도에서 생명으로 움직이는 순서를 표시하는 두 길에 대한 도식은 이제 다음과 같이 갱신할 수 있다.

두 길

아담의 길	그리스도의 길
죄의 몸	그리스도의 몸

303

모두

육신	성령
	(1) **은혜**

결정적 행동

(1) **죄**	(2) **그리스도의 순종**
범죄	은혜를 받아들임
불순종	죄로 말미암아… 아들을 보냄
육신의 생각들	
하나님과 원수가 됨	

신분

(2) 죄인들	(3) **의/**
	정죄함이 없음
육신	성령 때문에 토라를 준수함
	으로

하나님의 뜻을 아는 수단

(3) **죄와 육신에 사로잡힌 토라**	(4) **그리스도 안에 있는**
	성령의 토라
육신에 의해 약해짐	의의 선물
죄와 사망의 토라	그리스도 안에 있는
	생명의 성령의 토라
육신의 생각	성령의 생각

거꾸로 읽는 로마서

신적 결정

(4) 심판 정죄	(5) 칭의 <u>육신 안에 있는 죄를 정죄함</u>

결과

(5) **사망**	(6) **생명** **영원한 생명** <u>평화</u>

신적 결정이 미치는 범위

(6) 많은 사람/모든 사람*	(7) 많은 사람/모든 사람*

* '많은 사람들'과 '모든 사람들'은 동의어다.

결합하면, 고려 중인 두 본문(지금 밑줄 친 새로운 정보와 함께 로마서 5장 12-21절과 8장 1-8절)은 그 자체로는 이론신학이나 도덕철학이 아니다. 마치 이제 토라에 대한 바울의 이론을 검토해야 한다거나, 바울을 쿰란이나 스토아학파와 비교하여 바울이 동의하거나 반대하는 지점을 확인해야 한다는 듯이 할 필요가 없다. 물론 그러한 비교들도 주목할 만한 가치가 있지만, 더 중요한 것은 이 편지가 목회적이며 교회적인 신학이라는 것과, 육신과 성령에는 각기 수사적 의도가 있다는 사실이다. 로마서를 거꾸로 읽으면, 무

언가 다른 것이 드러난다. 바울의 신학은 삶의 신학이고, 바울의
목회적 관심은 로마의 가정교회들에 있는 강한 자들과 약한 자
들이 로마 제국에서 예수의 추종자로서 어떻게 살아가야 하는지
에 있다.

　강한 자들과 약한 자들이 서로 판단하는 모습이 로마서 14-15
장에 가득한데, 하나님이 이미 그것을 정죄하셨으니(8:3) 더는 정
죄가 남아 있지 않다(8:1). 더구나 강한 자들과 약한 자들 모두 고
발과 분열 때문에 성령이 아니라 육신 안에서 움직이고 있다. 그
들은 '죄와 사망의 법'(8:2)에 따라 살아가고 있다. 그들이 성령 안
에서 살 때, 죄와 사망의 몸이 아니라 그리스도의 몸이 된다(12:3-
8). 약한 자들은 육신 때문에 토라를 준수할 수 없으며, 진정한 토
라 준수는 오직 성령으로 말미암아 일어난다. 강한 자들이 사랑
가운데서 살고 있지 않은 이유는 육신, 곧 신분이라는 육신에게
지배받고 있기 때문이다. 그러나 사랑의 삶은 오직 성령으로 말
미암아 생겨난다. 따라서 그들이 성령 안에서 산다면, 서로 긍휼
히 여길 것이고, 서로 판단하지 아니할 것이며, 서로 환대할 것이
고, 서로 사랑하면서 살 것이다.

　이제 우리는 로마서 5-8장의 '모두' 단락에서 '우리' 단락으
로 넘어간다. 우리-단락에서는 로마서의 정황(12-16장)을 계속 고
려하면서 바울의 주요 논점을 간략하게 종합한 형태로만 제시할
수 있을 것이다.

거꾸로 읽는 로마서

20

너희와 우리

(6:11-23; 8:9-15; 5:1-11; 6:1-10; 7:1-6; 8:16-17, 18-39)

바울은 로마서 5-8장에서 '모두(총체적)', '너희', '우리', '나'라는 네 가지의 방식들로 이야기한다. 총체적-본문들에서 보이는 로마서 5-8장의 더 큰 규모의 전망은 아담과 죄들과 죄성에서 그리스도와 우주적 구속으로 이어지는 이야기를 간략히 보여 준다. 이 모든 것은 강한 자들과 약한 자들에게 직접적인 함의가 있다. 너희-단락은 영화glorification로 흘러 들어가는 이 우주적 해방이 한창인 중에 나온다. 영화는 가볍게 떠다니는 천상의 상태나 몸을 벗어 버린 영혼의 예배 같은 것이 아니다. 오히려 영화는 하나님의 에이콘eikons(형상)인 아담과 하와와 더불어 시작된 창조의 계획을 성취한 인간들을 가리킨다. 따라서 영화롭게 된다는 것은 하나님의 창조세계 안에서 하나님의 빛나는 에이콘이 되어, 모든 창조세계를 향한 하나님의 계획들을 구체화된 형태로 성취하는 것이다.[1]

---

1 Haley Gorason Jacob, *Conformed to the Image of His Son: Reconsidering Paul's Theology of Glory in Romans* (Downers Grove, Ill.: IVP Academic, 2018).

너희

6장 11-23절과 8장 9-15절에서 있는 너희-본문들은 모든-단락들 혹은 총체적-단락들에 나온 두 길Two Ways을 **반영한다**. 그러나 너희-본문들의 수사적 위력은 더욱 단도직입적이다. 6장 12절에는 "[너희는] 죄가 너희 자신들 가운데 통치권을 행사하지 못하도록 하라!" 같은 단도직입적인 명령문들이 있다. 이 본문들에 '너희'와 '너희 자신들'이라는 말이 집중적으로 나타나는 현상은 눈에 띄게 직접적이다. 그 용어들이 아담의 길(죄들sins, 죄Sin, 육신, 사망)을 되풀이하고 있더라도 그렇다. 그러나 그리스도의 길은 성령의 선물에, 또 생명의 폭발적인 시작에 초점을 맞추고 있는데, 이는 현재의 변화인 동시에 미래의 영원한 생명이다. 주제 면에서 보면, 로마서 6장 23절은 두 길 본문을 반영한다. "죄의 삯은 사망이요 하나님의 값없는 선물[은사]은 그리스도 예수 우리 주 안에 있는 영생이니라." 죄는 사망으로 이어지는 반면, '은사' 또는 하나님의 선물은 그리스도 안에 있는 영원한 생명을 가져온다.

너희-본문들은 이 장들의 전체 전망에 독특하게 기여하는데, 자신의 청중에 대해서 바울이 **어떠한 종류의 죄**를 염두에 두고 있는지를 명료하게 설명하기 때문이다. 이 죄는 정욕(에피튀미아epithumia)에 순종하는 죽을 몸(소마soma) 안에서 지배권을 행사하는(바실류오basileuo) 죄이다(6:12). 더구나 그 청중(너희)은 자신의 '지체들'(멜레mele)을 '불의의 도구들[무기]'(호플라 아디키아스hopla adikias)로 죄들sins이나 죄Sin에 바치지 말아야 한다(6:13). 6장 15-19절에서 바울은 몸의 각 지체를 죄들에게 바치는 것을 일종의 노예 상태로 표현하는데, 이 본문에서 바울은 (죄에게) 순종하는 노예들(6:16)뿐 아니라 부정(아카타르시아*akatharsia*)과 "더욱 더욱 큰 불법"[불법에… 불법에 이른](아노미아 에이스 텐 아노미안*anomia eis ten anomian*)이라는 표현을 사용하여 죄를 더욱 분명하게 표현한다(6:19). 바울은 너희라고 불리는 사람들에게, 그들이 지금 이전 생활을 '부끄러워'함을 상기시킨다(6:21). 노예 상태를 하나의 이미지로 사용한 것, 특히 그 이미지에서 노예 상태에 대한 부정적 함의는 '너희'의 과거의 일부분이고 긍정적인 함의는 인간 주인들에게서 하나님에게로 양도된 현재인 것이 로마의 믿는 이방인 노예들과 자유민들에게 호소력이 있었을 것이다.

이 너희-본문들은 청중을 "너희는 죄가 너희 죽을 몸을 지배하지 못하게 하라"(6:12a), "너희 지체를…죄에게 내주지 말라"(6:13a)와 같은 **도덕적 책무**로도 이끈다. 또 긍정문으로는 "너희 자신을… 하나님께 드리라"(6:13b; 참조: 12:1-2), 또는 "이제는 너희 지체를 의에게 종으로 내주어 거룩함에 이르라"(6:19)라는 명령이 있다. 바울이 여기서 권세들powers(죄sin, 성령, 은혜)을 강조한다면, 로마 신자들이 자신의 믿음을 체현하여 삶의 신학으로 실천해야 하는 필요성을 축소하는 것이 아니다. 이 모든 것이 영적 영역에서뿐 아니라 몸에서도 일어나기 때문이다. 이는 강한 자들과 약한 자들이 다툼 없이 서로를 식탁에서 환대하며 서로 형제자매로 더불어 살아갈 때 일어난다.

8장 9-15절에서 **영**은 최소 열 차례 등장하는데, 각 경우에 하나님의 영을 의미한다. 따라서 그리스도 계보에서 영은 능동적이며, 한 인간을 새 창조의 생명으로 다시 태어나게 한다. 그러한 사람은 아담의 계보에서 구출되어 그리스도의 계보로 들어가 생명을 누린다. 그리스도 계보에서 그들은 의(8:10), 몸의 행실들을 죽이는 것(8:13), 하나님의 자녀로서 하나님의 은혜에 대한 확신(8:15-16), 영생(8:16-17)을 발견한다. 그리스도 계보에 있는 이들이 이제 누리고 있는 은혜와 생명은 아담에 속한 이들을 죄와 육신과 사망의 삶으로부터 살아 있는 자로(6:11) 눈에 띌 정도로 전환시켰다. 그러한 자는 자신을 하나님께 드림으로써 이제 몸이 의의 도구가 될 수 있어서(6:13), 의의 노예[종]와(6:16, 18, 19) 하나님의 노예[종]가 된다(6:22). 또 거룩함으로 이어지고(6:19) 부활과 죽을 몸의 속량을 통한 영원한 생명으로 이어지는(8:11; 참조: 8:23) 마음의 순종(6:17)이 가능해진다. 이들 덕목은 성령을 통한 하나님의 선물이다(8:9-15). 따라서 여기서 포괄적 전망이 다시 한번 분명해진다. 그리스도의 길은 자신들의 몸에서 성령의 능력으로 (8:11) 토라를 실제로 성취하는(8:4) 변화된 백성을 목표로 한다는 것이다.

'너희'가 누구인지 확인해 주는 실마리가 두 가지 있다. 첫째 실마리는 **"법 아래에 있지 아니하고 은혜 아래에"**라면서 6장 14절과 15절을 연결하는 표현에 등장한다. "법 아래에 있지 아니하고"라는 말을 통해서 우리는 '너희'가 약한 자들, 곧 예수께로 돌아섰고 이제는 토라 아래에 있지 않는 약한 자들을 의미한다고 추측할 수도 있다. 어쩌면 바울은 약한 자들과 강한 자들 양쪽을

거꾸로 읽는 로마서

향해 말하며 왔다 갔다 하고 있는 것일 수도 있다. 다시 말하면, 명확하지는 않다. 그러나 여기 둘째 실마리가 있는데, 내 생각에 그 때문에 균형이 깨져서 한 방향으로 쏠리게 된다. 그 실마리는 (강한 자들을 고발하는 약한 자들인) 판단자가 토라를 위반했다고 로마서에서 고발당한다는 것이다(2:17-29). 이른바 우월함을 가지고 있으면서도, 판단자는 아담의 길에서 살아가는 전형적인 이방인과 동일한 죄들을 저지른다(2:1-16). '법 아래에' 있는 자들에 대한 두 번의 언급은 강한 자들 즉 이방인들도 토라를 따름으로써 그리스도 닮기를 발견하게 만들려고 애를 쓰고 있는 약한 자들을 곁눈으로 슬쩍 바라보는 셈이다. '법 아래에' 있는 자들은 이방인 신자들이 아니라 다시 한번 판단자의 얼굴을 한 약한 자들을 가리킨다. 너희-본문들은 약한 자들을 겨냥해서 말한다.

우리

로마서 5-8장에서 가장 광범위한 단락들은 우리-본문들이다 (5:1-11; 6:1-10; 7:1-6; 8:16-17, 18-39). 로마서가 반복적인 까닭은 바울이 반복의 힘을 믿었기 때문이거나 혹은 로마서의 여러 단락, 특히 로마서 5-8장의 여러 단위들이 일련의 병행 논평들이기 때문이다. 따라서 로마서를 설명하려면 로마서의 여러 다른 문맥에서 주장한 논점들을 반복해야 한다. 근본 사고방식은 앞서 모두-본문들에서 발견되었고, 너희, 우리, 나-단락 들은 모두-단락들에서 이미 제시된 주제들을 각각의 방식으로 전면으로 끌고

온다. 모두-단락들과 우리-단락들이 구분되는 점은, 모두-단락들은 두 길에 대한 더 이론적인 생각으로 구성되어 있는 반면에 우리-단락들은 구속에 대한 개인의 길로 구성되어 있다는 점이다.

다시 한번, 포괄적 전망이 출발점이다. 상기해 보자면 그 이야기는 아담과 그리스도의 계보들, 죄와 순종, 죽음과 생명/영생, 노예처럼 종속된 창조세계와 해방된 창조세계에 관한 것이다. 그것은 우리가 이 구속적 해방과 도덕적 변화를 알 수 있는 최선의 삶의 방식에 관한 이야기이다. 그리고 무엇이 그 최선의 삶의 방식이냐는 질문이 로마에서 발생한 긴장의 초점이기도 하다. 약한 자들이 보기에 답은 "토라를 더 많이!"이다. 바울이 보기에 답은 "전적으로 은혜, 전적으로 성령!"이다 역설적이지만 결과는 동일하다(8:1-4). 그리스도 안에 있는 자들, 성령 안에서 사는 자들은 토라 전체를 본래 명시된 이상으로까지 행한다. 로마서에서는 어떻게 그 상태에 도달할 수 있는지를 질문하며, 판단자는 더 많은 토라를 통해서 가능하다고 생각하지만, 바울은 판단자와 대립한다. 더 많은 토라만으로는 강한 자들이 약한 자들과, 또 약한 자들이 강한 자들과 절대로 화해할 수 없다. 해결책은 다른 곳에서 찾아야 한다. 강한 자들에게는 아마도 진정한 의미에서의 삶의 신학이 어떤 모습이며, 그 신학이 무엇을 전달하는지에 대한 인식이 부재했을지도 모른다. 그들은 자신의 비非토라적인 삶을 과시하거나 혹은 은혜와 용서를 이용해 먹는다. 이들이 어느 편을 선택하든지, 한 가지 분명한 점은 강한 자들은 약한 자들이 거리끼는 것들에 관해서라면 고집스럽다는 것이다. 이들은

거꾸로 읽는 로마서

신분에 집착하고, 둔감하며, 약한 자들과의 관계에서 강압적인 태도를 취한다. 그들 역시 변화되어야만 한다. 약한 자들은 "토라를 더 많이!"를 외친다. 그러나 바울은 "성령을 더 많이!"라고 외친다.

우리-본문들에 대해 예비적으로 논평할 내용이 몇 가지 있다. **첫째**, 너희-단락들처럼 우리-단락들도 용어 면에서와 삶의 신학 면에서 총체적-단락들을 반영한다. 다음에 제시할 여섯 요소들과 이미 앞에서 제시한 순서도가 다른 점은, 모두-본문들에서는 인간이 좌측 단에서 출발하지만 세례로 말미암아 우측 단으로 이동한다는 것이다. 그렇다면 우리-단락들에서는 변화된 신자들의 여정이 보인다. **둘째**, 우리-단락들과 총체적-단락들은 생각들의 망, 서로 얽힌 용어의 망을 형성한다. 그 용어들은 오직 서로와의 관계 속에서만 서로를 분명하게 해 준다. 우리-단락들을 한 절 한 절씩 살펴보며 진행한다면 불필요한 중복이 너무나 많을 것이다. 따라서 나는 여섯 가닥의 구분 가능한 (그러나 서로 얽혀 있는) 주제들로 그 망을 풀어내도록 하겠다. **셋째**, 이 본문들에서 '우리'의 정체를 당연히 세심하게 고려해 보아야 한다. 로마서 7장 1절에서 바울은 청중을 '법 아는 자들'이라고 밝히므로, 이는 약한 자들이다. 그런데 7장 4절에서는 바울이 약한 자들을 '너희'라고 부르며, 7장 5-6절에서 너희는 '우리'가 된다. (동일한 현상이 7장 7절과 7장 14절에서도 일어나는데, 거기서는 '우리'가 '우리 유대인 신자들'을 뜻하는 것으로 보인다.) 그렇다면 단순히 인칭 대명사만 보아서는 로마의 특정 집단을 (예컨대 '너희'는 약한 자들이고 '우리'는 강한 자들이라는 식으로) 추론해 낼 수 없다. 그리고 모든 인칭 대명사 중에서 '우리'는 가장 덜 한정적이면서 가장 포괄적인 용어다. 그럼에도 로마서 5-8장의 우리-단락들에서 '우리'는 주로 강한 자들에게 쓰이며, 이 본문들을 세밀하게 읽어 보면 바울이 여기서 강한 자들에게 말하고 있음이 입증된다. 바울은 자기가 동의하는 경우에는 바울 자신을 '우리' 안에 포함시킨다.

우리-본문들에는 내가 개인의 길Personal Way이라고 부르는 여섯 주제가 나타난다. 첫째는 모든 인간들의 이전의 상태, 둘째는 인간들을 죄들sins, 죄Sin, 육신, 사망에서 구출하시기 위해 그리스도 안에 나타난 하나님의 계시, 셋째는 그리스도 안에서 인간에게 다가온 선물과 그 혜택, 넷째는 그 선물과 함께하는 삶의 새로운 상태, 다섯째는 인간이 그 선물에 참여함, 여섯째는 그리스도 안에 있는 미래이다. 이 주제들을 첫째부터 여섯째까지 순서대로 이어서 다루는 식으로 우리-단락들을 설명할 것인데, 그러면서도 본문의 목회적, 교회적 정황을 염두에 두어야 하며 바울의 목표는 그리스도 지향으로 줄여서 부를 수 있는 삶의 신학임도 잊지 말아야 한다.

개인의 길

(1) **이전 상태**. 요즘 세상에서 대부분의 경우에는 그렇지 않지만, 바울은 전혀 두려움 없이 문제를 정확히 말한다. 이 점에서, 뵈뵈는 분명하게 확신하며 '개인의 길'에 대해 술술 말한다. 우리의 본문을 보면, 바울은 로마 신자들 앞에서 그들이 그리스도 이

거꾸로 읽는 로마서

전에 어떠한 삶을 살았는지 죽 늘어놓는다. 바울은 이 주제를 한 본문(5:6-11)에서 집중적으로 다룬다. 로마 신자들은 이전에 '연약'했는데(5:6),[2] 여기서는 하나님 앞에 있는 인간의 연약함frailty 이라는 뜻이다. 이들은 '경건하지 않은'(5:6), '죄인들'(5:8), '원수들'(5:10)이었는데, 이것은 바울 신학에서 이방인들의 전형적인 과거를 묘사하는 용어이다(따라서 강한 자들을 염두에 두고 있는 것이다). 그러나 바울의 신학은 개인주의적 주제에 국한되지는 않는다. 여기 5장 6-11절에 나오는 이전 상태는 이전의 우주적 상태를 실현하는데, 곧 이 세상에서 행위자가 되는 인격체 같은 실재(죄, 육신, 사망)로 발현되어 나오는 우주적인 상태를 실현하는 것이다. 그 우주적 틀은 창조세계 자체가 (죄들sins, 죄Sin, 육신, 사탄, 악한 영들의 총합인) 악Evil에게 사로잡혀 왔기 때문에 우리-본문에 등장한다. 창조세계(피조물)는 신음하면서 해방을 갈망하고 있다. '피조물이 허무한 데(마타이오테티matatoteti) 굴복'하였기 때문에 '피조물이 고대'하고 있다(8:19-20). 따라서 창조세계 전체도 그 노예 상태[종 노릇]에서 해방되어 새 창조로 속량받아야 한다(8:21).

바울 신학에서 이렇게 죄인들을 우주적 썩어짐과 노예 상태와 연관 지어 가장 잘 설명하는 방식은 아마도 발현 이론emergence theory일 것이다. 죄들은 단지 이 세상에서 인간의 죄에 기초한 죄된 패턴들이 발현하게 하는 인과적 기초가 될 뿐만 아니라, 악한 영적 세력과 어깨를 나란히 하는 모종의 죄-자아Sin-Self, 혹은

---

2 이 용어가 로마서 14-15장에서 약한 자들을 가리키는 말을 환기하지는 않는다.

315

너희와 우리

죄-인격체Sin-Person가 발현하게 하는 인과적 기초가 된다는 것이다. 그리고 죄와 사탄의 연합은 다시 역으로 죄인들에게 영향력을 끼쳐 그들을 죄된 행동들 안에 가두며, 결과적으로 인간들을 사망으로 인도한다. 그렇다면 바울의 우주론적 구원론에서 창조세계 자체는 사탄과 죄에 사로잡혀 왔으며, 따라서 그리스도께서 구원자시라면 인간들을 그들의 길에서 구출하실 뿐 아니라 창조세계 전체를 구출하셔야 한다. 이것이 로마서 8장 18-39절이 장엄하게 선포하는 내용이다. 아버지, 아들, 성령 하나님은 창조세계를 속량하시기 위하여, 그리고 창조세계에 대해 계획하신 우주적 비전을 개시하기 위하여 역사하신다. 그렇다면 그들의 이전 상태를 해결할 방안은 토라 준수가 아니라 그리스도, 즉 바울이 하나님의 선물인 은혜와 동일시할 수 있는 그분이다.

(2) **구출을 위해 그리스도 안에 있는 하나님의 선물**. 바울은 여러 차례 그리스도 안에 있는 하나님의 선물에 호소함으로써 어떻게 한 인간이 아담 계보에서 그리스도 계보로 이동하는지를 이 개인의 길 안에서 설명하려 하고, 그러기 위하여 모두-본문들을 활용한다. 다시금 로마서 5장 6-11절에 그리스도 안에서 우리에게 주신 하나님의 선물이 집중적으로 나타나지만, 그것이 전부는 아니다. 우리가 다루는 장들에서 가장 포괄적인 표현 두 가지로 시작해 보겠다. **첫째**, 이 선물은 하나님의 행동이다. 하나님은 "자기 아들을 아끼지 아니하시고 우리 모든 사람을 위하여 내주셨다"(8:32). 하나님의 이러한 행동은 은혜 혹은 선물이 되는 하나님의 사랑에서 흘러나온다. "하나님의 사랑이 우리 마음에 부

거꾸로 읽는 로마서

은 바" 되었고(5:5), "하나님께서 우리에 대한 자기의 사랑을 확증"하셨다(5:8). 그 선물은 5장 10절에서 죽음과 부활 안에 요약된다. "곧 우리가 원수 되었을 때에 그의 아들의 죽으심으로 말미암아 하나님과 화목하게 되었은즉 화목하게 된 자로서는 더욱 그의 살아나심으로 말미암아 구원을 받을 것이니라"(참조: 4:25). 그의 죽음은 연합을 위한 동일시를 통해 속죄하고, 희생제사와 대속의 사상들을 포함한다. 그의 부활은 죄, 육신, 사망의 권세들을 꺾어 버리고, 새 창조의 생명의 물꼬를 트고, 그럼으로써 죽음을 향해 있던 죄인이 음에서 생명으로 거듭나게 한다. 그러므로 그의 죽음과 부활은 인간을 이전의 상태에서 구출한다. "만일 하나님이 우리를 위하시면"(8:31)에서 동일한 것을 보지만, "누가 우리를 그리스도의 사랑에서 끊으리요"(8:35)와 아무도 "우리를 우리 주 그리스도 예수 안에 있는 하나님의 사랑에서 끊을 수 없으리라"(8:39)에서는 더욱 그러하다. 은혜는 하나님이 선물의 형태로 주시는 사랑이다. 그것은 우리의 신분과 상관없이 그리스도의 죽음과 부활 안에서 우리를 향하신 하나님 사랑의 우선적 행동이며, 초충만하고 유효하다. 우리가 이 선물을 받아들이는 것은 하나님에게 감사와 선물을 되갚음으로써 영광을 돌려 드릴 계기가 된다.

둘째, 8장 34절에서 바울은 "죽으실 뿐 아니라 다시 일으킴을 받으신[살아나신] 이는 그리스도 예수시니 그는 하나님 우편에 계신 자요 우리를 위하여 간구하시는 자시니라"라고 말한다. 그리스도께서는 우리를 위해 죽으셨고, 우리를 위해 일으킴을 받으셨으며, ('일으킴을 받았다'에는 '하나님 우편'으로 올라가심이 수반되므로) 이제 우리를 위해 중보하신다. **오직 그리스도에 의해서만** 모든 것이 과거에 있었고, 지금도 있으며, (앞으로 보겠지만) 미래에도 있을 것이다. 그리스도를 '통해서'[말미암아]라는 바울의 상용구는 이더 풍성한 관점을 환기한다(5:1, 11). 하나님이 주신 그리스도의 선물은 우리의 구속이다. 바울적 형식에 충실하게 말하자면, 우리가 그리스도를 닮도록 계획된 속량은 하나님이 그리스도의 십자가에서 우리에게 주신 선물을 강조한다. 따라서 경건하지 않은 자들과 우리를 위해서 "그리스도께서 죽으셨다"(5:6, 8, 10). 그리고 그리스도의 죽음은 '그의 피를 통해서'[피로 말미암아](5:9)이며 '(그의) 몸을 통해서'[몸으로 말미암아](7:4)다. 비록 분명 십자가가 더 두드러지지만, 바울의 포괄적 진술은 십자가, 부활, 승천을 아우른다. 바울은 5장 10절에서 우리가 **그의 생명으로**, 즉 그의 부활로 구원을 받는다고 말한다.

셋째, 여기서 우리는 로마서 8장 4절이 "육신을 따르지 않고 그 영을 따라 행하는 우리에게 율법의 요구가 이루어지게 하려 하심이니라"고, 구속의 논점을 오해의 여지없이 명료하게 드러내고 있다는 점에 주목해야 한다. 속량은 사람들이 죽었을 때 천국에 갈 수 있다는 것이 아니라, 그들이 하나님의 은혜로 인하여 그리스도를 닮도록 변화될 수 있다는 것이다. 그리고 그것은 그들이 자신의 길을 택하지 않고 하나님을 사랑하고 타인들을 사랑하는 길을 택하는 백성이 된다는 의미이다(빌 2:6-11). 이것은 하나님의 선물인 그리스도에는 지향성이 있다는 뜻이다. 로마서

거꾸로 읽는 로마서

12-16장의 삶의 신학은, 로마서 5-8장이 아담의 계보에서 그리스도의 계보로 이동하는 인간의 여정을 스케치하는 이유에 해당한다. 이 내용은 여섯째 논점에서 조금 더 전개하겠다.

(3) **선물 그 자체.** 개인의 길에서, 인간들은 죄인들이며 하나님에게서 소외되었고 죄짓기와 악의 조직적 순환 속에서 자기들 잘못 때문에 덫에 걸린 신세다. 그것은 죄^{Sin}와 육신^{Flesh}이 되며, 그 죄와 육신은 역으로 인간들 자신의 죄짓기에 작용한다. 인간들을 향한 하나님의 계획은 그들이 죄에 노예처럼 속박되는 것이 아니라 죄^{sin}, 죄^{Sin} 육신, 사탄에게서 해방되는 것이다. 그래서 하나님은 자신의 아들을 보내어 죄를 처리하고, 모든 창조세계를 육신의 노예된 상태에서 해방하며, 그들을 인도하여 그리스도를 닮게 하셨다. 하나님의 그 행동은 전적으로 선물이다.

바울은 새롭게 재구성한 용어들을 풍부하게 활용하여 그 선물 자체를 묘사한다. 다음과 같은 그 용어 목록에서, 가장 중요한 용어가 하나 있어서 그것을 알아내려 한다거나 바울이 중요하게 여긴 순으로 용어에 순위를 매겨 보려 한다면, 전문가들을 한데 모아 이 주제를 놓고 학술대회를 열어야 할 것이다. 하지만 현재 여기서 할 수 있는 일은 목록을 제시하는 것, 즉 나열함으로써 더욱 인상적이 되는 목록을 하나 제시하는 것뿐이다.

(1) 은혜(5:2; 6:1)
(2) 칭의, (하나님의) 의, 정의(5:1, 9; 8:30, 31, 32, 33, 34)
(3) 하나님과의 평화(5:1)와 화해(5:10, 11)

319

(4) 영광, 하나님의 영광, 하나님의 영광에 참여함, 영광을 자
랑함(5:2-3; 8:17, 18)

(5) 소망(5:4)

(6) 생명(5:10, 17-18, 21; 6:4, 10, 13, 22-23; 7:10; 8:2, 6, 10, 13)

(7) 사랑(5:8; 8:31-39)

(8) 성령(5:5; 7:6)

(9) 구원받음(5:9[진노에서], 10[생명에 의해]; 8:24)

(10) 해방(6:18, 22; 8:2, 21[두 차례 등장])

(11) 그리스도의 몸에서 서로에게 속해 있음(7:4)

(12) 하나님의 자녀/양자됨(8:16, 19, 23)

(13) 속량(8:23[우리의 몸들에 대한])

(14) 인간의 상태에서 영광에 이르도록 부름 받고 예정됨(8:28-
30)

(15) 그리스도 닮기(8:29)

(16) 그리스도의 중보(8:34)

(17) 확실한 관계(8:31-39)

(18) 생명 안에서 승리자들이 됨(8:37)

하나님의 선물은 다면적이고, 초충만적이며, 로마 그리스도인
들이 받을 자격이 없는 선물이다. 그렇다면 하나님의 은혜는 그
들이 누구였으며 누구인지, 즉 강한 자들의 사회적 신분이나 약
한 자들의 언약적 특권과는 상응하지 않는다. 그 선물은 완전한
차원에서의 속량, 즉 하나님 앞에서 확실하고 확신을 주는 지위,

거꾸로 읽는 로마서

하나님과의 관계, 성령 안에서 살아가게 하는 힘과 그들을 위한 그리스도의 중보, 그리스도 안에 있는 이들과의 친교, 그리스도 닮기와 동의어인 도덕적 미래다. 그리스도께서 로마의 신자들을 구하시려고 죄sin와 죄Sin와 육신과 사망의 세계로 침입하셨기에, 그 구출을 다른 면에서 보면 신자들의 승리가 된다(8:37). 이중 가장 중요한 것을 간략히 논평하자면, 곧, 바울이 이전 상태를 묘사하는 틀에서 가장 의미심장한 용어가 죄, 육신, 사망이라면, 이 각각의 것을 원상복구하는 용어가 속량에서도 가장 중요한 용어가 된다는 것이다. 여기서 나는 바울에게는 속량의 시작점이 **해방**이라는 데 마음이 기운다. 그것은 **그리스도 닮기를 지향하고 우주적이며 개인적인 해방**을 의미한다. 그러나 내가 말하듯, 그것을 규명하기 위해서는 하나의 진술 이상이 필요하다.

개인의 길을 다루는 이 단락에 나오는 이 용어들 중 일부는 설명, 특히 정당화가 필요하다. 이러한 용어들(의, 칭의, 정의)의 즐거움이자 문제점들은 그 용어들이 교회에서 지금껏 끝도 없이 검토되어 왔으며, 따라서 여행자들이 뒤엉킨 전환점과 계속 마주치게 된다는 사실이다. 앞으로 이어질 논의에서 만날 전환점을 일일이 설명하거나 방어하기는 불가능하겠지만, 나는 여덟 가지 논제들을 진술함으로써 윤곽을 그려보고자 한다. (a) **하나님의 의**는 **하나님의 속성**이다. 내 말은, 하나님은 언약에 대해 관계적으로 신실하시며, 그분의 존재, 구속과 심판의 행동에 있어서(사 5:16; 10:22) 도덕적, 존재론적으로 완전히 올바르고 공정하시다는 뜻이다(시 36:6; 71:19; 사 42:21). (b) 더구나, 의는 **하나님에게서 온**

너희와 우리

선물이다. 즉, 인간들과 창조세계를 바로잡으시는 하나님의 구원 행동과 능력이다(사 46:13; 56:1; 미 6:5; CD 20:20).[3] 로마서 1장 16-17절은 이것 대부분을 단단하게 묶인 용어 다발에 집어넣는다. "내가 복음을 부끄러워하지 아니하노니 이 복음은 모든 믿는 자에게 구원을 주시는 하나님의 능력이 됨이라. 먼저는 유대인에게요 그리고 헬라인에게로다. 복음에는 하나님의 의가 나타나서 믿음으로 믿음에 이르게 하나니 기록된 바 오직 의인은 믿음으로 말미암아 살리라 함과 같으니라." 복음, 능력, 구원, 의, 믿음, 유대인, 그리고 헬라인과 같은 용어들이 서로 단단히 엮여 있음을 주목하라. (c) 이스라엘 백성을 묘사하는 경우에 의는 토라에 계시된 하나님의 뜻에 순응하는 **행동들**을 가리킨다.[4] (이것은 율법주의legalism가 아니라 언약적 율법주의covenantal nomism이다.) (d) 하나님의 의의 완성으로서 '의로워지는' 것은(의롭다 하심을 받는 것은)[5] 하나님이 그를 의롭다고 선언해 주신다는 의미다. 다시 말해, 법정적(시 18:20; 사 43:9, 26; 45:25) 의미다. (e) 칭의는 일종의 선물이다. 그리스도의 죽음과 부활이 칭의를 성취했으며(4:25) 우리는 공로와 상관없이 의롭다 함을 받는다. (f) 덧붙여서, 선물로서의 **칭의**는 해방시키고 그럼으로써 순종과 사랑이라는 **보답**reciprocation이 생겨나게 한다

---

3 어떤 이들은 '교정/바로잡음rectification'이라는 용어를 유용하게 사용한다.

4 기준이 토라가 아닐 때도 있으며, '의'라는 용어는 사람이 또 다른 관계적 기준에 얼마나 관계적으로 부합하고 있는지 묘사하는 데에 쓰인다. 창세기 38:26과 사무엘상 24:17을 보라.

5 영어 역본이 새로운 방법을 찾기 전까지는, '의'와 '칭의'라는 두 용어 뒤에 히브리어 체데크 tsedek와 그리스어 디카이오스/디카이오오/디카이오쉬네dikaios/dikaioo/dikaiosyne가 있다고 설명해야 할 것이다. 따라서 '의로워지다to be righteoused'라는 말은 영어로는 용납할 수 없는 표현이지만, 실은 올바른 인상을 심어준다고 하겠다.

(6:7). 따라서 의는 변화시키는 선물이다(참조: 1QS 11:13-14). (g) 칭의는 **성령으로 추동된 실재 안에서**, 그리스도 안에 있는 하나님의 선물/은혜의 결과다. 칭의는 그리스도와의 연합 안에서만 일어난다. 그러므로 마이크 버드Mike Bird는 '연합된 의'를 말하며, 나 자신은 그것을 '연합을 위한 동일시'라고 표현해 왔다.[6] 성육신이 죄인들과의 동일시로 이어지고, 우리를 죄, 육신, 사망에서 해방시켜 하나님의 백성 안에 심는 것을 목표로 한다는 의미다. 그리스도께서 자신을 우리와 동일하심으로써 우리가 그리스도와 연합할 수 있게 되고, 따라서 신자들이 그 선물을 충만히 받게 된다. 이는 이들 용어에 대한 그 다음 관찰로 이어진다. (h) 그리스도와의 연합으로 말미암은 이러한 칭의는 **믿음으로, 오직 믿음으로만** 일어나며, 토라 행위들에 의해서는 일어나지 않는다. 이러한 이유로 의가 죄의 고백과 회개, 하나님의 자비에 대한 신뢰와 연결된다(단 9:14-19; 1QS 11:12-15). 이 책의 주제가 로마서 거꾸로 읽기이므로, '의', '칭의', '의롭게 하다' 같은 용어 중에 어느 용어가 쓰이든지, 언제나 그 용어 때문에 바울이 해결하기 원하는, 강한 자들과 약한 자들 사이의 긴장이 환기된다. 바울의 손에서 칭의는 그리스도 안에서 형제자매들 간의 화해와 평화로 이어지는 목회적 단어가 된다.

하나님의 선물을 표현하는 이 많은 용어의 즐거움이자 문제

---

6 Michael F. Bird, *The Saving Righteousness of God: Studies on Paul, Justification, and the New Perspective*, Paternoster Biblical Monographs (Bletchley, Milton Keynes, U.K.: Paternoster / Authentic Media, 2007); McKnight, *Community Called Atonement*.

중에는 각각의 용어가 분리 가능한 실재들이 아니라 동일한 실재를 가리키고 있다는 점도 있다. 한 세대 전만 해도 아주 대중적이었던 **구원의 서정**ordo salutis은, 그 선물에서 뚜렷이 구별되는 측면들에 주목하게는 했지만, (중생, 칭의, 성화, 영화의 순서로 이어지는) 각 요소에 구체적인 실체를 부여하고, (마치 하나님의 선물에서는 그러한 요소 각각이 서로 겹치는 면이 없다는 듯이) 한 요소를 다른 요소와 분리하려는 경향이 있다. 만약 그리스도의 사역을, 그분이 우리를 하나님 나라에서 하나님과 더불어 사는 삶에 편입시키시려고 우리와 동일시를 이루시는 것으로 표현할 수 있다고 동의할 수 있다면, 각 용어는 동일한 하나의 실재에 대한 한 측면이 된다. **양자됨**을 예로 들어 보자(롬 8:16, 19, 23). 하나님은 아버지이시며, 아들은 아버지가 주시는 속량의 선물이고, 아들과 연합 가운데 있는 자들은 하나님의 자녀가 되는 동시에 서로에게 형제자매가 되어 형제자매로서 함께 살아가는 법을 배운다. 그렇다면 양자됨은 (우리가 있었던) 동일한 장소에서 (영광스럽게 그리스도를 닮는) 동일한 장소로 이동해 가는 것이다. **하나님과의 평화와 화해도** 예로 들어 보자(5:1, 10-11). 바울의 말에 따르면 우리는 '연약'하고 '경건하지 않은' 자들이었으며(5:6), '원수들'이었다(5:10). 그러나 그리스도 안에서 하나님이 우리와 화해하시며 하나님과 평화하게 하셨다. 이 역시 우리가 있었던 곳에서 우리가 향하는 곳으로 가는 동일한 여정이다. 그리고 이 모든 용어는 로마의 강한 자들과 약한 자들을 특별히 강조한다.

언어 단위(언어구조의 기본 단위)와 **언어 게임**(어떤 규칙에 따르는 인간의 여러 언어 활동을 통틀어 이르는 말—편집자)의 측면에서 이 용어들을 구분할 수 있다. 화해된다는 표현은 관계의 영역에서 도출되지만, 칭의는 재판정의 영역에서 더 많이 도출되고, 양자됨은 가족, 부모됨, 아이를 이전의 상태에서 한 가족에 재배치하는 영역에서 도출된다. 그러나 이들 용어 각각은 서로 겹치기도 하며, 더 중요하게 기억할 것은 이들 각 용어가 동일한 장소에서 동일한 장소로 이동하는 언어상 여정이라는 사실이다. 이 용어들은 아담의 계보에서 그리스도의 계보로 사람들을 옮겨 심어, 새 창조 자체로, 즉 생명으로 이끌어 간다.

(4) **그 선물과 함께하는 삶**. 어떻게 보아도, 그리스도인의 삶은 의, 성령 안에서의 삶, 순종, 사랑, 평화, 일치라는 바울의 **이론**은 교회들에 있는 사람들, 특히 로마에 있는 사람들의 **현실**과 상충한다(그리고 사실대로 말하자면, 바울 자신의 실천과도 상충한다). 그러므로 아담 계보에서 그리스도 계보로 옮겨간 사람들이 그 선물과 함께 살아간다고 해도 일종의 투쟁이나 싸움은 여전히 있으며, 바울의 선교 교회들에 있는 신자들 쪽에서는 죄를 많이 짓고 있다. 더욱이, 바울의 이론은 바울 자신이 로마서 5장을 끝맺는 방식과도 상충한다. "그러나 죄가 더한 곳에 은혜가 더욱 넘쳤나니"(5:20). 이 말을 듣고 어떤 멍청한 이는 "죄가 은혜를 유발한다면, 차라리 더 많이 죄를 짓자!" 하고 외친다. 바로 이 지점에서 로마서 6장은 선물과 함께하는 삶에 대한 이론, 즉, 은혜와 함께하는 삶과 아담 및 사망과 함께하는 삶 사이의 대조에 관한 이론을 시작한다. 그렇다면 아담의 길은 구속 받지 못한 아담에 속한 사람들과

너희와 우리

신자들 양쪽 모두를 묘사한다. 여전히 '다소' 아담적인 사람들에게 적용되는 것이다.

개인의 길에서 속량의 은혜와 함께하는 삶은 **세례**로 시작된다. 세례는 물로 행하는 의식뿐 아니라 세례의 신학적 함의들도 가리킨다. 초창기 예수 운동은 물세례 행위를 그리스도와의 연합으로(행 8:16에 나오는 '-의 이름으로'), 용서와 연결된 것으로(행 2:38; 22:16; 갈 3:27; 고전 6:11; 딛 3:5; 히 10:22; 벧전 3:21), 성령의 선물과 연결된 것으로(고전 12:13; 행 2:38) 이해했다. 세례의 물리적 행위와 그리스도와의 신학적 연합 사이에서 하나를 선택할 필요는 없다. 전자가 없으면 사실상 후자도 불가능하기 때문이다. 그러므로 세례를 받으면서 로마의 신자들은 예수의 죽음에 뛰어들어 그분의 죽음 안에서 죽었다. 바울이 신자들을 '죄에 대하여 죽은 우리'(6:2)라고 지칭할 수 있는 이유는, 그들이 세례 안에서 죽었기 때문이다(6:3). 그러나 세례에서 최종 단어는 죽음이 아니라 생명이다. 그러므로 바울은 세례를 죽음으로 들어가는 세례인 동시에 새로운 삶으로 들어가는 세례로 생각한 듯하다. 그리스도께서 죽은 자들 가운데서 일어나셨듯, 세례자들은 물이라는 무덤에서 나와 새 창조의 삶으로 들어간다(6:4). 6장 6절에서 바울은 '옛 사람'(호 팔라이오스 안트로포스$^{ho\ palaios\ anthropos}$)이 '십자가에 못 박힌 것'은 "죄의 몸이 죽어 다시는 우리가 죄에게 종 노릇 하지 아니하려 함"이라고 말한다. 이어서, 죄에 대해 죽은 사람들은 '죄에서 벗어났다'(6:7)고 한다. 바로 거기에 그리스도인의 삶에 대한 바울의 이론의 핵심이 있다. 그리고 그 모든 것은 바울의 총체

거꾸로 읽는 로마서

적-단락들에 나오는 아담의 계보와 그리스도의 계보 사이의 대조에 뿌리 내리고 있다. 그러므로 아담에 속한 사람은 세례로 그리스도인의 삶을 시작하면서 죄에 대한 죽음을 체현했고, 성령을 통하여 그리스도 안에서 새 창조의 삶에 대한 각성을 체현하였다.

우리는 약한 자들에게, 그 다음에는 강한 자들에게 눈을 돌린다(이 장들에서 바울은 양쪽 모두에게 말을 걸고 있다). 바울은 7장 1-6절에서 **약한 자들**에게 눈을 돌린다. 4절에 집중해 보자. "너희도 그리스도의 몸으로 말미암아 율법에 대하여 죽임을 당하였으니." 오직 유대인들만 토라에 대하여 죽을 수 있다. 이어서 "우리가 (이스라엘의 택하심이라는) 육신에 있을 때에는"(7:5) 자동적으로 의로운 삶을 살아가지는 않았다(여기서 '우리'는 예수 안에 있는 유대인 신자들이다). 오히려 "율법으로 말미암는 죄의 정욕이 우리 지체 중에 역사하여 우리로 사망을 위하여 열매를 맺게 하였다"(7:5). 그러므로 선물과 함께하는 삶에서 "우리(유대인 신자들, 약한 자들)가 얽매였던 것에 대하여 죽었으므로 율법에서 벗어났으니," 이제 약한 자들은 '영의 새로운 것'에게 노예[종]가 되었다(7:6). 이러한 표현은 바울과 로마의 약한 자들처럼 토라를 준수하는 유대인들에게는 놀라운 전개다. 바울은 토라 자체를 반대한다기보다는 토라와 토라 이상의 것을 실현하는 삶을 가능케 하는 힘인 성령을 지지하고 있다. 그러나 로마서 6장으로 되돌아가 보면, 만약 은혜가 초충만하다면, 죄짓기가 은혜를 나타내는 기회가 된다고 생각하는 자들이 등장한다! 바울은 "그럴 수 없느니라!"며 그런 생각에 결연히 반대한다(6:1-2). 6장 1-4절에 나오는 바울의 질문들은 그러한 자들로 하여금 바울에게 동의하고 바울의 논점을 이해하게 하려는 수사적 장치다. 강한 자들이 은혜를 확대하여 보여 주고자 죄로 기울어진다면 해방과 정의와 화해를 향해 아직 성취되지 않은 우주적 갈망과 모순된다(8:18-26).

강한 자들과 약한 자들은 자기들이 그리스도를 닮을 수 있는 유일한 희망은 **성령**임을 알아야 한다. 하나님의 사랑이 "성령으로 말미암아… (그들의) 마음에 부은 바 되었다"(5:5). 성령은 하나님의 임재를 그들에게 증언한다(8:16). 그들은 '영의 새로운 것으로'(7:6), '성령의 처음 익은 열매'와 더불어 살고(8:23), 성령의 지지를 기도 가운데 경험하며(8:26-27), 또한 속량을 바라는 성령의 (신적) 갈망에 사로잡힌다(8:23). 여기서 바울은 변화의 초점을 옮겼다. 그리스도 닮기는 토라 준수나 혹은 방종에 가까운 자유에 의해서가 아니라, 그들을 거룩하게 만드시는 성령의 능력 안에서 실현되어야 한다.

(5) **인간이 그 선물에 참여함**. 개인의 길에 있는 선물은 처음부터 끝까지 계속 선물이며, 그 선물은 그리스도를 통한 하나님의 해방시키심이다. 그 선물은 화해라는 의미에서 속량인 동시에 변화라는 의미에서 속량이다. 강한 자들과 약한 자들이 이 속량에 참여했고, 이 참여를 묘사하는 네 가지 아주 중요한 범주가 있으니, 믿음, 소망, 사랑, 세례적 죽음이다.

본문에서, 첫째 핵심어는 **믿음**인데(5:1; 6:8), 그리스도를 신뢰한다는 의미에서 이 단어는 왕 혹은 주님이신 메시아 예수를 향한 충성을 뜻한다. 믿음은 그리스도를 속량의 선물로 받아들인

거꾸로 읽는 로마서

다. 믿음에 소망이 더해진다(5:2, 4-5; 8:20, 24-25). '소망'은 자신감, 자신만만함, 때로는 심지어 확신을 뜻하며, 따라서 소망 덕분에 사람은 자신이 희망하는, 그 선물의 완전한 실현을 고려하며 살아간다. 로마서 5장 3-5절에서 바울은 소망을 인격 발전^{character development}이라는 독특한 고리로 연결하여 전개한다. 즉, '하나님의 영광에 참여하는 것'의 소망(완전한 그리스도 닮기를 의미한다)은 약한 자들(세금을 납부하는 것을 통해)과 강한 자들(사회적으로 하향적인 움직임을 통해)이 도덕적 성장의 기회로서 고통을 대할 수 있는 힘이 된다. 고난을 이렇게 소망으로 대하는 자세는 8장 끝에서 "완전한 정복자들이 된다"[넉넉히 이기느니라]라는 반反로마적 주제로 변모한다(8:37). 그리하여 우리가 본문을 읽어 나가는 가운데 믿음과 소망은 구분이 사라지는데, 왜냐하면 "우리가 소망으로 구원을 얻었기" 때문이다(8:24). 따라서 소망은 또한 '참음' 가운데 나타나는 소망의 현재 형태(8:25)와도 구분이 되지 않는다. 로마서 4장이 분명히 하듯, 소망으로서의 믿음의 최고 모델은 아브라함이다. 그러나 소망에 관해서 생각할 때도 우리는 로마서 거꾸로 읽기를 생각하지 않을 수 없다. '소망의 하나님'(15:13)은 하나님의 백성에게 속량의 힘을 주시는 분이며, 그 힘으로 그들은 하나된 예배에 이방인들도 포함시키게 된다(15:8-12). 그러한 변화는 '환대'로 시작된다(15:7)

다음은 **사랑**인데(8:28), 인간의 사랑은 하나님 자신의 사랑(5:5, 8; 8:35, 39)에 대해 감사로 화답하는 것이며, 성령을 통해서 신자들 안에 생겨나는 것이다(5:5). 하나님을 사랑한다는 것은 투박하지만 마음을 다하여 하나님에게 헌신하는 것, 하나님을 향해 존재하는 것, 하나님의 지지자가 되는 것, 하나님의 임재로 인하여 그리스도를 닮도록 변하는 것을 의미한다. 따라서 선물에 참여한다면, 하나님을 믿고 하나님을 소망하고 하나님을 사랑한다.

그러나 로마서 5-8장은 이 완숙한 참여의 의미를 6장 1-10절과 7장 1-6절에서 독특하게 발전시킨다. 어떤 점에서 그런가? 그리스도에게 참여함은 세례를 통해 일어난다. 바울은 먼저 강한 자들에게 말하고(6:1-10), 그러고 나서 약한 자들에게 말한다(7:1-6). 바울은 그리스도 안으로 세례를 받는 자들은 죄에 대하여 죽었다고 말한다. 왜냐하면 세례에서는 세례 받는 자를 예수 그리스도와 동일시하며, 그 예수 그리스도는 **사망을 무력화하기 위해 죽으셨고 새 창조에 속한 생명의 물꼬를 트기 위해 일으키심을 받으신 분**이기 때문이다. 세례는 죄와 죄의 몸을 죽이고, 세례 받는 자를 죄와 육신의 노예인 상태에서 해방시키며, 의로운 삶을 가능케 한다. 이어서 바울은 약한 자들에게 토라 아래에 있는 유비를 사용하여, 결혼과 간음에 관한 법이 배우자가 죽으면 종료되듯이 토라의 때가 종료되었다고 말한다(7:1-3). 바울과 베드로 자신이 알아야 했듯이(갈 2:15-21), 그리스도 안에서 속량의 선물에 참여하는 유대인들은 '그리스도의 몸을 통하여' 이미 죽었다(이는 세례 안에 구현된 십자가 죽음에 대한 비유이다). 그들이 세례에 참여함에는 여러 함의가 있는데, 거기에는 강한 자들과의 형제자매 관계(7:4), '하나님을 위하여 열매를 맺기'를 배움, 토라가 야기하였으며 사망을 향해서 가는 육신의 정욕적 삶에 종지부를 찍음(7:5-6), '성

거꾸로 읽는 로마서

령 안에 새로운 삶'[영의 새로운 것]으로 들어가는 급진적인 해방(7:6) 등이 포함된다.

믿음-소망-사랑의 삼중주에 참여하는 것이든, 세례 안에 참여하는 것이든, 참여는 믿음/세례의 순간부터 삶의 끝에 이르는 완전한 참여이다. 때로 기독교에서는 결단의 순간에 강박적으로 집착하지만, 그것은 그리스도에 참여함에 대한 바울의 이해 방식과는 어긋난다. 하나님의 선물은 보답 또는 순환을 창조한다. 그 선물은 선물을 베풀 수 있는 인간들을 창조한다. 은혜는 은혜를 촉진한다고도 하겠다. 하나님의 선물은 바로 그리스도의 길에 참여한다고 일컬을 수 있는 것을 창조해 낸다.[7]

로마서를 거꾸로 읽으면, 논점이 하나 더 수면 위로 떠오른다. 바로 하나님의 놀라운 은혜 안에 있는, 이스라엘의 속량과 이방인들의 속량, '**온** 이스라엘'의 미래의 속량(11:26)이 속량의 포괄성에서 떠오른다는 것이다. 그래서 나는 '모두/온'과 '많은'이라는 말이 유대인과 이방인의 속량을 모두 가리킨다고 생각하기에 이르렀다. 양편의 속량 모두 믿음으로 말미암으며, 믿음 없이는 아무도 속량받을 수 없다. 이것은 로마서 14-15장으로 돌아가게도 해서, '모두'와 '많은'이 약한 자들과 강한 자들을 모두 가리키고 있음을 시사한다. 만약 약한 자들과 강한 자들 모두 속량받는다면, 그들은 형제자매이니 친교의 식탁에서 서로 환대해야 한다.

그렇다면 우리-단락들은 (바울이 분명하게 예외라고 밝히는) 7장 1-6

---

7 이 주제들은 다음의 저작들에 등장한다: Barclay, *Paul and the Gift*; Michael J. Gorman, *Cruciformity: Paul's Narrative Spirituality of the Cross* (Grand Rapids: Eerdmans, 2001).

절을 예외로 두면서, 강한 자들에게 주로 초점을 맞추고 있는 것으로 보인다. 개인의 길에는 언제나 강한 자들과 약한 자들 모두를 향한 함의가 있다. 약한 자들은 강한 자들에게 도덕적인 변화가 없다고 비판하면서 토라 준수를 해결책으로 제시했다. 바울은 약한 자들에게 반대하면서, 토라 준수가 해결책이 될 수 없다고, 해결책은 그리스도의 길에 참여하도록 일깨우시는 성령으로 말미암아 그리스도 안에 있는 하나님의 은혜라고 말한다. 이것은 약한 자들과 강한 자들 모두에게 함의가 있다. 그러나 내 생각에 바울은 강한 자들에게 더 초점을 맞추고 있다. 그리스도 안에 있는 새 창조의 삶이라는 선물에 참여하는 것과, 성령에게 능력을 부여받는 것의 의미는 바로 강한 자들, 지위가 높은 로마인들이 배워야 한다. 그들의 이전 상태를 묘사하는 말은 이방인들에 관한 표현이다. 이 개인의 길에서 목표로 삼는 도덕성은 과거에 이방인이었던 이들을 위한 것이다. 바울이 삶의 방식과 관련하여 로마서 14-15장에서 강한 자들에게 말해 주어야 하는 내용의 신학적 근거가 여기에 있다.

로마서를 정방향으로 읽으면 로마서 8장보다 7장을 먼저 만나게 되고, 바울이 이 본문에서 '나'를 통해 말하는 내용 때문에 로마서 8장에서 속량의 범위가 아주 넓어진다. 로마서 7장 7-25절에 나오는 '나'가 강한 자들이 아니라 약한 자들(그리고 판단자)이라면 그 다음 단락에서 그리스도의 미래에는 약한 자들과 강한 자들 모두의 속량이 포함된다.

(6) **그리스도 안에 있는 미래.** 그리스도에 참여한 이들의 미래는

거꾸로 읽는 로마서

현재에 시작되며 영원으로 확장된다. 바울은 8장 31-39절에서 영광, 부활, 생명, 그리스도와 함께한 상속자들, 그리스도 닮기, 하나님의 사랑을 경험하기 같은 표현을 사용하여 그 미래를 묘사한다. 그 미래는 지금 시작되며, 그것은 로마서 8장 전체가 로마의 가정교회 신자들의 미래가 될 수 있음을 의미한다.

내가 미래의 영광이라고 할 때는 완전한 그리스도 닮기라는 뜻이다. 그리스도 자신이 아버지의 영광을 공유하셨듯이(6:4), 종말에 신자들은 '하나님의 영광'을 함께 누릴 것이다(5:2). 신자들에게 예정된 종말은 '그 아들의 형상을 본받는 것'이며(8:29), 그것은 우주적 해방을 뜻한다(8:18-25). 미리 아심에서 영화/영광에 이르는 속량 과정 자체는 동일하게 그리스도를 닮은 영광을 염두에 둔다(8:28-30). 8장 31-39절은 하나님에 대한 확신을 시적으로 묘사하고, 그리스도 중심적(심지어 원-삼위일체적proto-Trinitarian)으로 "아무것도 그리스도 안에 계신 하나님에게서 우리를 끊을 수 없다"고 강조함으로써, 그리스도 닮기의 최종 모습을 한 번 더 보여 준다. 종말론적 그리스도 닮기는 "상속자 곧 하나님의 상속자요 그리스도와 함께 한 상속자"(8:17)가 된다는 것의 의미를 설명한다. 그것은 바울이 계속해서 말하듯이 '그와 함께 영광을 받는 것'이다. 바울이 창조, 허무, 그리스도, 그리스도 닮기로서의 미래의 영광이라는 이 주제를 한데 묶고 있기 때문에, 바울이 이 미래를 에덴동산의 목적 실현으로 이해한다고 생각할 근거가 충분하다. 따라서 공동상속자가 된다는 것은, 창조세계가 하나님의 통치 아래로 다시 돌아오고, 그리스도 안에 있는 이들이 그리스도

333

와 함께 모든 창조세계를 다스릴 것이라는 의미다.[8]

현재 존재하는 것은 앞으로 존재할 것과 다르다. 우리의 본문에서 최종적이고 우주적인 해방은 새 하늘들과 새 땅에서 역사가 목표에 도달하였을 때에야 비로소 일어날 것이기 때문이다. 바울의 말에 따르면, 그리스도께서 일으킴을 받으셨으니 우리도 일으킴을 받을 것이며(6:4-5, 8-10), 우리는 그때 '우리 몸의 속량'을 경험할 것이다(8:23). 따라서 바울에게 결정적인 단어는 '생명'이고(5:1; 6:4; 8:38. 원어 성경을 보면 5장 1절에는 생명이라는 단어가 없다—옮긴이), 그 단어는 그리스도 안에 있는 하나님의 생명의 선물을 떠올리게 한다. 그 그리스도께서 사망의 사슬을 끊기 위해 사망으로 들어가셨으며, 노예 상태에 있던 이들을 새 창조의 생명으로 영원히 인도하셨다. 바울에게 있어서 영원이 그리스도인 대다수가 천국에 대해서 말하는 방식과 상충하기 때문에, 언급할 필요가 있다. 바울에게 '천국'이나 영원이나 생명은 하나님의 사랑에 관한 것이다. 하나님에게 사랑을 받고 하나님을 사랑하는 것이며, 그 순환하는 선물을 통하여 하나님에게 사랑받는 자들은 서로 사랑한다. 사랑을 끝없이 주고받는 것은 하나님의 자녀들을 비롯하여 모든 창조세계를 위한 하나님의 순전한 계획이다.

•

---

8 Jacob, *Conformed to the Image of His Son*.

로마서를 (단지 정방향으로만이 아니라) 거꾸로 읽으면, 12-16장에서 일치, 평화, 사랑, 화해를 바라는 바울의 핵심적인 호소가 실은 바울이 총체적-단락, 너희-단락, 우리-단락에서 염두에 두고 있는 죄악들의 반대말이라는 것이 보인다. 더 나아가, (너희-단락에서 아주 뚜렷하게 나오는) 성령에 이끌리는 삶은 하나님에 대한 헌신과 노예됨(이것은 12:1-2과 비슷하게 들린다), 순종, 의, 거룩함이 특징인 그러한 삶이다. 그러므로 약한 자들과 강한 자들이 상호 '환대'를 위해 일하는 것은, 바울이 성화, 순종, 의라는 말로 의미하는 것의 핵심에 위치한다. 제국의 심장을 울리는 평화는 성령에서 흘러나온다. 너희-단락들과 우리-단락들에서 나오는 용어들은 12-16장의 구체적 삶의 신학을 위한 총체적인 도덕적 용어들이다. 과거에 강한 자들이 사망에 이르는 아담 계보에서 죄와 육신에 노예로 종속되어 있었다는 바울의 말은 강한 자들이 (거만함을 통해서이든 강요를 통해서이든 친교를 거부함을 통해서이든) 약한 자들의 양심을 침해한 일을 지적하는 한 가지 방법이다.

21

나

(7:7-25)

모두–단락들의 포괄적 전망인 (아담 아니면 그리스도라는) 두 길^{Two}
^{Ways}을 아직 조금 더 살펴보아야 한다. 하지만 이번에는 이미 두
차례나 사용한 두 길 도식에 개인의 길^{Personal Way}에서 끌어 온 요
소들을 덧붙이고자 한다.

두 길

아담의 길	그리스도의 길
죄의 몸	그리스도의 몸
육신	성령
	(1) 은혜

결정적 행동

(1) 죄들/죄	(2) 그리스도의 순종
범죄	은혜를 받아들임
불순종	죄로 말미암아… 아들을 보냄

거꾸로 읽는 로마서

육신의 생각들

하나님과 원수가 됨

죄^{sin}가 죄^{Sin}가 됨

신분

(2) 죄인들　　　　　　(3) 의/

정죄함이 없음

육신　　　　　성령에 의해 추동된 토라 준수를 통하여

하나님의 뜻을 아는 수단

(3) **죄와 육신에 사로잡힌 토라**　(4) **그리스도 안에 있는 성령의 토라**

육신에 의해 약해짐　　　의의 선물

죄와 사망의 토라　　　　그리스도 안에 있는 생명의 성

　　　　　　　　　　　령의 토라

육신의 생각들　　　　　성령의 생각들

신적 결정

속량

구원

모든 창조세계의 해방

(4) 심판　　　　　　　(5) 칭의

정죄　　　　　　　　육신 안에 죄를 정죄함

결과

(5) **사망**	(6) **생명**
	영원한 생명
	<u>평화</u>
	현재와 미래의 속량
	일치, 사랑, 환영
	형제자매 관계들
	모든 창조세계의 해방
	영화
	실현된 하나님의 나라

신적 결정이 미치는 범위들

(6) 많은 사람들/모든 사람들*   (7) 많은 사람들/모든 사람들*

* '많은 사람들'과 '모든 사람들'은 동의어이다.

로마서 5-8장이 성령을 통해 그리스도 안에서 이루어지는 변화를 향한 이 포괄적 전망을 의도한다면, 우리는 그 속량의 우주적 전망 안에서 로마서 7장을 읽는 법을 배워야만 한다. 로마서 7장의 '나'는 토라를 통해 변화를 모색하는 사람이지만 토라 준수에 참담하게 실패한다. 나-본문의 수사적 위력은 아무리 강조해도 지나침이 없다. 논의들은 보통 이 '나'가 누구인지에 대한 논쟁으로 흐르곤 하는데, 여기서는 '나'가 아담이라 주장하고 저기서는 이스라엘이라고 주장하고 이제는 바울 자신이라고 주장하

거꾸로 읽는 로마서

고 나서는 유대인 신자들이라고 주장하다가 본문의 수사적 맥락을 놓친다. 우리는 로마서 7장의 '나'가 바울이 로마의 약한 자들의 표본으로 사용한 판단자가 아닌지 질문해야 한다.

로마서 7장의 독자들은 나-단락에 논쟁의 역사가 포함되어 있음을 안다. 거의 언제나 개신교적 관점에서는 로마서 7장의 '나'를, 공로를 추구하는 자만심과 싸우는 공통 자아-아담Ego-Adam의 경험으로 이해했다. (그러나 이러한 이해는 빌립보서 3장 3-14절에서 바울이 자신에 대해 말하는 내용과 상충한다.) 다른 이들은 '나'를 집합명사로 보아서 이 '나'가 토라를 준수하는 유대인, 혹은 심지어 토라에 과도한 열정을 쏟는 유대인의 대표격으로서 회심 이전 시기의 바울을 나타내며, 이 유대인은 토라를 완벽하게 행하는 것이 불가능함을(다시, 빌립보서 3장과 관련하여 해석적 문제가 생긴다), 혹은 하나님나라를 이루기가 불가능함을 깨닫게 되었다고 보기도 한다. 또는 '나'를 토라 아래에 있는 이스라엘의 삶에 대한 집단적 이야기로 이해하거나, 유대인으로서 회심한 (자신의 영성은 토라가 아니라 은혜와 성령을 통해서만 형성될 수 있음을 배워야 하는) 그리스도인의 통칭으로서의 바울을 가리키는 것으로 이해한다.

'가상인물로 말하기'(그리스어로는 프로소포포에이아prosopopoeia)라고 불리는 수사적 기교도 고려해야 한다. 만약 우리가 가상인물로 말하기 기법을 통해서 이 본문을 생각해 본다면, 로마서 7장은 바울 자신의 경험이라기보다는 바울이 지금 독자들 앞에 묘사하는 그런 견해를 가진 어떤 인물(판단자나 혹은 약한 자들)[11]을 표상한다(강한 자들에게 이 '나'가 약한 자들로 들린다고 상상해 보라). 그리하여 바울은 독

나

자들이 그리스도 닮기에 있어서 '나' 선택지를 추구하지 않기를 바라는 것이다. 그리스도를 닮으려고 토라 선택지를 골랐을 가능성이 가장 높은 사람은 누구인가? 약한 자들인가, 강한 자들인가? 로마서 14-15장을 참고하면 답이 나온다. 로마서 14-15장에서 약한 자들은 강한 자들을 조금 더 토라 준수자들로 만들고자 한다. 그러한 관찰에 덧붙여, 약한 자들을 겨냥하는 로마서 7장 1-6절도 다시 고려해 보라. 그러면 7장 1-6절의 약한 자들에게서 (로마서 2장에서 약한 자들을 대표하거나 약한 자들의 전형인) 7장 7-25절의 판단자로 순조롭게 전환된다. 여기부터는 로마서 7장의 '나'를 **판단자**라고 부르겠다.

우리는 로마서를 다른 한 쪽 끝에서부터 보면 어떤 모습인지 발견하는 탐색 과정으로서 로마서 거꾸로 읽기를 하고 있다. 7장의 '나'는 약한 자들(판단자)의 요구를 표상하여서, 토라 준수를 통해 그리스도를 닮기에 이르라고 요구하며, 강한 자들에게는 완전히 회심하기 위해 토라를 준수하라고 호소한다. 그리스도를 닮아가는 도정에서 강한 자들이 아마도 토라 행하기를 꺼리고 있었음을 생각해 보라. 바울의 삶의 신학 비전을 위한 해결책은 분명 로마서 7장의 말미에 나온다. 다른 말로 하면, 바울은 자신이 선교한 교회에서 시종일관 겪으면서 어느 정도 주장해 온 내용을 누군가의 입을 통하여 말하는 것이다. 바울은 복음을 선포

---

1 많은 이들이 하나의 글 안에 있는 상상의 대화상대자들imagined interlocutors이 실제 인물인 동시에 동일 인물이라고 주장하기 때문에, 우리는 로마서 7장의 '나'를 로마서 2장의 판단자로 간주하는 쪽으로 기울어져야 한다.

거꾸로 읽는 로마서

한다. 이방인들은 믿음으로 나아온다. 유대인 신자들이나 비신자인 유대인들은 이방인 회심자들과 다투면서, 이스라엘의 하나님과 메시아에게로 완전히 회심하려면 토라 전체 준수가 포함되어야 한다고 주장한다. 그리고 토라를 준수하기 위해 애쓰는 이방인 회심자들은 성공을 거두지 못한다. 따라서 나-본문은 이방인 회심자들에게 토라가 필요하다는 주장에 대한 바울의 가장 세밀한 반박 논증이 된다. 바울은 이방인들이 토라를 준수하려고 한다면 그리스도 닮아가는 길을 발견하지 못할 것임을 보여 주며, 이러한 내용 전체가 로마서 7장 1-6절에서 시작된다.

두 '우리들'

7장 7절 앞부분("그런즉 **우리가** 무슨 말을 하리요")에서 '우리'는 바울의 주장을 명확하게 해 주는 "율법이 죄냐?"라는 둘째 질문을 한다. 바울은 "그럴 수 없느니라!"고 대답한다. 이러한 단어들과 질문들은 전형적으로 디아트리베적이며, 수사적이고, 가상인물로 말하기 방식의 움직임들이다. 그리고 약한 자들을 확실하게 겨냥하는 부분인 7장 1-6절에서 나타난 내용을 반박한다. 그래서 7장 7절에 나오는 '우리'와 7장 14절 첫머리에 나오는 '우리'("**우리가** 율법은 신령한[또는 '율법은 영에 속한'] 줄 알거니와", 7:14)를 통해 바울은 자신을 (약한 자들인) 청중과 동일시할 수 있으며, 어떻게 하면 삶의 신학을 가장 잘 성취할 수 있을지에 대한 자신의 관점으로 청중을 인도한다. 바울이 7장 7-25절에서 제시하는 답변에 따르면

"그것은 토라를 통해서가 아니다." 로마서 8장에서 말하듯이 "다만 하나님의 은혜로, 그리스도 안에서, 성령을 통하여"이다.

로마서 7장 1-6절은 역사를 뒤흔드는 두 가지 발상을 제안하는데, 첫째는 토라가 하나님이 모세를 통해서 이스라엘에게 주신 (메시아가 오시기 전까지의) **임시 협의**라는 것, 둘째는 토라에는 **죄**sin를 **위반**transgression**으로 드러내고 죄**sin**를 죄**Sin**로 확장**하는 목적이 있다는 것이다.[2] 만약 토라의 날들이 이미 계수되었고, 죄를 죄라고 나타내기 위해 토라가 고안되었다면, 로마서 7장 1절에 나오는 질문들, 또 특히 7장 7절에 나오는 질문들이 납득된다. 로마서 7장 1절에서는 "율법이 죄된 것이냐?"고 묻는다(이 질문이 7장 1절에 명시적으로는 나오지 않는다.—옮긴이). 7장 7절에서는 "율법이 죄냐?"고 묻는다. 두 '우리들'은 토라의 시대가 끝났고 토라의 목적은 죄를 드러내는 것이지 그리스도를 닮게 하는 것이 아님을 알려 준다. 이것이 나-본문의 나머지 부분의 내용이다.

로마서 7장 7-25절의 목적

바울은 가상인물로 말하기 기법을 사용하여 토라의 목적을 상술해서 토라에는 모세에서 그리스도까지라는 제한이 있음을 밝힌다. 여기에는 토라 준수로는 그리스도 닮기를 성취할 수 없음을 증명하려는 수사적 목적이 들어 있다. 삶의 신학은 성령 안에

---

2 바울은 갈라디아서 3:15-25에서 비슷한 말을 한다.

거꾸로 읽는 로마서

있는 삶이다. 생각해 보면 지금 여기 나-본문에서 진술되는 것을 바울은 이미 5장 20절의 총체적/모두-본문들에서도 간략하게 진술하였다.[3] 토라의 목적은 인간 역사로 들어가는 것이며 그 결과 범죄들이 관영하게 되었다. 7장 7-25절에서 바울의 목표는 자기 자신의 이야기나 다른 누군가의 이야기를 전하는 것이 아니라 토라의 목적이 무엇이었는지를 (그리고 토라의 목적이 아닌 것이 무엇인지를) '나'라는 인물의 입으로 명료하게 전하는 것이다. 바울이 여기서 만들어 낸 인물인 판단자는 단계적으로 전개하는 대신에 용어들을 한데 짜서 토라, 계명, 죄, 육신, '나'가 아주 매끄러운 천이 되어 토라의 신적 목적을 전시하게 한다.

로마서의 본문들 중 가장 어려운 이 본문을 내가 다 해결한 척 하는 것은 아니다. 다만 몇 가지 소견을 말하겠다. **첫째**, 판단자는 자신이 토라가 아니라면 죄를 절대로 알지 못했으리라는 것을 안다. "율법으로 말미암지 않고는 내가 죄를 알지 못하였으니"(7:7). 판단자는 '탐심'을 예로 든다.[4] **둘째**, 토라의 계명과 죄는 서로를 강화시키는 기제가 되어, 토라를 따르고자 하는 판단자에게 사망을 초래한다. "계명이 이르매 죄는 살아나고 나는 죽었도다"(7:9). "죄가 기회를 타서 계명으로 말미암아 나를 속이고 그것으로 나를 죽였는지라"(7:11). **셋째**, 비록 토라가 모세와 함께 등장하기 전에도 죄는 죄였지만, 토라가 등장하자 비로소 죄의

---

3 물론 로마서 5:20-21은 어떻게 토라가 하나님의 계획에 들어맞는지에 관해 바울이 말하는 유일한 본문이 아니다(참조. 롬 2:17-29; 3:19-31; 4:15; 5:13-14; 6:14-15). 이들 본문은 로마서 7장을 고려하며 읽어야 하며 이와 관련해 바울의 다른 서신서도 잊지 말아야 한다(예를 들어 갈라디아서 3:19-31이나 고린도후서 3-4장).

참 모습(죄sin, 죄성sinfulness, 죄Sin)이 드러났다. 따라서 우리의 셋째 의견은 토라에는 죄Sin에게 사용되어 죄를 지극히 죄가 되게 하는 목적이 있다는 것이다. "오직 죄가 죄로 드러나기 위하여 선한 그것으로 말미암아 나를 죽게 만들었으니 이는 계명으로 말미암아 죄로 심히 죄 되게 하려 함이라"(7:13). 바울이 힘주어 주장하듯이 죄Sin에 대한 이러한 비난 뒤에는 토라가 '거룩하고 의로우며 선하고'(7:12; 참조: 7:13), 또 '영적', '성령-파생적', '성령적'이라는 사실이 작용한다(7:14). 문제는 토라가 아니다. 문제는 다른 데 있다. 판단자가 토라가 본디 할 수 없는 것을 하기를, 즉 토라가 변화를 일으키기를 원한다는 것도 문제다.[4]

넷째, 바울은 초점을 옮겨 죄Sin를 비난한다. 토라를 준수하여 그리스도 닮기를 알아내고자 하는 자들에게 토라가 가져오는 결과의 책임을 죄에게 돌린다. 판단자는 "육신에 속하여 죄 아래에 (노예로) 팔렸다"(7:14). 판단자는 토라에 순종하는 것처럼 보이지 않을 정도까지 팔렸다. 판단자 안에 있는 죄Sin는 토라로 하여금 죄sin를 드러내어서 판단자가 죄를 짓도록 유혹하기 때문이다 (7:15-20)! 그는 죄를 비난하는 말로 시작하지만, 더 깊숙하게 밀

---

4 로마서 7:7b는 출애굽기 20:17과 신명기 5:21를 근원으로 한다. 여기서 쓰인 용어는 에피튀미아epithumia로, 때로는 '원함desire'이나 '정욕lust'으로도 번역되지만, 사실 바울이 사용하는 이 그리스어 용어는 칠십인역에서 '탐내기covet'를 뜻할 때 흔히 쓰는 말이다. 여기서 바울이 이 계명('원함desire')을 임의로 그냥 한 번 선택한 것이 결코 아니라는 점은 (즉, 바울이 의도적으로 이 계명을 선택했다는 점은—옮긴이) 분명하지 않으며, 그 계명이 에덴동산에서 아담이 범한 죄를 가리키는지도 분명하지 않다. 어쨌든 로마서 5:12-14에 따르면 아담 당시에는 아직 토라를 주지 않으셨으므로 아담의 죄는 토라를 어긴 것이 아니다. 그러므로 7:7b에서 아담을 발견하는 것은 5:12-14과 불필요한 긴장관계를 발생시킨다. 그러나 창세기 3장의 반향이 로마서 7장에 나올 가능성은 여전히 있다(예를 들어 7:9과 7:11를 창세기 3:1-5 및 3:13과 비교해 보라). 다른 이들은 시내산에서 토라가 수여된 사건의 반향이 발견된다고 생각한다.

거꾸로 읽는 로마서

어붙인다. **다섯째**, 죄^{sin}만 작용하고 있는 것이 아니다. **판단자 그 자신 안에 있는** 무엇인가도 작용하고 있다. 그의 고백은 충격적이다. "이제는 그것을 행하는 자가 내가 아니요 내 속에 거하는 죄니라. 내 속 곧 내 육신에 선한 것이 거하지 아니하는 줄을 아노니"(7:17-18). 그는 7장 20절에서 그것을 더욱 강하게 말한다: "이를 행하는 자는 내가 아니요 내 속에 거하는 죄니라." 죄는 이제 판단자 안에 거한다. **여섯째**, 판단자는 죄와 자신 안에서 역사하는 죄만 지목하지 않는다. 판단자 자신이 이미 폭군인 죄의 노예로 구체화되었다. "내 지체 속에서 한 다른 법이 내 마음의 법과 싸워 내 지체 속에 있는 죄의 법으로 나를 사로잡는 것을 보는도다"(7:23). 그는 이것을 '사망의 몸'이라고 부르는데, 자신이 그리스도에게 속하지 않은 모든 자들과 공유하는 영역을 표현한다(7:24). 바울이 토라를 궁극적인 폭군인 사망과 이토록 밀접하게 연결하는 것은 충격적이다. 아담의 계보가 여기서 개정되어, 이제 토라를 준수함으로써 그리스도를 닮으려는 모든 이들에게 사망이 역사한다. **일곱째**, 죄에게 묶인 이 체화된 노예 상태는 육신으로 살아가는 삶이다. "그런즉 내 자신이 마음으로는 하나님의 법을 육신으로는 죄의 법을 섬기노라"(7:25). 아담, 죄^{sin}, 죄^{Sin}, 육신, 사망 같은 용어들은 이제 하나의 단단한 매듭으로 묶인다. 토라는 사망 기제의 일부이지만, 저절로 그런 것은 아니다. 토라는 죄와 육신 때문에만 사망의 도구가 된다.

따라서 죄인들을 거룩함으로, 사랑으로, 강한 자들과 약한 자들 상호간의 환대로 이끌어 가는 것은 **토라의 목적이 전혀 아니었**

나

고, 앞으로도 전혀 아닐 것이다. 하나님이 토라에 의도하신 목적을 바울의 관점에 비추어 보면, 토라의 목적은 이스라엘을 향한 신적인 뜻을 드러내는 것이었다. 강한 자들을 교육하기 위한 판단자의 계획과는 상반되게, 일단 토라가 계시되자 이스라엘 각 사람이 지어서 죄sin가 기하급수적으로 불어났고 개인과 이스라엘에게서 동시에 구조적 죄systemic Sin가 되었다. 그리고 이 시점부터는 하나님의 뜻과 이스라엘의 죄성을 드러내는 것이 토라의 목적이다. 일단 그리스도께서 오시자, 혹은 토라의 목적이 충족되자 바울은 하나님 뜻의 계시로서의 토라에 더는 특별한 관심을 두지 않는다. 바울의 해결책에 따르면, 살아내야 하며 살아낼 수 있는 하나님의 뜻을 알아내기 위한 바울의 해결책은 토라 실천이 아니라 성령 안에서의 삶이다. (그러나 우리가 살펴볼 다음 단락에서 바울은 이것 또한 포괄적으로 감싸서 진술할 것이다.)

로마서 7장이 판단자(그리스도 닮기가 토라 준수에서 흘러나올 수 있다고 생각하며, 토라를 준수하지 않는 강한 자들을 판단하는 이)를 겨냥하고 있다고 읽으면, 로마서 9-11장을 다음과 같이 간략히 상기할 수 있다. 이스라엘에게는 특권이 있으며(9:4-5), 메시아는 이스라엘이 토라 준수를 통해 의를 탐색하는 여정이 우매함을 드러내고(10:1-3), 그리스도는 이스라엘의 이야기를 급진적으로 개조하셨다(10:4). 하나님의 백성 이스라엘이 이제 재정의되어서 이방인 신자들도 포함하므로 로마에 있는 약한 자들과 강한 자들은 형제자매이다. 그렇다고 해서 하나님이 이스라엘을 완전히 버리신 게 아니다. 이스라엘의 속량의 날이 다가온다.

해결

포괄적 전망에서 보면 토라 준수로는 그리스도 닮기를 성취할 수 없다. 토라는 선하고 성령적이고, 판단자의 생각은 선한 것과 거룩한 것과 성령에 속한 것을 안다. 허나 판단자 안에서 육신은 성령이 일하시는 것을 거슬러 작용한다. 해결책은 토라 안이 아니라 새로워진 사고방식 안에, 곧 하나님에게 사로잡힌 노예가 되고 성령께 복종한 사고방식 안에 있어야 한다. 그리스도의 길을 가고 그리스도를 닮는 해결책은 '우리 주 예수 그리스도를 통하고', 성령께서 창조하신 새로워진 사고방식을 통하는 것이다 (7:25; 12:2에서도 동일하다).

성경의 단락 구분 때문에 바울이 바로 이어서 하는 말을 간과해서는 안 된다. 바울이 7장 직후에 적은 내용은 나-단락(7:7-25)의 수사적 의도를 파악하는 데 결정적으로 중요하다. 토라에는 죄^{sin}를 죄^{Sin}로 드러내는 목적이 있기는 하지만, 이제 "그리스도 예수 안에는 결코 정죄함이 없다"(8:1). 그러나 바울은 자기가 로마서 7장에서 말한 내용 전체를 포괄적으로 감싼다. 바울은 우리가 정죄받지 않는 이유는 그리스도 안에서 의롭다 하심을 받았기 때문이라고 말하지는 않는다. 오히려 바울은 "이는 그리스도 예수 안에 있는 생명의 성령의 법이 죄와 사망의 법에서 너를 해방하였기"(8:2) 때문이라고 대답한다. 그것은 약한 자들, 판단자, 강한 자들도 토라 아래에 있는 상황에서 해방되어 그리스도 안에 있는 은혜 아래로 들어왔음을 의미한다. 엉망으로 살면서도 아무 걱정할 필요가 없다는 뜻이 아니다. 바울의 비전은 우리가 자신을 위해 할 수 없는 일을 그리스도께서 우리를 위해 행하셨다는 것이다. 그분이 우리의 죽음을 죽으셨고 육신을 **분명하게** 죽이셨다(8:3). 토라의 목적은 이스라엘인들을 육신의 이스라엘이 되게 하는 것이었다. 그러나 그리스도의 목적은 죄[sin], 죄[Sin], 육신, 사망을 멸하시는 것이다. 이제 바울의 장(章)들의 포괄성이 분명해진다. "육신을 따르지 않고 그 영을 따라 행하는 우리에게 율법의 요구가 이루어지게 하려 하심이니라"(8:4). 다시 말하면, 우리가 성령을 통하여 그리스도 안에서 받은 은혜는 토라 준수를 넘어서는 변화를 일으킨다. 무슨 뜻인가? 서로 식탁에서 형제자매로서 환대하는 가운데 나타나는 의, 순종, 성화, 사랑, 일치, 평화, 화해를 의미한다. 순전하고 소박한 의미에서 삶의 신학이다. 강한 자들과 약한 자들과 더불어 시작되는 평화, 고소를 취하는 판단자에게서 시작되는 평화, 곧 제국의 심장을 울려내는 평화이다.

바울의 포괄적 전망에는 몸을 지닌 인간 개인과 전체 창조세계 모두의 변화가 들어 있다. 창조세계 전체가 죄들[sins], 죄[Sin], 육신, 사망의 노예 상태에서의 해방으로 이해되는 속량을 바라며 신음하는 것이다. 이제 속량이 무엇인지 명료하다. 속량은 '하나님의 자녀들의 영광의 자유'이며(8:21), '양자 될 것 곧 우리 몸의 속량'이고(8:23), 예정에서 영화에 이르는 연결고리의 완성이다(8:30). 하나님의 사랑은 확실하며 확신을 심어 준다. 그리스도 안에 있는 이들이 고난을 받을 수는 있으나, 그 고난들을 통하여 하

거꾸로 읽는 로마서

나님의 은혜로운 사랑, 곧 영화를 약속하는 그 사랑에서 아무것도 자기들을 끊을 수 없음을 깨달을 것이다(8:31-39).

오직 이 포괄적 전망이 나-단락을 완전히 설명해 준다. 죄^{sin}를 죄^{sin}로 드러내기 위해 설계된 토라로는 우리가 변하지 않는다. 판단자가 바울에게서 배운 그 변화는 토라의 길이 아니라 성령을 통한 은혜의 길이다.

로마서를 정방향으로 간략하게 읽기

로마서를 잘 읽으려면 거꾸로 읽어야 한다. 로마서는 유대인 신자들과 이방인 신자들 양쪽에게서 (거칠게 말하자면 약한 자들과 강한 자들에게서) 그리스도 닮기를 이루고자 한다. 로마의 문제는 판단자로 요약된다. 판단자는 강한 자들을 반대하며 약한 자들을 대변하고, 그리스도 닮기가 토라 준수를 완전히 받아들임으로써만 성취될 수 있다고 주장한다. 강한 자들은 높은 사회적 신분, 토라 준수에 대한 전적인 무시와 조소, 약한 자들에게 식탁에 차려진 것은 무엇이든 먹으라는 강요로써 약한 자들에게 맞선다. 약한 자들은 그것을 받아들이지 않을 것이고, 강한 자들은 약한 자들에게 맞춰 줄 생각이 없다. 바울의 메시지는 강한 자들이 약한 자들의 양심에 관용을 베풀어야 하며 약한 자들은 토라 준수가 그리스도 닮기를 성취하는 길이 아님을 알아야 한다는 것이다.

로마서를 잘 읽으려면 우리는 **약한 자들과 강한 자들의 신상명세를 각각 작성해 보아야 한다. 약한 자들**은 유대인 신자로, 하나님의 선택이라는 흐름 속에 있고 자기들의 택하심에 대해 확증

받아야 하는 이들이지만, 하나님이 그 선택에 신실하신지 의문이 있고, 따라서 하나님이 이스라엘의 역사를 통틀어 보이신 놀라운 행보를 받아들여야 하는 이들이다. 약한 자들은 토라를 알고 토라를 행하지만, 지위나 특권이나 힘이 없으면서도 이방인들, 특히 로마에 있는 그리스도인 공동체 안에서 강한 자들을 판단한다. 심지어 약한 자들은 유대의 열심 전통을 근거로 해서 로마에 납세를 거부하려는 유혹을 받았다. 덧붙여, 판단자의 얼굴을 한 약한 자들은 '그리스도에 대한 믿음'을 그들 자신에게 더욱 철저하게 적용해서 자기들이 이스라엘의 '남은 자'의 새로운 사례임을 발견해야 한다. 또 약한 자들은 믿음의 충분성이란 그리스도 안에 있는 이방인 신자들도 형제자매라는 것, 그리고 토라 준수가 자기들이나 로마의 강한 자들에게 변화의 길이 아님을 의미한다는 것을 깨달아야 한다.

강한 자들 대부분은 예수를 메시아 또는 왕으로 믿는 이방인들로 구성되며, 토라를 자신들을 향한 하나님의 뜻으로 준수하지 않고, 아마도 유대인들을 특히 예수를 믿는 유대인 신자들을 업신여기며 멸시하는 태도를 보이는 이들이며, 이 모든 것은 로마에서 강한 자들이 누리는 우월하고 더 높은 지위로 마무리된다. 바울을 포함하여 토라 준수가 필수사항이 아님을 받아들이는 유대인 신자들도 적어도 때로는 강한 자들에 속하는데, 토라 준수가 그리스도를 닮아가는 길이 아니라는 신학적 확신에 있어서 그러하다. 그러나 강한 자들은 자신들의 높은 사회적 지위를 활용하여 로마의 그리스도인들이 추구하는 토라와 거룩함을 폄하

하고 있으며, 그리하여 비非코셔 음식을 먹는 식탁교제에 약한 자들도 참여하라고 강요한다. 따라서 강한 자들은 민족 구성만큼이나 신분과 토라 준수에 대한 입장으로도 알려져 있는 셈이다.

로마서를 잘 읽으려면 **로마서 전체**를 로마서 14-15장의 맥락에 비추어 읽어야 한다. 그 맥락에 따라 로마서 읽기의 방향을 정하면, 로마서에 있는 몇 가지 해석상 문제가 해결되며, 로마서의 미묘한 어감이 살아난다. 나는 특히 로마서 1-4장에 대해 생각한다. 1-4장을 흔히들 구원론 도식으로, 즉 모든 사람이 죄 안에 있으며 따라서 모든 이들에게 구주가 필요함을 증명한다고 단순하게 해석해 왔지만 그 방식이 최상의 읽기 방식은 아니다. 로마서를 거꾸로 읽으면 그 전체 본문이 토라 준수를 결여하고 있다며 강한 자들에게 눈을 흘기는 판단자(일반적인 의미의 유대인이 아니라 그리스도인이다)를 가리키고 있음을 발견하게 된다.

로마서를 잘 읽기 위해서는 **삶의 신학으로 가는 해결책을 로마서 5-8장에서 발견해야 한다.** 로마서 5-8장은 로마서 14-15장에 나오는 삶의 신학을 신학적으로 뒷받침한다. 로마서 5-8장과 로마서 12-16장의 관계는 신학과 실천의 관계가 아니라 삶의 신학과 (12-16장) 삶의 신학을 위한 신학(5-8장)의 관계이다. 로마서 1-8장은 바울이 쓴 어느 편지의 앞에든 붙일 수 있는 이론신학이 아니라, 로마서 12-16장에 있는 삶의 신학 때문에 설계된 신학이다.

로마서를 잘 읽으려면 **로마서 12-16장에 나오는 삶의 신학을 선명한 윤곽으로 제시할 필요가 있다.** 12-16장의 주제는 '그리스도 닮기'라는 용어로 요약할 수 있다. 그리스도를 닮는 비전의 중심

거꾸로 읽는 로마서

은 강한 자들과 약한 자들이 자신을 방어하는 울타리와 특권과 힘을 허물고 그 모든 것을 십자가의 그리스도에게 복종시키며 서로 환대하는 법을 배워서 제국의 중심에서 평화를 누리며 살아가는 것이다.

로마서를 잘 읽으려고 우리는 **로마서를 특정 시대의 특정 교회를 위한 목회와 교회의 신학으로 읽는다.** 물론 로마서는 다른 정황에서도 잘 통할 수 있다. 그렇지만 로마서의 본래 정황과 그 정황을 위한 로마서 메시지의 윤곽을 그리고 나서야 비로소 다른 정황에서 로마서를 어떻게 활용해야 할지 알 수 있다. 아마 빌레몬서를 제외한다면, 로마서는 성경에 있는 책 중에서 미국 교회들에게 가장 유의미한 책일 것이다. 그 메시지는 형제자매들(나와 비슷한 형제자매들 뿐 아니라 모든 형제자매들) 가운데 평화로 나타나는, 그리스도 닮기라는 삶의 신학이다. 로마서가 외치는 메시지에 따르면 미국 교회의 계급차별, 인종차별, 성차별, 물질주의라는 현상은 로마에서 강한 자들의 사회적 지위를 내세우는 주장이나 약한 자들이 경계선을 설정하는 행동과 마찬가지다. 그러한 주장과 행동 때문에 분리와 정복이 일어난다. 로마서는 우리 시대의 약한 자들과 강한 자들이 (내가 지금껏 언급하지 않은 것을 이제 말해보자면, 모든 사람들은 자기는 강한 자들에 타인은 약한 자들에 해당한다고 생각한다) 특권에 대한 주장을 버리고 그리스도 닮기에 복종해야 한다는 메시지를 전한다.

로마서의 길은 일종의 도전이지만 미국에서 대다수는 그 도전을 무시해 버리고 이론신학에 대한 싸움을 선택하는 것처럼 보인다.

참고문헌

로마서에 대해 오늘날 많은 목회자, 설교자, 학생들이 겁을 먹는다. 논쟁들은 너무도 격렬하고, 이 편지의 복잡성을 설명하는 학자들의 논의는 소수의 전문가들을 제외하면 나머지 사람들에게는 너무 버겁다. 그래서 많은 이들이 로마서를 피하고 대신 갈라디아서를 설교하곤 한다. 나는 로마서에 겁먹은 사람들을 위해서 이 책을 썼다. 나는 학문적 논의에 관한 각주를 거의 쓰지 않으면서 로마서 전체를 논했는데, 어떻게 보면 사실 불가능한 일을 시도한 셈이다. 로마서 연구에 정통한 사람들은 내가 이 참고문헌에 있는 연구서들과 논문들 덕을 봤음을 알게 될 것이다. 수백 권을 더 추가할 수도 있겠지만, 그렇게 하면 위에 있는 첫 문장이 사실임을 더 명확하게 보여 줄 뿐이다.

Alter, Robert. *The Book of Psalms: A Translation with Commentary*. New York: W. W. Norton, 2007.

Anderson, Gary A. *Sin: A History*. New Haven: Yale University Press, 2009.

Barclay, John M. G. *Paul and the Gift*. Grand Rapids: Eerdmans, 2015.

Barrett, Anthony A., Elaine Fantham, and John C. Yardley, eds. *The Emperor Nero: A Guide to the Ancient Sources*. Princeton: Princeton University Press, 2016.

Bates, Matthew W. *The Hermeneutics of the Apostolic Proclamation:*

거꾸로 읽는 로마서

The Center of Paul's Method of Scriptural Interpretation. Waco, Tex.: Baylor University Press, 2012.

———. *Salvation by Allegiance Alone: Rethinking Faith, Works, and the Gospel of Jesus the King*. Grand Rapids: Baker Academic, 2017.

Bauckham, Richard. *Jesus and the God of Israel: "God Crucified" and Other Studies on the New Testament's Christology of Divine Identity*. Grand Rapids: Eerdmans, 2008.

Beard, Mary. *The Fires of Vesuvius: Pompeii Lost and Found*. Cambridge, Mass.: Harvard Belknap Press, 2010.

———. *The Roman Triumph*. Cambridge, Mass.: Harvard Belknap Press, 2007.

———. *SPQR: A History of Ancient Rome*. New York: Liveright, 2015.

Bird, Michael F. *The Saving Righteousness of God: Studies on Paul, Justification, and the New Perspective*. Paternoster Biblical Monographs. Bletchley, Milton Keynes: Paternoster / Authentic Media, 2007.

Blackwell, Ben C., John K. Goodrich, and Jason Maston, eds. *Paul and the Apocalyptic Imagination*. Minneapolis: Fortress, 2016.

Boccaccini, Gabriele, and Carlos A. Segovia, eds. *Paul the Jew: Rereading the Apostle as a Figure of Second Temple Judaism*. Minneapolis: Fortress, 2016.

Brand, Miryam T. *Evil Within and Without: The Source of Sin and Its Nature as Portrayed in Second Temple Literature*. Journal of Ancient Judaism Supplements 9. Gottingen: Vandenhoeck & Ruprecht, 2013.

Burke, Trevor J., and Brian S. Rosner, eds. *Paul as Missionary: Identity, Activity, Theology, and Practice*. LNTS 420. London: T&T

Clark, 2011.

Campbell, Brian. *The Romans and Their World: A Short Introduction*. New Haven: Yale University Press, 2012.

Campbell, Douglas A. *The Deliverance of God: An Apocalyptic Rereading of Justification in Paul*. Grand Rapids: Eerdmans, 2013.

———. *The Quest for Paul's Gospel*. London: T&T Clark, 2005.

Clarke, Andrew D. "Equality or Mutuality? Paul's Use of 'Brother' Language." In *The New Testament in Its First Century Setting: Essays in Honour of B. W. Winter on His 65th Birthday*, edited by P. J. Williams, Andrew D. Clarke, Peter M. Head, and David Instone-Brewer, 151–64. Grand Rapids: Eerdmans, 2004.

———. *A Pauline Theology of Church Leadership*. London: Bloomsbury T&T Clark, 2008.

———. *Secular and Christian Leadership in Corinth: A Socio-historical and Exegetical Study of 1 Corinthians 1-6*. Paternoster Biblical Monographs. Milton Keyes, England: Paternoster, 2006.

———. *Serve the Community of the Church: Christians as Leaders and Ministers*. First Century Christians in the Graeco-Roman World. Grand Rapids: Eerdmans, 2000.

Croasmun, Matthew. *The Emergence of Sin: The Cosmic Tyrant in Romans*. New York: Oxford University Press, 2017.

Donfried, Karl P., ed. *The Romans Debate*. 2nd ed. Grand Rapids: Baker Academic, 1991.

Downing, Frederick L. *Clarence Jordan: A Radical Pilgrimage in Scorn of the Consequences*. Macon, Ga.: Mercer University Press, 2017.

Downs, David J. *The Offering of the Gentiles: Paul's Collection for Jerusalem in Its Chronological, Cultural, and Cultic Contexts*.

거꾸로 읽는 로마서

Grand Rapids: Eerdmans, 2016.

Dunn, James D. G. *Beginning from Jerusalem*. Christianity in the Making 2. Grand Rapids: Eerdmans, 2009.

―――. *Jesus, Paul and the Law: Studies in Mark and Galatians*. Louisville: Westminster John Knox, 1990.

―――. *The New Perspective on Paul*. Rev. ed. Grand Rapids: Eerdmans, 2008.

―――. *Romans*. 2 vols. WBC 38. Waco, Tex.: Thomas Nelson, 1988.

―――. *The Theology of Paul the Apostle*. Grand Rapids: Eerdmans, 1998.

Eastman, Susan Grove. *Paul and the Person: Reframing Paul's Anthropology*. Grand Rapids: Eerdmans, 2017.

Episcopal Church. *The Book of Common Prayer*. New York: Oxford University Press, 1990.

Esler, Philip Francis. *Conflict and Identity in Romans*. Minneapolis: Augsburg, 2003.

Garroway, Joshua D. *Paul's Gentile-Jews: Neither Jew nor Gentile, but Both*. New York: Palgrave MacMillan, 2012.

Gaventa, Beverly Roberts. *When in Romans: An Invitation to Linger with the Gospel According to Paul*. Grand Rapids: Baker Academic, 2016.

Gorman, Michael J. *Apostle of the Crucified Lord: A Theological Introduction to Paul and His Letters*. 2nd ed. Grand Rapids: Eerdmans, 2016.

―――. *Becoming the Gospel: Paul, Participation, and Mission*. Grand Rapids: Eerdmans, 2015.

―――. *Cruciformity: Paul's Narrative Spirituality of the Cross*. Grand

Rapids: Eerdmans, 2001.

———. *Inhabiting the Cruciform God: Kenosis, Justification, and Theosis in Paul's Narrative Soteriology*. Grand Rapids: Eerdmans, 2009.

Gray, Patrick. *Paul as a Problem in History and Culture: The Apostle and His Critics through the Centuries*. Grand Rapids: Baker Academic, 2016.

Hengel, Martin. *The Zealots: Investigations into the Jewish Freedom Movement in the Period from Herod 1 until 70 AD*. Translated by David Smith. Edinburgh: T&T Clark, 1997.

Horrell, David G. *Solidarity and Difference: A Contemporary Reading of Paul's Ethics*. 2nd ed. London: Bloomsbury T&T Clark, 2015.

Hurtado, Larry W. *Lord Jesus Christ: Devotion to Jesus in Earliest Christianity*. Grand Rapids: Eerdmans, 2003.

Jacob, Haley Goranson. *Conformed to the Image of His Son: Reconsidering Paul's Theology of Glory in Romans*. Downers Grove, Ill.: IVP Academic, 2018.

Jewett, Robert. *Romans: A Commentary*. Hermeneia. Minneapolis: Fortress, 2007.

———. *Romans: A Short Commentary*. Minneapolis: Fortress, 2013.

Johnson, A. C., P. R. Coleman-Norton, and F. C. Bourne. *Ancient Roman Statutes*. Clarke, N.J.: Lawbook Exchange, 2003.

Käsemann, Ernst. *Commentary on Romans*. Grand Rapids: Eerdmans, 1980.

Keck, Leander E. *Romans*. Abingdon New Testament Commentaries. Nashville: Abingdon, 2005.

Kennedy, George A., ed. *Progymnasmata: Greek Textbooks of Prose Composition and Rhetoric*. Writings from the Greco-Roman

거꾸로 읽는 로마서

World. Atlanta: SBL, 2003.

Lampe, Peter. *From Paul to Valentinus: Christians at Rome in the First Two Centuries*. Edited by Marshall D. Johnson. Translated by Michael Steinhauser. Minneapolis: Fortress, 2003.

Lancaster, Sarah Heaner. *Romans*. Belief: A Theological Commentary on the Bible. Louisville: Westminster John Knox, 2015.

Levenson, Jon D. *The Love of God: Divine Gift, Human Gratitude, and Mutual Faithfulness in Judaism*. Princeton: Princeton University Press, 2016.

Loader, William. *Making Sense of Sex: Attitudes towards Sexuality in Early Jewish and Christian Literature*. Grand Rapids: Eerdmans, 2013.

―――. *The New Testament on Sexuality*. Grand Rapids: Eerdmans, 2012.

Longenecker, Bruce W. *Remember the Poor: Paul, Poverty, and the Greco-Roman World*. Grand Rapids: Eerdmans, 2010.

―――. *The Triumph of Abraham's God: The Transformation of Identity in Galatians*. Nashville: Abingdon, 1998.

Longenecker, Richard N. *The Epistle to the Romans*. Grand Rapids: Eerdmans, 2016.

―――. *Introducing Romans: Critical Issues in Paul's Most Famous Letter*. Grand Rapids: Eerdmans, 2011.

―――. *Paul, Apostle of Liberty: The Origin and Nature of Paul's Christianity*. 2nd ed. Grand Rapids: Eerdmans, 2015.

Malherbe, Abraham J., ed. *Ancient Epistolary Theorists*. Atlanta: Society of Biblical Literature, 1988.

Marsh, Charles, Peter Slade, and Sarah Azaransky, eds. *Lived Theology:*

New Perspectives on Method, Style, and Pedagogy. New York: Oxford University Press, 2016.

Mathew, Susan. *Women in the Greetings of Romans 16.1-16: A Study of Mutuality and Women's Ministry in the Letter to the Romans*. LNTS 471. London: T&T Clark, 2014.

McKnight, Scot. *A Community Called Atonement*. Nashville: Abingdon, 2007.

―――. *Kingdom Conspiracy: Returning to the Radical Mission of the Local Church*. Grand Rapids: Brazos, 2014.

Minear, Paul S. *The Obedience of Faith: The Purposes of Paul in the Epistle to the Romans*. Studies in Biblical Theology, 2.19. London: SCM Press, 1971.

Moo, Douglas J. *The Epistle to the Romans*. 2nd ed. NICNT. Grand Rapids: Eerdmans, 2018.

Noy, David. *Foreigners at Rome: Citizens and Strangers*. London: Classical Press of Wales, 2000.

Oakes, Peter. *Reading Romans in Pompeii: Paul's Letter at Ground Level*. Minneapolis: Fortress, 2009.

Reasoner, Mark. *Romans in Full Circle: A History of Interpretation*. Louisville: Westminster John Knox, 2005.

―――. *The Strong and the Weak: Romans 14.1-15.13 in Context*. SNTSMS 103. Cambridge: Cambridge University Press, 1999.

Rodriguez, Rafael. *If You Call Yourself a Jew: Reappraising Paul's Letter to the Romans*. Eugene, Ore.: Cascade, 2014.

Rodriguez, Rafael, and Matthew Thiessen, eds. *The So-Called Jew in Paul's Letter to the Romans*. Minneapolis: Fortress, 2016.

Romm, James. *Dying Every Day: Seneca at the Court of Nero*. New

York: A. A. Knopf, 2014.

Root, Andrew. *Christopraxis: A Practical Theology of the Cross*. Minneapolis: Fortress, 2014.

―――. *Faith Formation in a Secular Age: Responding to the Church's Obsession with Youthfulness*. Grand Rapids: Baker Academic, 2017.

Rowe, C. Kavin. *One True Life: The Stoics and Early Christians as Rival Traditions*. New Haven: Yale University Press, 2016.

―――. *World Upside Down: Reading Acts in the Graeco-Roman Age*. New York: Oxford University Press, 2009.

Sanders, E. P. *Jewish Law from Jesus to the Mishnah: Five Studies*. Philadelphia: Trinity Press International, 1990.

―――. *Judaism: Practice and Belief. 63BCE-66CE*. Minneapolis: Fortress, 2016.

―――. *Paul and Palestinian Judaism: A Comparison of Patterns of Religion*. Philadelphia: Fortress, 1977.

―――. *Paul: The Apostle's Life, Letters, and Thought*. Minneapolis: Fortress, 2015.

Shiell, William D. *Delivering from Memory: The Effect of Performance on the Early Christian Audience*. Eugene, Ore.: Pickwick, 2011.

Shotter, David. *Nero Caesar Augustus: Emperor of Rome*. New York: Routledge, 2008.

Stuhlmacher, Peter. *Biblical Theology of the New Testament*. Edited by Daniel P. Bailey and Jostein Ådna. Translated by Daniel P. Bailey. Grand Rapids: Eerdmans, 2018.

Thiessen, Matthew. *Paul and the Gentile Problem*. New York: Oxford University Press, 2016.

Thornhill, A. Chadwick. *The Chosen People: Election, Paul and Second Temple Judaism*. Downers Grove, Ill.: IVP Academic, 2015.

Thorsteinsson, Runar. *Paul's Interlocutor in Romans 2: Function and Identity in the Context of Ancient Epistolography*. Coniectanea Biblica: New Testament Series 40. Lund: Lund University Press, 2003.

Trebilco, Paul. *Self-Designations and Group Identity in the New Testament*. Cambridge: Cambridge University Press, 2012.

Venema, Dennis R., and Scot McKnight. *Adam and the Genome: Reading Scripture after Genetic Science*. Grand Rapids: Brazos, 2017.

Wagner, J. Ross. *Heralds of the Good News: Isaiah and Paul in Concert in the Letter to the Romans*. NovTSup 101. Leiden: Brill, 2000.

Watson, Francis. *Paul and the Hermeneutics of Faith*. New York: Bloomsbury T&T Clark, 2004.

————. *Paul, Judaism, and the Gentiles: Beyond the New Perspective*. 2nd ed. Grand Rapids: Eerdmans, 2007.

Wedderburn, A. J. M. *The Reasons for Romans*. Minneapolis: Fortress, 1991.

Williams, Ritva H. *Stewards, Prophets, Keepers of the Word: Leadership in the Early Church*. Peabody, Mass.: Hendrickson, 2006.

Witherington, Ben W., III. *The Indelible Image: The Theological and Ethical World of the New Testament*, Vol. 1: *The Individual Witnesses*. Downers Grove, Ill.: IVP Academic, 2009.

————. *The Indelible Image: The Theological and Ethical Thought World of the New Testament*, Volume 2; *The Collective Witness*.

Downers Grove, Ill.: IVP Academic, 2010.

Wright, N. T. "The Letter to the Romans." In *The New Interpreter's Bible*, 12:393-770. Nashville: Abingdon, 2002.

――――. *Paul and the Faithfulness of God*. 2 vols. Christian Origins and the Question of God 4. Minneapolis: Fortress, 2013.

――――. *Pauline Perspectives: Essays on Paul, 1978-2013*. Minneapolis: Fortress, 2013.

Yinger, Kent L. *Paul, Judaism, and Judgment According to Deeds*. SNTSMS 105. New York: Cambridge University Press, 1999.

성구 색인

각주는 해당 각주가 있는 쪽 뒤에 n을 넣어서 표시한다(예, '109n5'는 109 쪽 각주5라는 의미). 로마서에서 진한 글씨는 핵심 색인 항목을 나타낸다.

거꾸로 읽는 로마서

14:19	301
14:31	301
18:5	126n6, 151, 152, 153
18:22	203
20:13	203
26:40-42	227n9

민수기

6:24-26	101
25:6-13	63
25:11-13	165

신명기

신명기	123
5:9	165
5:21	344n4
6:4	260n6
9:4	152
10:16	227n9
28장	170
28-30장	123
29:3	126n6
29:4	161
30장	152, 227n9
30:6	152, 227n9
30:11	151
30:12	126n6, 151
30:12-13	153

30:12-14	151, 153
30:14	126n6, 152, 153
32장	96n13
32:8-9	231
32:16	165
32:21	126n6, 156, 165
32:4	395

여호수아

2장	228n10
4장	228n10
24:19	165

사무엘상하

사무엘상하	104n5

사무엘상

7:14	188
12:22	126n6
24:17	322n4

열왕기상

18:40	63n1
19:1	63n1
19:10	63n1, 126n6, 159, 165
19:14	63n1, 126n6, 165
19:18	126n6

거꾸로 읽는 로마서

29:10	126n6, 161	**에스겔**	
29:16	126n6, 141	36:26-27	227n9
40-55장	189n3		
40:13	126n6, 130	**다니엘**	
42:21	321	다니엘	104n5, 105
43:9	322	1:8-2	151n9
43:26	322	5:28	126n6, 142
45:25	322	9:14-19	323
46:13	322		
52:7	126n6	**호세아**	
53:1	126n6	1:10	126n6, 141
53:6	274	2:23	126n6, 141
53:12	274	11:1	137
56:1	322		
57:3-13	221	**요엘**	
59:7-8	237n5, 237n7	2:32	154
59:20-21	126n6, 175, 179	3:5	126n6
65:1	156		
65:1-2	126n6	**미가**	
65:2	155	6:5	322
예레미야		**나훔**	
9:23-24	257	2:1	126n6
17:10	225n7		
31:33	179n4	**하박국**	
31:34	179n4	2장	199
		2:4	199

성구 색인

거꾸로 읽는 로마서

성구 색인

거꾸로 읽는 로마서

성구 색인

거꾸로 읽는 로마서

성구 색인

거꾸로 읽는 로마서

성구 색인

거꾸로 읽는 로마서

성구 색인

거꾸로 읽는 로마서

성구 색인

거꾸로 읽는 로마서

성구 색인

거꾸로 읽는 로마서

12:32	81	6:4	25
15:1-8	188, 195	7:9	269n4
15:1-28	195	8-9장	84
15:6-7	189	8:1-5	84n9
15:7-11	189	8:4	84n9
15:8	189	8:9	85
15:11	189	8:13-15	85
15:22	289	9:2	84n9
15:31	258	9:4	84n9
15:53-54	112	9:6-10	84n9
15:56	296	9:8	85
16:1	84n9	9:13	84n9
16:1-4	84, 84n9	10:14-15	258n4
16:19	40n13	11:2	166
		11:12-13	258n4
		11:15	24

고린도후서

		11:21-23	258n4
1:14	258		
1:22	271n5		
3-4장	343n3	**갈라디아서**	
3:6	25	갈라디아서	258
3:7	178n3	1:13-14	62
3:13	178n3	1:14	123n4
3:18	72	2:1-10	84, 85
4:16-5:5	72	2:10	84n10, 85
5:4	295n9	2:11-14	51
5:10	225n7	2:15-21	240, 242n11, 260, 330
5:17	73, 247		
5:21	245n12, 247, 301	2:16	248n13

거꾸로 읽는 로마서

거꾸로 읽는 로마서

거꾸로 읽는 로마서

거꾸로 읽는 로마서

스캇 맥나이트 지음
정동현 옮김

2022년 1월 31일 초판 1쇄 발행

펴낸이 김도완
등록번호 제2021-000048호
   (2017년 2월 1일)
전화 02-929-1732
전자우편 viator@homoviator.co.kr

펴낸곳 비아토르
주소 서울시 종로구 삼일대로 428, 500-26호
   (우편번호 03140)
팩스 02-928-4229

편집 이여진
제작 제이오
제본 라정문화사

디자인 임현주
인쇄 (주)민언프린텍

ISBN 979-11-91851-22-9 03230

저작권자 ⓒ 스캇 맥나이트, 2022